Em Busca de um Teatro Musical Carioca

Otelo da Mangueira
Opereta Carioca
É Samba na Veia, É Candeia
Oui, Oui... A França É Aqui!
A Revista do Ano

Eduardo Rieche & Gustavo Gasparani

imprensaoficial

São Paulo, 2010

GOVERNO DO ESTADO
DE SÃO PAULO

Governador	Alberto Goldman
imprensaoficial	**Imprensa Oficial do Estado de São Paulo**
Diretor-presidente	Hubert Alquéres
	Coleção Aplauso
Coordenador Geral	Rubens Ewald Filho

No Passado Está a História do Futuro

A Imprensa Oficial muito tem contribuído com a sociedade no papel que lhe cabe: a democratização de conhecimento por meio da leitura.

A Coleção Aplauso, lançada em 2004, é um exemplo bem-sucedido desse intento. Os temas nela abordados, como biografias de atores, diretores e dramaturgos, são garantia de que um fragmento da memória cultural do país será preservado. Por meio de conversas informais com jornalistas, a história dos artistas é transcrita em primeira pessoa, o que confere grande fluidez ao texto, conquistando mais e mais leitores.

Assim, muitas dessas figuras que tiveram importância fundamental para as artes cênicas brasileiras têm sido resgatadas do esquecimento. Mesmo o nome daqueles que já partiram são frequentemente evocados pela voz de seus companheiros de palco ou de seus biógrafos. Ou seja, nessas histórias que se cruzam, verdadeiros mitos são redescobertos e imortalizados.

E não só o público tem reconhecido a importância e a qualidade da Aplauso. Em 2008, a Coleção foi laureada com o mais importante prêmio da área editorial do Brasil: o Jabuti. Concedido pela Câmara Brasileira do Livro (CBL), a edição especial sobre Raul Cortez ganhou na categoria biografia.

Mas o que começou modestamente tomou vulto e novos temas passaram a integrar a Coleção ao longo desses anos. Hoje, a Aplauso inclui inúmeros outros temas correlatos como a história das pioneiras TVs brasileiras, companhias de dança, roteiros de filmes, peças de teatro e uma parte dedicada à música, com biografias de compositores, cantores, maestros, etc.

Para o final deste ano de 2010, está previsto o lançamento de 80 títulos, que se juntarão aos 220 já lançados até aqui. Destes, a maioria foi disponibilizada em acervo digital que pode ser acessado pela internet gratuitamente. Sem dúvida, essa ação constitui grande passo para difusão da nossa cultura entre estudantes, pesquisadores e leitores simplesmente interessados nas histórias.

Com tudo isso, a Coleção Aplauso passa a fazer parte ela própria de uma história na qual personagens ficcionais se misturam à daqueles que os criaram, e que por sua vez compõe algumas páginas de outra muito maior: a história do Brasil.

Boa leitura.

Alberto Goldman
Governador do Estado de São Paulo

Coleção Aplauso

O que lembro, tenho.
Guimarães Rosa

A *Coleção Aplauso*, concebida pela Imprensa Oficial, visa resgatar a memória da cultura nacional, biografando atores, atrizes e diretores que compõem a cena brasileira nas áreas de cinema, teatro e televisão. Foram selecionados escritores com largo currículo em jornalismo cultural para esse trabalho em que a história cênica e audiovisual brasileiras vem sendo reconstituída de maneira singular. Em entrevistas e encontros sucessivos estreita-se o contato entre biógrafos e biografados. Arquivos de documentos e imagens são pesquisados, e o universo que se reconstitui a partir do cotidiano e do fazer dessas personalidades permite reconstruir sua trajetória.

A decisão sobre o depoimento de cada um na primeira pessoa mantém o aspecto de tradição oral dos relatos, tornando o texto coloquial, como se o biografado falasse diretamente ao leitor.

Um aspecto importante da *Coleção* é que os resultados obtidos ultrapassam simples registros biográficos, revelando ao leitor facetas que também caracterizam o artista e seu ofício. Biógrafo e biografado se colocaram em reflexões que se estenderam sobre a formação intelectual e ideológica do artista, contextualizada na história brasileira.

São inúmeros os artistas a apontar o importante papel que tiveram os livros e a leitura em sua vida, deixando transparecer a firmeza do pensamento crítico ou denunciando preconceitos seculares que atrasaram e continuam atrasando nosso país. Muitos mostraram a importância para a sua formação terem atuado tanto no teatro quanto no cinema e na televisão, adquirindo, linguagens diferenciadas – analisando-as com suas particularidades.

Muitos títulos exploram o universo íntimo e psicológico do artista, revelando as circunstâncias que o conduziram à arte, como se abrigasse em si mesmo desde sempre, a complexidade dos personagens.

São livros que, além de atrair o grande público, interessarão igualmente aos estudiosos das artes cênicas, pois na *Coleção Aplauso* foi discutido o processo de criação que concerne ao teatro, ao cinema e à televisão. Foram abordadas a construção dos personagens, a análise, a história, a importância e a atualidade de alguns deles. Também foram examinados o relacionamento dos artistas com seus pares e diretores, os processos e as possibilidades de correção de erros no exercício do teatro e do cinema, a diferença entre esses veículos e a expressão de suas linguagens.

Se algum fator específico conduziu ao sucesso da *Coleção Aplauso* – e merece ser destacado –, é o interesse do leitor brasileiro em conhecer o percurso cultural de seu país.

À Imprensa Oficial e sua equipe coube reunir um bom time de jornalistas, organizar com eficácia a pesquisa documental e iconográfica e contar com a disposição e o empenho dos artistas, diretores, dramaturgos e roteiristas. Com a *Coleção* em curso, configurada e com identidade consolidada, constatamos que os sortilégios que envolvem palco, cenas, coxias, sets de filmagem, textos, imagens e palavras conjugados, e todos esses seres especiais – que neste universo transitam, transmutam e vivem – também nos tomaram e sensibilizaram.

É esse material cultural e de reflexão que pode ser agora compartilhado com os leitores de todo o Brasil.

Hubert Alquéres
Diretor-presidente
Imprensa Oficial do Estado de São Paulo

Introdução

Uma Cena de Muitas Histórias

Às vezes a tradição está diante de nossos olhos e não conseguimos perceber as suas dimensões, o seu peso. A sensação envolve o teatro musical carioca – depois da comédia, ele é o gênero teatral mais forte da cidade do Rio de Janeiro, ainda que não exista consciência objetiva a respeito do fato. Além da aclamação pelas plateias, ele é praticado quase continuamente desde o século 19. Mas a situação é um pouco mais complicada do que uma simples falta de consciência, pois afirmar a força do musical não é uma tarefa simples, e está longe de ser uma plácida constatação: ela envolve muita polêmica.

A controvérsia começa de imediato, diante das primeiras definições solicitadas pelo tema, até mesmo diante da possibilidade de que se possa considerar o teatro musical como um *gênero* teatral. É fundamental, então, começar a pensar a realidade dos textos deste volume a partir deste viés. Ou seja, como eles devem ser definidos no interior da tradição teatral de nosso tempo e como esta mesma tradição precisa ser pensada, qual o desenho geral desta história. Não há como evitar um percurso didático – algumas tarefas singelas são necessárias. Em resumo, focalizar as definições essenciais para delimitar o gênero, esboçar a trajetória histórica do gênero cumprida no Brasil, indicar o quadro de manifestações atuais e o lugar nesse cenário dos textos *Otelo da Mangueira*, *Opereta Carioca*, *É Samba na Veia, é Candeia* e *Oui, oui... A França é Aqui! A Revista do Ano.*

Em princípio, é preciso considerá-los como peças de teatro musical. A classificação significa reconhecer uma situação simples de fatura dramatúrgica – são textos que precisam da música para funcionar, quer dizer, são textos de teatro em que a ação precisa da música para o seu desenvolvimento progressivo, consequente. Caso a música venha a ser retirada das peças, elas não conseguem sobreviver, não se sustentam, mesmo que uma parte das canções tenha algum caráter ilustrativo; a alma e o sentido dos textos está na música. Mas isto não significa, neste caso, localizar nas composições uma tessitura orgânica em relação ao texto ou *poema*; elas não foram elaboradas em sintonia, em parceria ou graças a um acordo entre dramaturgo e compositor. Nos quatro casos, as músicas eram realidades autônomas, independentes; foram incorporadas a uma proposta de espetáculo, mas a incorporação aconteceu com um pensamento sobre as suas densidades, para que se definisse a trama. Portanto, são casos de teatro musical em que as músicas têm existência anterior e identidade definida, precedem o ato teatral; elas conquistaram uma outra existência a partir de uma proposição cênica nova, original.

Para alguns dicionários de teatro, talvez estes não fossem o caso de se falar em teatro musical – em seu lugar, haveria a sugestão do uso da expressão teatro musicado[1]. A diferença, segundo os verbetes do *Dicionário do Teatro Brasileiro*, estaria, neste último caso, na presença de atores que cantam, dando vida a *uma dramaturgia específica, que utiliza as canções com função dramática clara e definida. As canções, nesse caso, existem para ajudar a carregar a ação dramática*. A forma teria sido corrente no teatro brasileiro desde o final do século 19 até meados do século 20.

Já o teatro musical, definido a partir de observações da atualidade europeia por Patrice Pavis,

[1] Ver em especial: Pavis, Patrice. *Dicionário de Teatro*. São Paulo: Perspectiva, 1999, p. 392; Guinsburg, J., Faria, João Roberto, e Lima, Mariângela Alves de. *Dicionário do Teatro Brasileiro*. São Paulo: Perspectiva, 2006, pp. 190-191; Blumfeld, Robert. *Dictionary of musical theater. Opera, operetta, musical comedy*. Nova Iorque: Limelight Editions, 2010.

orientação absorvida no dicionário dedicado ao teatro brasileiro, indicaria uma forma contemporânea *que se esforça para fazer com que se encontrem texto, música e encenação visual, sem distanciá-los, fundi-los ou reduzi-los a um denominador comum (...) e sem distanciá-los uns dos outros*. O melhor exemplo seria o musical da Broadway; para a redatora do verbete, Neyde Veneziano, os espetáculos brasileiros recentes deveriam ser classificados sob este rótulo.

Ainda que o ponto de vista possa ser discutível, pretende-se, neste texto, propor o emprego de teatro musical como definição ampla e geral de uma vertente pródiga, de múltiplas obras, do teatro brasileiro ao longo de sua história, abrangendo-se nesta grande prateleira todas as produções feitas com o objetivo de contar uma história ou mostrar uma ação através da dramatização, do relato e da música combinados harmoniosamente, em diferentes graus. O denominador comum não é a simples presença da música, mas a sua condição estrutural; seriam peças que perderiam os sentidos lógico e estético se as partituras fossem eliminadas. As músicas nestas produções não são ferramentas para insinuar um clima ou sugerir um efeito acessório, mas recurso estruturante, procedimento fundamental. Seria uma definição ampla, a indicação de um gênero teatral, o apontamento de uma realidade de trabalho dotada de muita história e que precisa ser reconhecida enquanto tal.

A definição é extensa, portanto; absorve um vasto leque de manifestações. Abrangeria tanto o teatro musicado do século 19, que reunia a revista, a mágica e a burleta, como a opereta, a comédia musical, o drama musical e o que se chama hoje simplesmente musical. A escolha tem um perfil didático, mas este não é único ou excludente – há também uma necessidade de afirmação, de reconhecimento ou de indicação de identidade. O momento é mais do que oportuno para que se veja o teatro musical como uma vertente consolidada e significativa de trabalho artístico. Falar do gênero, assim, traçar uma linha contínua de produção histórica, é apontar para a necessidade de um olhar político exemplar, uma nova era.

Pois este gênero, que exclui a ópera e as modalidades clássicas de espetáculos com música da área da música clássica, foi combatido com extremo rigor desde o início de sua história e constitui parte importante do que se deve denominar como universo recalcado do teatro brasileiro. A sua origem – se é que se pode falar nestes termos – seria a expressão popular, quer dizer, formas de manifestação sensível das pessoas comuns, das ruas, afastadas das academias e dos salões da grande arte. Ele seria um filho querido das feiras, mercados e praças, dos prostíbulos ou casas de diversão masculinas, das festas e manifestações do populacho, formas de passatempo urbano que, no caso brasileiro, começaram a se delinear com alguma clareza no século 18, para tomar forma mais nítida no início do século 19 e se impor como acontecimento social e – digamos – *cultural* na segunda metade do século 20. Um duplo estigma, portanto, levou à sua redução a um estatuto inferior, bastardo – a ligação às ruas e a consequente aproximação ao vasto edifício da comédia, que, na tradição erudita francesa, era o gênero associado ao universo das pessoas "comuns".

Seria, portanto, um subgênero, um pequeno segmento do gênero cômico, este um território amplo, também hierarquizado; no seu ponto mais alto estaria a comédia de caracteres, no ponto mais baixo a farsa e os formatos híbridos, em que a música teria participação como expressão de sentimentos simples ou pulsações corpóreas e libidinosas. O exame do tema pode se estender bastante, o que não é o objetivo deste texto; vale destacar, contudo, que o aparecimento do teatro musical assinala o nascimento do palco como arte de mercado, fato de bilheteria, em que a poupança do povo começa a sustentar os artistas e inaugura uma nova rotina, a independência diante dos mecenatos e poderes sociais. Aconteceu neste momento uma aproximação, entre os artistas e o populacho, que poderia se tornar explosiva ou inconveniente e que foi muito mal vista por todos os poderes. E uma das primeiras formas de condenação ou policiamento do musical foi o ataque ao que representaria de tradução ou endeusamento dos baixos instintos, recusa ao papel civilizador, moralista e catequético que a arte – a luz das ideias – deveria desempenhar junto à plebe considerada estúpida. No palco do musical não haveria saber ou conhecimento, só grosseria, alienação, anestesia do espírito, visão preconceituosa que ecoa até hoje em diferentes ambientes.

Um exemplo eloquente pode ser usado para situar o contorno geral da questão. É o caso da opereta, modalidade de espetáculo cuja trajetória é de extrema importância para toda a história do musical. Para o ponto de vista que se deseja expor, basta seguir um resumo das ideias apresentadas no verbete do *Dictionnaire du Théâtre*, de Pougin[2]. Segundo o autor, cuja

---

[2] Pougin, A. *Dictionnaire du Théâtre*. Paris: Librairie Firmin-Didot, 1885, p. 567-568.

obra foi publicada em 1885, a opereta teria sido definida como pequena ópera de pouca importância, *antes da extensão que a coisa adquiriu nos nossos dias*. Ele apresenta uma versão de sua origem defendida por Castil-Blaze, segundo a qual o termo teria sido cunhado por Mozart, que dizia que *um músico bem formado poderia compor duas ou três obras deste tipo entre o café e o jantar*. Vale ressaltar que Mozart foi o primeiro compositor que se defrontou com o sonho de viver da própria arte, em sintonia direta com o mercado pagante e sem o patronato nobre ou eclesiástico e estatal. A opereta, ainda segundo Castil-Blaze, abrangeria *estes abortos dramáticos, estas composições em miniatura, nas quais só encontramos canções frias* e couplets *de* vaudeville...

Mas a alegada origem bastarda, ainda que repetida em inúmeros textos e usada com frequência como indício de inferioridade, não pesou contra as obras, não conseguiu liquidá-las – o dicionarista afirma que a onda da opereta começou a crescer na França uns 30 anos antes, a partir de uma pequena cena do *Boulevard Du Temple, Folies-Concertantes*, onde nasceu a opereta francesa, dirigida por Hervé, *artista incompleto do ponto de vista dos conhecimentos técnicos, mas singularmente bem dotado e que era ao mesmo tempo autor, compositor, chefe de orquestra, cantor e ator*. Ele teria assinado as primeiras obras francesas que receberam este nome; logo Offenbach obteve o privilégio de um novo teatro, o Bouffes-Parisiens, exclusivamente destinado à representação do gênero. Este território, em sua origem nos limites de Paris, era o espaço não-canônico do teatro francês; vivia sujeito a diversas restrições do poder público graças aos privilégios concedidos às companhias oficiais. A partir do decreto de 1864, que aboliu as limitações à prática do teatro, a opereta se libertou da obrigação de ter apenas um ato e ganhou os amplos favores do público; chegou aos três atos do teatro nobre e deixou de justificar o nome diminutivo – para Pougin, em seus dias, era mais justo chamá-la de ópera-bufa ou de ópera-cômica.

A aproximação genética entre opereta e *vaudeville* não pode passar despercebida. As canções de *vaudeville* se tornaram meios de expressão teatral de forte apelo popular nos teatros das feiras parisienses, assim como as revistas, que se afirmaram a partir da mesma origem; além do humor, tinham as marcas comuns do espírito satírico e debochado, com freqüência inclinado ao ataque aos poderes e normas vigentes. Para a ilustração destas condições, os verbetes do

Dicionário do Teatro Brasileiro dedicados aos termos revista e *vaudeville*, assinados por Neyde Veneziano, são esclarecedores[3].

Sob a dupla influência da França e de Portugal, o teatro musical foi implantado no Brasil no século XIX e alcançou um sucesso considerável e rápido, a despeito de muitos escritores e intelectuais, que combateram o gênero com veemência. Em 1855, a Empresa Joaquim Heliodoro inaugurou o Ginásio Dramático, cuja plataforma de trabalho pretendia a consolidação do teatro realista, sério, de tese, de extração francesa. Entretanto, algumas quadras adiante, também no centro da cidade, surgiu em 1859 o Alcazar Lyrique, igualmente francês, mas orientado para o espírito do *boulevard* e, logo, da opereta triunfante. Apesar da seriedade do Ginásio Dramático, foi no seu palco que se apresentou a primeira revista brasileira, também em 1859, *As Surpresas do Sr. José da Piedade*, revista de ano de 1858 cuja temporada foi bastante curta, pois ao que tudo indica não alcançou boa resposta de público. As duas décadas seguintes registraram uma onda crescente de expansão do teatro musical, até que em 1884 foi iniciada a escalada vertiginosa de

---

[3] Guinsburg, op. cit, pp. 270-272 e 306-307.

sucesso das revistas de ano, com a estreia de *O Mandarim*, de Artur Azevedo e Moreira Sampaio.

A aclamação do gênero foi de tal ordem que a maioria dos livros de História do Teatro Brasileiro registra uma visão do processo histórico muito curiosa: aquilo que consideram como o efeito devastador exercido pelo teatro musical na cena do país. Não há, na historiografia tradicional, uma página consistente que seja de reconhecimento do gênero ou de análise isenta das produções. A tirania atribuída aos assassinos da boa cena, no entanto, teria sido longa – o ciclo de sucesso iniciado em 1884 só foi concluído em 1961, data de fechamento do Teatro Recreio, ano aceito em geral para marcar o fim do grande ciclo de vida do teatro de revista brasileiro. Ao longo deste tempo, não faltaram inimigos para a cena musical, dos eruditos do século anterior aos jovens dos anos 1940 desejosos de implantar o teatro moderno no país.

A constatação significa reconhecer que o teatro musical conheceu detratores de todos os tipos. O exemplo mais eloquente é Galante de Sousa[4],

---

[4] *O Teatro no Brasil*. Rio de Janeiro: Instituto Nacional do Livro, 1960, p. 236. A defesa deste ponto de vista é exposta a partir da p. 232.

que sustenta um ponto de vista disseminado entre acadêmicos, intelectuais e escritores e muito discutível, gerado ainda no próprio século 19 e ainda hoje sem análise crítica consistente, pois se trata de uma abordagem dos fatos bastante parcial, sem sustentação aceitável hoje:

Ao lado da revista e da burleta, continuou sendo explorado, nos primeiros anos do século 20, o drama de capa e espada. *Sem dúvida alguma, porém, o teatro musicado prejudicava a peça declamada. Positivamente a peça ligeira, oferecendo maior garantia comercial para autores e empresários, dificultava a expansão do teatro sério...*

O raciocínio supõe um interessante paternalismo diante das plateias, uma visão simplista da estrutura do mercado e um forte anseio de dirigismo estético. Insiste, ainda, em uma preconceituosa classificação das obras de teatro ligeiro, enquadradas em conjunto como inferiores, supondo que não poderia existir qualidade, expressão de arte ou de habilidade nos trabalhos apresentados. Houve, portanto, a cristalização de uma avaliação negativa contrária ao reconhecimento de méritos no teatro musical, muito embora o próprio país se afirmasse como uma terra musical. O resultado natural foi a condenação do espetáculo teatral musical ao gueto ou a espaços de segregação, a sua vinculação a formas de não-arte, pura manifestação de instintos, vistos, estes, como aquela parte do humano que se opõe ao ideal, ao espírito e à nobreza de caráter. A partir daí, é fácil compreender a luta do teatro moderno contra o teatro musical, o seu enfraquecimento decisivo ao longo da década de 1950, a sua aproximação, a partir desta época, das artes do carnaval, do samba, das ruas, dos shows e das boates *gays*.

Portanto, após um longo reinado na cena, de 1884 a 1961, senhor do gosto do público, expondo-se em diferentes modalidades ou subgêneros, o teatro musical foi pulverizado, praticamente desapareceu dos palcos, deixou de ter continuidade de manifestação. As apresentações musicais se tornaram formas específicas de arte, não exatamente teatrais; foi a época de aparecimento e expansão dos programas de rádio e logo da televisão, dos shows, dos desfiles de escola de samba. Poucos foram os espetáculos, fora destes limites, que aconteceram como empreendimentos de teatro musical e atraíram a atenção do público. Por um longo período de tempo, dos anos 1950 aos anos 1980, as décadas que poderiam ser chamadas de obscuras, as manifestações teatrais do gênero aconteceram como intervenções eventuais, descontínuas, resultados de personalidades ímpares, desejos transgressivos ou espíritos rebeldes, ou mesmo visionários. Alguns destes acontecimentos isolados, contudo, conquistaram grande repercussão. A rigor, eles atestam a existência de dois impulsos diferentes, que é essencial reconhecer – o amor brasileiro pela música e pelos musicais e o eterno olhar brasileiro para o mundo.

No primeiro caso, o amor brasileiro pela música e pelos musicais, há uma situação que ajudará, logo, o renascimento do gênero – o eclipse do musical nos palcos foi contemporâneo à consolidação da música como prática de mercado e realidade de consumo e logo o palco buscou se reaproximar da música, velha companheira de tablado. Já o segundo impulso trará um colorido diferente para a cena – assim como o teatro brasileiro do século XIX manteve um gesto permanente de contemplação da cena europeia, o do século XX registrou a mudança do centro da cultura ocidental, do velho continente para Nova Iorque. A influência norte-americana chegou ao teatro brasileiro na década de 1960; gerou uma linha de trabalho e de sintonia teatral crescente, contínua, entre os palcos brasileiros e a Broadway, no teatro convencional, o que outrora era chamado de *teatro declamado* ou *sério*. Um dos seus arautos foi o grande diretor Flávio Rangel, por ironia um dos grandes líderes da esquerda intelectual do país.

No musical, ainda que o resultado não tenha sido o mesmo, não tenha gerado uma relação estável e permanente neste momento, a aproximação com a cena norte-americana gerou dois eventos de grande repercussão, duas produções isoladas que contribuíram para a aclamação de uma das atrizes brasileiras mais geniais do século 20, Bibi Ferreira. A primeira foi a montagem de *My Fair Lady*, de 1962, que os produtores Oscar Ornstein e Victor Berbara decidiram importar da Broadway. Os protagonistas da montagem foram Bibi Ferreira e Paulo Autran, ao lado de Jaime Costa, Suzana Negri, Estelita Bell, Elza Gomes, Sérgio Viotti e uma jovem ainda anônima no coro, Marília Pêra. Foi uma produção-xerox, uma reprodução rigorosa da montagem original, construída a partir de álbum de fotos. O espetáculo alcançou um imenso sucesso; diferentes gerações do teatro brasileiro encantavam as plateias com a grandiosidade da cena – ao lado do brilhantismo de Bibi Ferreira, uma atriz intensa na representação, no canto e na dança, estava o encanto de Jaime Costa, que fora um barítono de projeção nas antigas operetas, e a expressividade moderna de Paulo Autran, da geração que lutou por um novo teatro brasileiro *sério*, moderno, a partir dos anos 1950. A segunda montagem que marcou o nascimento da nova relação com o musical norte-americano foi *Alô, Dolly!*, de 1966, produção de Victor Berbara, um novo sucesso estrondoso de Bibi Ferreira, ao lado do barítono Paulo Fortes.

Apesar da aclamação do público e do reconhecimento da crítica, os dois feitos não foram suficientes para gerar uma linha de produção neste momento. O mais interessante é que esta seria a vertente de trabalho ideal para o talento de Bibi Ferreira, que alcançara imenso sucesso com os espetáculos *Escândalos 1950* e *Escândalos 1951* e que, de 1957 a 1960, foi uma estrela fulgurante de teatro de revista em Portugal. De toda a forma, o nome da atriz foi importante para a projeção de alguns musicais que chegaram ao palco neste período em que o gênero entrou em recesso e conheceu escassas montagens. Foram produções de grande porte ou de dimensões no mínimo razoáveis; elas reuniam nas fichas técnicas personalidades fortes da cena teatral brasileira ou mesmo da vida intelectual da sociedade e a listagem revela muito do perfil do período.

O primeiro destaque é o musical *O Homem de La Mancha*, de Dale Wassermann, de 1972, traduzido por Paulo Pontes e Flávio Rangel; a versão das canções foi assinada por Chico Buarque de Holanda e Ruy Guerra e a direção coube a Flávio Rangel. No elenco, as três principais figuras eram Bibi Ferreira, Paulo Autran e Grande Otelo. A montagem inaugurou o Teatro Adolpho Bloch, no Rio de Janeiro, e teve uma carreira de vitórias em diversos teatros. Observe-se que o diretor Flávio Rangel, ainda que não fosse um profissional especializado e devotado aos musicais, possuía sensibilidade para o gênero; o seu lançamento profissional, em 1959, se dera com a direção de *Gimba, Presidente dos Valentes*, de Gianfrancesco Guarnieri, produção de Sandro Polônio na Companhia Maria Della Costa. Se este não era um musical, era uma peça de teatro convencional com forte presença da música brasileira e a situação foi muito bem resolvida pelo diretor, a julgar pela avaliação dos críticos da época. Diretor atuante e prolífico, ele assinou ainda, em meio a tantas montagens de *teatro declamado* ou *sério*, como se costumava definir no século 19, as encenações de *Pippin*, em 1974, e de *Amadeus*, em 1982.

Houve, portanto, além do reconhecimento das qualidades e virtudes do palco norte-americano, uma aproximação entre esquerda e musical, inspirada em particular nas ideias de Brecht e Weill. A música poderia ser vista não só como um atrativo, um convite ao envolvimento, mas como algo contrário a este sentimento: a quebra humorada da ilusão, a produção do distanciamento e a sugestão do raciocínio crítico. Esta possibilidade determinou o aparecimento de uma série de espetáculos que reaproximaram a música popular brasileira da cena sob uma nova forma – foi a série *Arena conta...*, de Augusto Boal – *Arena conta Zumbi* e *Arena canta Bahia*, de 1965, *Arena conta Tiradentes*, de 1967, *Arena conta Bolívar*, de 1970. Nas peças dedicadas a Zumbi e a Tiradentes, Gianfrancesco Guarnieri foi coautor, situação que aponta uma trama de relações bastante curiosa, pois significa a reunião de artistas que transitam entre o teatro de texto e o musical, ou seja, revelam a condição híbrida do musical deste momento ou desta linha de produção. Augusto Boal foi ainda autor e diretor de um espetáculo muito discutido, que também deixou de apontar para uma definição autônoma do gênero – *O Corsário do Rei*, de 1985.

Estas são montagens em que o musical surge como um meio, um instrumento considerado eficiente para o debate de ideias, mas não como uma forma teatral que se pretenda desposar por si. Esta condição faz com que estes espetáculos, que poderiam ser reunidos sob um rótulo geral, por exemplo, uma espécie de *ciclo do musical político ou engajado*, não criem um fluxo a favor do gênero. Os atores dedicados a esta linha não precisavam, obrigatoriamente, desenvolver ao máximo o domínio de seus recursos expressivos; deviam, antes, exercitar e aperfeiçoar o conhecimento das ideias sociais e políticas que se desejava difundir e que poderiam ser pregadas através do musical ou de qualquer outra forma teatral.

Neste ciclo, vale ainda destacar a montagem de *Gota d'Água*, de Chico Buarque e Paulo Pontes, de 1975, mais um caso de teatro com música do que exatamente um musical. A peça transpunha para a atualidade do milagre econômico brasileiro sob os governos militares o mito de Medeia, representada com grande impacto por Bibi Ferreira, sob a direção de Gianni Ratto. Houve um outro trabalho importante para o segmento do teatro político, *Vargas*, de Dias Gomes e Ferreira Gullar, de 1983, direção de Flávio Rangel e cenografia de Gianni Ratto, trilha sonora de Chico Buarque e Edu Lobo, com Paulo Gracindo no papel título, à frente de um elenco de notáveis intérpretes – Grande Otelo, Isabel Ribeiro e Oswaldo Loureiro, este último encarregado de materializar Lacerda/Tucão.

Ainda em 1983, a atriz Bibi Ferreira foi responsável por um outro momento de grande impacto teatral no período – ela foi a grande estrela de

Piaf, de Pam Gems, direção de Flávio Rangel. A sua atuação, intensa e comovedora, fez com que conquistasse um trunfo de trabalho irresistível e de extremo sucesso, a apresentação de *Piaf* em diferentes formatos e recitais, com dramatização maior ou menor, mas em uma crescente incorporação da narratividade, para materializar o ato de cantar os grandes sucessos da homenageada. Ainda que a proposta tenha contribuído muito para favorecer a linha dos musicais biográficos e de exposição de acervos artísticos de grandes intérpretes, significou antes um veículo excepcional para o talento da atriz.

 Foi na década de 1980, contudo, que o cenário começou a mudar vertiginosamente, a favor da recuperação do musical – a data de 1985 talvez possa ser usada como marco do início do ciclo do novo musical brasileiro. Neste ano, um trabalho de pesquisa e uma encenação despretensiosa, delicada, mas bem construída, alcançou uma repercussão razoável e ativou a expansão do musical. Foi a montagem por Luiz Antonio Martinez Correa do *Theatro Musical Brazileiro – Parte I (1860-1914)*, um roteiro do diretor em parceria com Marshall Netherland, que recuperou joias delicadas do passado com uma mistura irresistível de malícia e inocência. A nostalgia em relação à efervescência de outrora foi um estímulo importante para a ampliação do espaço de criação e de recepção.

De certa forma, a sacudida fora anunciada por algumas intervenções importantes. A primeira foi o aparecimento do vulcânico grupo Dzi Croquetes, criadores em 1972 do espetáculo *Gente Computada Igual a Você*, concebido a partir de um show de boate, em que se projetaram os nomes do coreógrafo Lennie Dale, do autor Wagner Ribeiro de Souza, e dos bailarinos Cláudio Gaya, Cláudio Tovar, Ciro Barcelos, Reginaldo de Poli, Bayard Tonelli, Rogério de Poli, Paulo Bacellar, Benedictus Lacerda, Carlinhos Machado e Eloy Simões. A irreverência do conjunto foi um acontecimento no Brasil; inspirados pelos americanos The Croquettes, pelo movimento *gay*, pela irritação diante dos limites impostos pelos governos militares, o grupo marcou época e chegou a conquistar projeção no exterior. A cena que trouxeram foi marcada por um dado de grande relevância, a extrema liberdade de expressão dos corpos e a liberdade para olhar o mundo.

Outro acontecimento importante foi a montagem-xerox de *A Chorus Line*, texto de James Kirkwood e Nicholas Dante, direção e coreografia de Roy Smith, direção musical de Murilo Alvarenga, em 1984, uma sintonia direta com uma montagem ousada, nova, que arrebatava a Broadway depois de ter nascido modesta no circuito off-Broadway. A versão brasileira, além de contribuir para a fixação de uma sintonia com o novo circuito internacional dos musicais, o eixo Nova Iorque/Londres, foi a estreia de uma atriz que se tornaria estrela no gênero, com excelente formação para a cena musical, a jovem Cláudia Raia.

A visão esquemática do período impõe ainda a localização de alguns outros episódios – as encenações de *Theatro Musical Brazileiro – Parte II (1914 - 1945)*, roteiro de Luiz Antônio Martinez Correa e Marshall Netherland, direção de Luiz

Antônio Martinez Correa; de *As Noviças Rebeldes*, de Dan Goggin (tradução de Flávio Marinho), direção de Wolf Maia, e de *A Estrela Dalva*, de Renato Borghi e João Eliseu, direção Roberto Talma, com Marília Pêra; foram montagens que marcaram o ano de 1987. Neste momento, três vertentes claras de criação aparecem definidas na cena de ressurgimento do musical carioca – a pesquisa e os estudos históricos, a temperatura do mercado internacional e a arqueologia dos mitos da MPB. Com variações de fatura e de ritmo de produção, elas constituíram o movimento do teatro musical no Rio de Janeiro no final do século XX e na primeira década do século XXI. São coordenadas fundamentais para a avaliação histórica dos textos de Gustavo Gasparani e Eduardo Rieche; as quatro peças de sua autoria incluídas neste volume fazem parte deste movimento recente da cena carioca e apontam para uma situação de extrema importância para o debate acerca do palco nacional.

Otelo da Mangueira apresenta um contorno no mínimo provocativo: une referências de empréstimo de um dos maiores textos clássicos da história do teatro convencional, canônico, o *Otelo*, de Shakespeare, com o universo de vida e poesia das escolas de samba na década de 1940, a última década em que o samba persistiu em razoável estado de isolamento frente ao chamado mundo do asfalto. A tentativa de aproximação entre os dois universos, muito bem sucedida, tem um contorno especial, pois trabalha com um campo cultural de extrema riqueza para a formulação de um teatro musical impactante. A elegância da trama e do desenho da linha dramatúrgica, emprestados ao bardo, apontam uma identidade curiosa entre dois mundos poéticos distantes – trata-se do reconhecimento da elevação e da altivez que definem os príncipes do samba brasileiro. O olhar, portanto, não guarda qualquer relação com rótulos antigos de desqualificação do samba e da arte popular. Não há paternalismo, tampouco, ou populismo. O samba e a arte do morro – o corpo malemolente, o clima brejeiro, a exalação de sensualidade – são condições naturais e estéticas; a fala requintada e a fala cotidiana se encontram sem impasses, sem topologias. Vale ressaltar o caráter revolucionário do que é proposto, quando há menos de cem anos o mesmo samba ou os ritmos aparentados, seus antecessores, eram alvo de ataques ruidosos por parte daqueles que, no espaço das academias, se emocionavam com Shakespeare e não viam qualquer possibilidade de uma arte teatral musical nacional de contorno popular.

Alcance histórico assemelhado também pode ser atribuído à *Opereta Carioca*. Construída a partir de músicas preexistentes, adequadas para contar uma história saborosa a respeito do malandro e da mulata, o casal mais tradicional da cena musicada do Rio de Janeiro, ela remete para uma vertente importante da história da revista teatral brasileira, dos anos 1920/1930. Neste período, os pesquisadores localizam o aparecimento e a afirmação de um tipo de revista inovadora, de forte caráter local. É uma revista que pode ser definida como *revista brasileira*, pois a sua fórmula surgiu como resultado de uma prática específica da vida artística da Praça Tiradentes; era um formato em que o centro do espetáculo era a música, em especial a música de carnaval. Ainda que a história do gênero persista pouco estudada, pode-se concluir que o seu eclipse deve ter ocorrido devido à expansão da MPB, a afirmação da música como produção e mercado liberto do teatro. Neste sentido, a *Opereta Carioca*, escrita como uma espécie de ópera cômica, retoma um caminho de pesquisa de forte significado para o gosto local. Destaque-se que os dois espetáculos *Theatro Musical Brazileiro*, concebidos por Luiz Antonio Martinez Correa e Marshall Netherland, foram tributários desta fórmula. A nova opereta apresenta como qualidade de seu desenho o humor permanente – além das músicas, escolhidas para revelar o percurso dos amores do casal, a situação proposta no libreto acontece na laje, o espaço social caro às comunidades do presente.

Há muito o que pensar e escrever, portanto, na arena das relações de parceria entre teatro musical brasileiro e MPB. Se aconteceu um divórcio traumático entre os parceiros, com certeza devido, em boa parte, ao fortalecimento da canção popular, que se retirou da cena para viver o seu caminho independente, o palco afinal decidiu cobrar o seu quinhão na constituição da boa fortuna – e muito do que há no teatro musical brasileiro recente é reflexo desta cobrança. Ela estrutura vários dos musicais biográficos dos últimos tempos, calcados na trajetória de sucesso de vultos da MPB, que o teatro procura explorar.

O sucesso de público destas produções tem sido bem grande, elas se comunicam com intensidade com a alma da população, mas há um tom dominante bastante lamentável, uma ingenuidade de concepção prejudicial ao gênero, pois muitos espetáculos contêm um embuste – trata-se da insistência em identificar a produção musical dos artistas com a história de suas vidas, de forma artificial e imediata, como se a produção do artista fosse sempre uma mecânica de expressão pessoal, sentimental. O músico, cantor ou compositor estaria sempre vivendo as composições apresentadas, em lugar de criá-las como puro gesto de produção de arte. A escolha acontece por fragilidade da dramaturgia; quer dizer, para encaixar as músicas na história de vida, o dramaturgo faz supor que certos fatos vividos geraram as canções, em uma liberdade poética que a rigor não se justifica.

Neste cenário, a importância de *É Samba na Veia, é Candeia* é a densidade da pesquisa realizada por Eduardo Rieche; ela permitiu que houvesse uma formulação da história de vida de Candeia como realidade em si. A biografia é assumida como um olhar sobre os fatos e as produções musicais funcionam por sua lógica na trajetória do compositor. Não há uma visão romanceada, um tratamento idealizado das obras, reduzindo-as a acidentes emocionais diretos da vida; elas são o que elas são, sem liberdade de atribuição por parte do dramaturgo. Um outro ponto importante proposto pelo texto da peça é a indicação dos lugares de vida fundamentais, ao lado de lugares abstratos, de evocação e lembrança: lá estão o terreiro de samba, o subúrbio, o astral da periferia da cidade, uma geografia capaz de sugerir cortes e diferenças na concepção do espaço teatral. A concepção do espaço acontece sob uma visão realista, mas são espaços inusitados, sugerem a quebra da convenção, levam à indicação de um espaço-festa, como o irresistível *terreiro de teatro* concebido para a montagem de estreia pelo diretor André Paes Leme e o cenógrafo Carlos Alberto Nunes no Teatro III do CCBB.

Se os três textos exploram uma teatralidade que se pretende réplica do real, reprodução de lugares concretos, objetivos, a situação não se repete em *Oui, oui... A França é Aqui! A Revista do Ano*, de Gustavo Gasparani e Eduardo Rieche. Neste caso, o que está em cena é a revista, uma ousada revista-de-ano, ou antes, uma brincadeira com a hipótese de que se possa mesmo escrever uma revista de ano hoje. Narração, fabulação e invenção são procedimentos somados à dramatização, o que significa propor um lugar teatral que é representação, teatro, brincadeira, oscila todo o tempo, puro jogo teatral e musical, teatro do teatro. Há até mesmo o uso de trechos da trama de uma pequena comédia de França Júnior, *O Tipo Brasileiro*, um texto em que é clara a influência dos padrões do teatro francês, e no qual se critica acidamente a situação brasileira de povo deslumbrado com tudo o que vem do exterior. A brincadeira irreverente começa já na decisão de fazer uma revista de ano sobre a influência francesa por aqui, quando a presença francesa começou antes mesmo da colonização portuguesa – aliás, a influência francesa incidia sobre Portugal, um país profundamente tributário da cultura da França.

Mas a proposta consegue ir ainda mais longe; vale perguntar um pouco mais sobre a natureza desta teatralidade. Na impossibilidade de produzir um espetáculo de luxo e grande elenco, condições que seriam pressupostos para a encenação de uma revista, que foram os atributos essenciais deste tipo de espetáculo no passado, o texto da nova revista investe na autoironia e na autocrítica. É como se a retomada de um gênero passado fosse feita mais por seu espírito do que por sua aparência, por sua superfície. O humor corrosivo, a verve, a tradição cômica transparecem nas cenas, nos tipos e situações, uma materialização objetiva do ser brasileiro ou, ao menos, do ser carioca.

Em resumo, afinal, o que é mais importante a dizer sobre estes textos é uma lição histórica bem simples, ainda que forte. Eles registram tradições de seu gênero, o teatro musical; atualizam fórmulas e procedimentos do passado, do Brasil e do exterior, dialogam com o fazer exercitado por gerações anteriores. Ou seja, eles são parte de um processo da história do teatro brasileiro, parte dinâmica, inquieta, pois revelam uma sintonia refinada com a história de sua arte e são testemunhos de uma nova era musical no país. Dialogam com a outra vertente forte do presente, sob certo ponto de vista antagônica ou ao menos um tanto distante, a que contempla e sintoniza o teatro musical mundial do momento, a linha sólida de produções que vincula Londres e Nova Iorque e repercute por todo o Ocidente.

Importa, no entanto, registrar um outro componente fundamental de sua fatura. Há uma brasilidade forte em todos estes textos que precisa ser destacada – e esta brasilidade desponta com força do próprio fato teatral, da forma de sua elaboração, pois estas peças de teatro musical foram concebidas por atores. Existe aí uma vivência da cena que é única, exemplar, gerada a partir da autoridade do palco. Pois se a comédia e o teatro musical precisam ser reconhecidos como os gêneros de maior força da história do teatro brasileiro, vale situar uma outra tradição, talvez a maior de todas ou a única que tem sobrevivido como motor no palco deste país: a força do ator.

Pode ser que um novo espetáculo musical brasileiro esteja nascendo – consciente de sua história, de sua fortuna de procedimentos, perspicaz diante da realidade da cena musical contemporânea no resto do mundo, em sintonia com a percepção estética do homem de hoje e visionário diante dos dilemas que desenham o brasileiro da atualidade. O fato de que este musical possa vir a ser concebido próximo da visão de cena do ator não deve causar estranheza, se reconhecermos que é o ator quem move de fato o teatro do país. Ao contrário, até – diante da força do teatro musical no mundo de hoje, com certeza uma modalidade de arte que irá constituir a cena do futuro, o recurso à mais velha das forças de invenção da cena, o ator, é uma aposta na expressividade mais intensa e completa, um voto de confiança na possibilidade de diálogo entre o passado e o futuro.

Tania Brandão

Otelo da Mangueira

Homenagem poético-fantasiosa aos 75 anos da Estação Primeira de Mangueira, a todas as escolas de samba e ao Rio de Janeiro, livremente inspirado em Otelo, *de William Shakespeare.*

Gustavo Gasparani

Gustavo Gasparani e Aldri Anunciação

Histórico

Eleito um dos dez melhores espetáculos de 2006 pelo jornal *O Estado de S. Paulo*. Indicado ao Prêmio Shell de Melhor Ator (Gustavo Gasparani). Citado pela crítica Barbara Heliodora (em seu livro *Por que ler Shakespeare*) como um dos melhores trabalhos inspirados no universo shakespeareano, juntamente com obras de Giuseppe Verdi, Prokofiev, Mendelsshon-Bartholdy, Orson Welles, Martins Pena e Leonard Bernstein. O texto foi objeto de dissertação de mestrado em Literatura e Práticas Sociais, defendida em 2008 por Julliany Alves Mucury na Universidade de Brasília, além de ser objeto de estudo do pós-doutorado de Célia Arns de Miranda no programa de pós-graduação em Letras/Inglês e Literatura Correspondente da Universidade Federal de Santa Catarina, em 2010, sob o título *Shakespeare intercultural: Otelo em terras brasileiras.*

Teatro SESC-Ginástico (nov./dez. 2005), Teatro Carlos Gomes (jan./fev. 2006) e Teatro SESC-Anchieta (maio 2006). Participações no Festival de Curitiba (mar. 2006), no Festival Internacional de Teatro de São José do Rio Preto (jul. 2006), no Festival Internacional riocenacontemporanea (apresentação realizada na quadra da Mangueira, em nov. 2006), no Circuito Cultural

SESC-Interior SP – Araraquara e Ribeirão Preto (março 2007) e no Circuito CCBB – Porto Alegre, Belo Horizonte e Recife (2007).

Marcelo Capobiango e Cláudia Ventura

Apresentação

A partir de uma profunda pesquisa sobre a obra dos compositores mangueirenses, resolvi escrever um musical que homenageasse a Estação Primeira e simultaneamente traçasse um panorama das escolas de samba. E foi em *Otelo*, de Shakespeare, que encontrei o texto ideal para ser o fio condutor desse espetáculo. Por ser uma história de amor e poder, encaixou-se perfeitamente com o tipo de samba característico dos compositores da escola: o samba-canção. As letras em Mangueira falam de paixão, ciúme e traição. E os partidos altos, que narram o cotidiano e as peripécias da "malandragem local", se adaptam de maneira incrível às inúmeras situações da peça de Shakespeare.

Encontrado o texto e resolvida a parte musical, surge uma nova questão: em que época centrar a trama? *Otelo* é uma tragédia com guerras, generais e espadas... Adaptá-la para os dias atuais pareceu-me óbvio. O morro dos traficantes de drogas, da violência e das escolas de samba destes tempos de Sambódromo está na televisão e nos jornais a todo instante. Por isso, quis buscar um período que fosse historicamente mais interessante e original. Escolhi os anos 40. Nesta época o samba foi alçado à categoria de ritmo nacional, impulsionado pela Era Vargas, e consequentemente as escolas de samba e seus compositores passaram a ser reconhecidos e prestigiados por personalidades ilustres, como o maestro Heitor Villa-Lobos, que fez amizade com Cartola e passou a frequentar o morro da Mangueira. O erudito e o popular se encontrando mais uma vez na história do samba, o que se repetirá inúmeras vezes, sobretudo na Estação Primeira. Nessa adaptação, preocupei-me em manter o texto em prosa e verso, sendo estes retirados das letras dos sambas de poetas mangueirenses, e contextualizados de acordo com a história de Otelo. Além disso, vários personagens da história do bardo ganharam características de personalidades da escola, como D. Neuma, D. Zica, Chico Porrão, entre outros. Criou-se, então, apesar dos quase 400 anos que os separam, uma espécie de mosaico de versos shakespearianos e mangueirenses.

Em *Otelo da Mangueira*, a guerra contra os turcos se transforma na luta para vencer o carnaval. A batalha em Chipre tem seu paralelo na disputa pelo samba-enredo. As armas, espadas e canhões nada mais são que cuícas, taróis e surdos de marcação. Enfim, nesta guerra a artilharia será nossa bateria e os gritos e brados serão melodias e canções. Permanecem, contudo, a vingança, a traição, os ciúmes, os amores e ódios e a eterna sede pelo poder presente na história da humanidade e demonstrada de forma exemplar na peça de Shakespeare.

Gustavo Gasparani
Rio de Janeiro, novembro de 2005

Juliana Clara, Cláudia Ventura, Patrícia Costa (no plano superior), Cristiane Cotrim (ao fundo), Jurema da Matta e Lílian Waleska

Na fila de trás: Aldri Anunciação, Juliana Clara, Jorge Maya, Anderson Mello, Gustavo Gasparani, Ana Carbatti, Pedro Lima, Jorge Medina e Patrícia Costa. Na fila da frente: Jurema da Matta, Cláudia Ventura, Marcelo Capobiango e Lílian Waleska

Ficha Técnica

Texto: Gustavo Gasparani
Concepção: Daniel Herz e Gustavo Gasparani
Direção: Daniel Herz
Direção musical: Josimar Carneiro
Cenário: Ronald Teixeira
Figurino: Marcelo Olinto
Iluminação: Maneco Quinderé
Coreografias: Sueli Guerra
Design gráfico: Celso Wilmer e Roberta Motta
Preparação vocal: Pedro Lima
Visagismo: Ricardo Moreno
Produção executiva: Lucas Mansor
Assessoria de imprensa: In Cena Assessoria de Imprensa
Realização: Cristiana Lara Resende e Gustavo Gasparani

Elenco

Marcelo Capobiango – Otelo
Cláudia Ventura/Susana Ribeiro – Lucíola
Gustavo Gasparani – Dirceu
Ana Carbati/Patrícia Costa – Marlene
Lílian Waleska/Sheila Mattos – Tia Fé
Jorge Medina – Candinho
Jorge Maya – Jurandir
Patrícia Costa/Juliana Clara – Nininha

Anderson Melo – Manoel Português e Maestro
Pedro Lima/Marcelo Vianna – Chicão
Aldri Anunciação/Rodrigo França – Sabiá
Jurema Da Matta – D. Neném
Juliana Clara/Erika Riba/Sueli Guerra – Cida

Músicos

Rui Alvim (clarinete/clarone), Cristiane Cotrim (cavaquinho), Luiz Flávio Alcófora (violão), Silvão Silva (percussão) e Marcelo Pizzott (percussão)

Críticas

Impressiona a forma como tudo se harmoniza, na adaptação, sem perda de essência. (...) Impressiona, sobretudo, a qualidade da poesia na fala dos atores, nenhuma presente no original, todas tiradas de sambas de Cartola, Carlos Cachaça, Arthurzinho, Chico Modesto, entre outros. (...) Ousadia assim não costuma ter meio termo – resulta muito bem ou dá tudo errado. Romeu e Julieta, *do grupo Galpão, e* Ensaio. Hamlet, *da Cia dos Atores, são exemplos de adaptações bem sucedidas.* Otelo da Mangueira *pode se juntar a elas. (...) Figurinos sóbrios e bonitos, boas vozes, excelentes intérpretes, dramaturgia consistente –* Otelo da Mangueira *é criação poética rara no gênero musical.*

Beth Néspoli
O Estado de S. Paulo

Otelo da Mangueira *não é só uma transposição do Otelo, de Shakespeare, para o morro carioca, é muito mais, é uma criação inspirada pelo bardo que oferece à plateia um comovente musical de cores nacionais. (...) Para aumentar a felicidade do projeto, foram usadas canções perfeitamente adequadas ao clima e ao andamento do texto, quer dizer, canções populares transmudadas em canções de musical, porque trabalham junto com a ação dramática, fazendo-a progredir. Para a dinâmica dos nossos musicais, sobretudo os biográficos, concebidos sem música original, é uma conquista. Talvez se possa falar em um marco histórico.*

Tania Brandão
Versus 2006 – Jornal do Festival internacional de Teatro de São José do Rio Preto

O espetáculo (...) parte de uma hábil adaptação, feita por Gustavo Gasparani, do Otelo de Shakespeare para o universo da tradicionalíssima Estação Primeira. (...) O maior mérito de Gasparani, no entanto, é o de fazer a ação ficar muito à vontade no mundo da escola de samba, com a disputa em torno do samba-enredo substituindo muito bem a ambição de Iago pelo posto de Cássio. (...) O aspecto mais atraente nesse Otelo da Mangueira *é, embora calcado em Shakespeare, ser musical perfeitamente brasileiro, o que não é pouco.*

Barbara Heliodora
O Globo

Bem escrito, exibindo uma trama envolvente e personagens interessantes, o texto de Gasparani revela um autor de muitas possibilidades. (...) A mesma eficiência está presente na direção de Daniel Herz (...), impondo à cena uma dinâmica sóbria e inventiva, que valoriza tanto o lirismo como a dramaticidade do texto.

Lionel Fischer
Tribuna da Imprensa

Otelo da Mangueira *é um espetáculo no sentido mais puro da palavra. São quase duas horas de encher os olhos e os ouvidos. O cuidado com a adaptação da obra de Shakespeare para um Rio de Janeiro de 60 anos atrás é digna dos vários minutos de aplausos arrancados da plateia no final da peça. Dá tão certo, que vemos um Dir-*

ceu mais maldoso, mais astuto e mais sarcástico que o próprio Iago. É um malandro carioca da pior estirpe, sem escrúpulos e que quer acabar com Otelo para poder ser o 'cidadão-samba' do carnaval. (...) Simplesmente belo e atual.

Milena Emilião
www.portalcuritiba.net

Transpor o Otelo apaixonado por Desdêmona e vítima das artimanhas de Iago para o morro carioca dos anos 40 parecia uma cilada. Embalado pelos versos de Cartola, o dramaturgo e ator Gustavo Gasparani, porém, escapou ileso em Otelo da Mangueira, *espetáculo dirigido por Daniel Herz a partir do original de Shakespeare, que arrebatou a plateia do festival de Curitiba. (...) Diante de 13 atores que cantam e dançam bem, fica difícil não cair no samba.* Otelo da Mangueira *leva ao palco um Brasil otimista e embala a plateia com uma bateria de acertos em que nada quebra a harmonia.*

Dirceu Alves Jr.
Isto É Gente

Shakespeare baixou no morro da Mangueira, que maravilha! É imperdível! A direção é de Daniel Herz, seu trabalho é irretocável. (...) Como se não bastassem todos os acertos do texto e do excelente elenco de 13 atores, todos cantam com perfeição músicas que na maioria das vezes condizem com as circunstâncias emocionais do texto, todas compostas por mangueirenses eméritos como Cartola e Nelson Cavaquinho, pois se trata de um musical. (...) Um espetáculo popular com o qual certamente Shakespeare muito se identificaria.

Maria Lúcia Candeias
Gazeta Mercantil

A pesquisa do espetáculo é um primor. Esta é a prova definitiva de que Shakespeare, além de bom dramaturgo, era um grande mangueirense!

Sérgio Cabral
entrevista ao jornal *O Globo*

(...) Dez em Harmonia para Shakespeare. A versão de Otelo *transportada para o morro da Mangueira é muito delicada e envolve uma pesquisa musical e da própria história da localidade que emocionou a comunidade verde-rosa (...).*

João Pimentel
O Globo

No plano superior: Juliana Clara, Jorge Medina, Ana Carbatti, Aldri Anunciação e Jorge Maya. No plano inferior: Pedro Lima, Marcelo Capobiango, Gustavo Gasparani, Silvão Silva e Anderson Mello

Personagens

Otelo – Presidente e fundador da escola de samba Mangueira. Inspirado em Cartola. Compositor de grande valor, reconhecido não só no morro, mas também em toda a cidade através de sucessos gravados por cantores de rádio. Acaba de ser nomeado "Cidadão-Samba" no carnaval de 1940.

Lucíola – Filha de renomado alfaiate de São Cristóvão, deixa casa e família para ir viver sua paixão com Otelo no morro. Conhecida por sua beleza e graça ao dançar, tornou-se porta-bandeira em Mangueira. Tem sua história de amor envolvida numa trama de inveja, poder e traição.

Dirceu – Compositor de prestígio, vice-presidente da escola e conselheiro de Otelo. Não se adapta às mudanças no regulamento do carnaval de 40 e perde o concurso de samba de enredo para um novo compositor, Candinho. Inconformado com a derrota, trama sua vingança contra Otelo.

Candinho – Talentoso compositor que, cumprindo o novo regulamento, cria o primeiro samba de enredo da escola para o carnaval de 1940, derrotando o veterano Dirceu. Acaba de se mudar para Mangueira. Sua beleza e juventude serão usadas por Dirceu para vingar-se de Otelo.

Marlene – Grande amiga de Lucíola e responsável pelo coro das pastoras da escola (posto que hoje não existe mais). Esposa de Dirceu.

Jurandir – Mestre-sala da escola, apaixonado por Lucíola. Mantém este amor oculto, pois tem medo de perder o posto. Deixa-se usar por Dirceu para atingir Otelo e se declarar à amada.

Tia Fé – Rezadeira e líder comunitária. Simboliza as baianas, as grandes mães do samba.

Nininha – Passista da escola. Conhecida pela ginga e pela malandragem. Amante de Candinho.

Chicão Malvadeza – Diretor de bateria. Malandro renomado e companheiro de Otelo.

Sabiá – Puxador da escola e exímio versador. Junto com Chicão Malvadeza acompanha Otelo em todas as rodas de samba.

Manoel Português – Como vários outros conterrâneos, levou o comércio para Mangueira. Lotearam terrenos, alugaram casas e construíram as primeiras vendas e "mercadinhos". Grande versador de sambas. Este personagem é inspirado no compositor Alfredo Português.

Maestro – Inspirado em Villa Lobos, renomado maestro que sempre esteve ligado à cultura popular. Amigo de Cartola e seu grande incentivador. Responsável pela gravação de ritmos brasileiros pelo maestro americano Stokovski a bordo do navio Uruguai, sendo esta a primeira gravação de Cartola. Villa Lobos foi tema da escola em 1966.

D. Neném e **Cida** – Costureiras da Mangueira.

Roteiro Musical

1. *Sala de recepção* (Cartola)
2. *Eu quero é nota* (Arthurzinho)
3. *Capital do samba* (Zé Ramos)
4. *Pisei no despacho* (Geraldo Pereira/Elpídio dos Santos)
5. *Idioma esquisito* (Nelson Sargento)
6. *Quem se muda pra Mangueira* (Zé com Fome)
7. *Alvorada* (Cartola/Carlos Cachaça/Hermínio Bello de Carvalho)
8. *Favela* (Padeirinho/Jorge Peçanha)
9. *Lei do cão* (Nelson Sargento)
10. *Chega de demanda* (Cartola)
11. *Fiquei sem esperança* (Saturnino)
12. *Deus onipotente criador* (Cícero dos Santos)
13. *Exaltação à Mangueira* (Aluízio Augusto da Costa/Enéas Brito)
14. *Luz negra* (Nelson Cavaquinho/Amâncio

Cardoso)
15. Beija-flor (Nelson Cavaquinho/Noel Silva/ Augusto Tomás Junior)
16. *Samba festa de um povo* (Darci/Batista/Hélio Turco/Luis/Dico)
17. *As rosas não falam* (Cartola)
18. *Cuidado que o vento te leva* (Chico Modesto)
19. *Autonomia* (Cartola)
20. *Primeira estação do samba* (Gustavo Gasparani)

Gustavo Gasparani

Primeiro Ato

O cenário deve ter mais de um plano, onde ocorrerão cenas simultâneas, e uma grande área livre no centro, onde serão realizados o desfile da escola e outros números coreográficos. A intenção é manter a mesma relação existente entre o cenário e o enredo do texto original. Na história de Shakespeare, o castelo, com seus corredores, salas, jardins e masmorras, contribui para aumentar ainda mais a tensão e o suspense da trama. Nesta adaptação, o "morro", com seus largos, vielas, terreiros e ladeiras, cumprirá a mesma função. No começo do espetáculo, será projetada uma imagem do morro da Mangueira do século XVIII, quando o bairro estava ainda em formação.

Entra em cena Tia Fé, baiana e rezadeira do local, espécie de líder comunitária. Canta *Sala de recepção (Cartola)*, acompanhada pelo coro. Durante a música, os outros atores vão entrando e encenando o cotidiano do morro (meninos jogando bola, soltando pipa, mulata com lata d'água na cabeça etc.) À medida que os atores vão sendo iluminados, a projeção vai sumindo. Estamos agora em 1940, às vésperas do carnaval.

Habitada por gente simples e tão pobre
Que só tem o sol, que a todos cobre
Como podes Mangueira cantar?
Pois então saiba que não desejamos
Mais nada
A noite, a lua prateada
Silenciosa, ouve as nossas canções
Tem lá no alto um cruzeiro
Onde fazemos nossas orações
E temos orgulho de ser os primeiros cam-
peões
Eu digo e afirmo que a felicidade
Aqui mora
E as outras escolas até choram
Invejando a tua posição
Minha mangueira és a sala de recepção
Aqui se abraça o inimigo
Como se fosse irmão

CENA 1

Uma rua do Buraco Quente – famoso bairro de Mangueira.
Candinho está pondo corda no cavaquinho; Lucíola e Marlene procuram por Otelo.

LUCÍOLA – Candinho! Você viu Otelo? Tô precisando falar com ele.

CANDINHO – Já deve tá voltando. Parece que foi resolver umas coisas lá pro lado do Estácio.

LUCÍOLA – Arrumei essas cartolas na fábrica de chapéus. Meu patrão me deu agora, em cima da hora. Vou levar pra Neném pra ver se dá tempo dela forrar pra comissão de frente.

MARLENE – São lindas, Lucíola!

LUCÍOLA – Mas antes eu queria mostrar pro Otelo. Depois ele não gosta e não vai dar tempo de mudar.

CANDINHO – Quem mandou casar com presidente de escola de samba? Agora aguenta! Às vésperas do desfile é isso mesmo, difícil de encontrar!

MARLENE – Teu pai forrava isso pra gente em dois minutos, Lucíola!

LUCÍOLA – Vamos mudar de assunto?

MARLENE – Velho turrão!

LUCÍOLA – Acho que ele nunca vai me perdoar por ter saído de casa pra viver com Otelo aqui em Mangueira.

MARLENE – Imagina a filha do Sr. Oliveira, renomado alfaiate de São Cristóvão, largar casa, comida e roupa lavada pra vir morar no morro com um sujeito que é sambista! Ainda por cima virou porta-bandeira. Essa foi do cacete! *(Ri)*

LUCÍOLA – Pára com isso, Marlene! Esse assunto me dá um nó na garganta!

MARLENE – Não tá mais aqui quem falou! Que é que tem nesse pacote aí?

LUCÍOLA – Ah! Vou mostrar pra vocês!

No plano acima, Dirceu e Jurandir conversam na birosca de Manoel Português, enquanto Lucíola vai abrindo o pacote no plano abaixo.

JURANDIR – Começou cedo hoje, hein!

DIRCEU – Um brinde à Lucíola, sua amada!

JURANDIR – Cala a boca! Tá maluco? Se o Otelo souber disso me tira da escola. Aliás, onde é que ele tá?

DIRCEU – Foi participar de um concurso de *Cidadão-Samba*. Não quis contar pra ninguém. Quer trazer a faixa pra "branquelinha".

JURANDIR – Olha como você fala!

DIRCEU – Perdão!

JURANDIR – Com todo aquele povo da Portela lá... duvido que ele ganhe alguma coisa .

DIRCEU – É bom que perca mesmo. Para sentir na pele o que é ter um samba seu derrotado!

JURANDIR – Esquece isso, Dirceu... me dá um gole.

DIRCEU – Esquecer? São anos de fidelidade, malandro, torcendo pros sambas dele, ajudando. Agora que virou presidente, custava dar uma "forcinha" pro amigo?

JURANDIR – Deixa pra lá! Ano que vem teu samba ganha. Bebe mais um pouco.

DIRCEU *(Apontando para Lucíola e Candinho)* – Olha lá o nosso compositor campeão fazendo média com a primeira dama. Antigamente, o malandro para emplacar um samba tinha que ser bom de verso, melodia e ainda mandar bem no improviso. Agora, basta ser puxa-saco! Vaselina!

Volta para Lucíola e Candinho.

MARLENE – Onde é que você arrumou esse pano?

LUCÍOLA – Pedi para um amigo do papai que é dono de uma loja de tecido em Botafogo. Me deu de presente, menina!

MARLENE – Bonito pra cacete! Ninguém pode dizer que você não batalha pela Estação Primeira.

LUCÍOLA – Eu quero é agradar o meu marido! A felicidade dele é a minha felicidade também.

MARLENE – No começo tudo são flores! Depois, é aquela canja insossa!

LUCÍOLA – Que horror, Marlene! Olha! Vou pedir para a Neném bordar o símbolo da escola bem aqui na frente.

MARLENE – Ah! Já ia esquecendo! Célia falou pra você passar lá pra provar o vestido... disse que tá pronto. Mas é pra passar até a hora do almoço! Parece que tá uma beleza.

LUCÍOLA – Ai, meu Deus! Não vai dar tempo! Tô toda enrolada!

CANDINHO – Vai experimentar seu vestido logo, que eu levo as cartolas pra Dona Neném.

LUCÍOLA – Ah! Obrigada, Candinho!

CANDINHO – Isso é o mínimo que eu poderia fazer pela nossa porta-bandeira! *(Beija-lhe a mão. Sai)*

Volta para Dirceu e Jurandir.

DIRCEU *(Pensando alto)* – Isso! Beija... beija... vai beijando! Esse seu galanteio me deu uma grande inspiração.

JURANDIR – Que é que foi?

DIRCEU *(Sem ouvi-lo)* – Com uma teia tão pequena, capturei um inseto chamado Candinho.

JURANDIR – Que é que você tá falando, Dirceu?

DIRCEU – Nada, nada... é uma letra que me veio na cabeça. Tô compondo um samba novo, quer entrar na parceria?

JURANDIR – Claro, vamos lá!

Escutam vozes.

DIRCEU – Otelo tá chegando! Depois a gente se fala!

CENA 2

Entra Otelo acompanhado de Sabiá e Chicão Malvadeza, versador e diretor de bateria da escola, respectivamente.

LUCÍOLA – Que coroa é essa?

MARLENE – Você ganhou o concurso do jornal?

LUCÍOLA – Não acredito!

MARLENE – Que maravilha, Otelo!

OTELO – Tava todo mundo achando que ia dar Tuiuti, Portela... Mas cheguei no miudinho e pá... emplaquei meu samba. Será que não mereço um beijo da minha porta-bandeira?

LUCÍOLA – Seu bobo! *(Os dois se beijam, apaixonados)*

TODOS – Eh!!! Psiu! Que beleza!

SABIÁ – Também quero!

OTELO – Vai procurar sua turma, ô, Sabiá. Ela não é pro teu bico, não!

DIRCEU *(Aproximando-se) – Cidadão-Samba!* Trazendo mais um título pra nossa Mangueira! Vou te dizer mais uma vez, meu compadre... Tenho orgulho de ter você na presidência da escola!

OTELO – Dirceu, meu parceiro! *(Abraçam-se)* Você precisava ver... até os outros concorrentes cantaram meu samba.

CHICÃO MALVADEZA – Sem ter torcida já foi um massacre. Imagina se a gente tivesse levado as pastoras.

SABIÁ – E o maluco tava pensando em desistir!

CANDINHO – Por que você não avisou a gente, Otelo? Todo mundo ia torcer por você!

OTELO – Queria fazer uma surpresa pra minha mulher. Não posso?

LUCÍOLA – E eu aqui toda preocupada!

OTELO – Eu precisava descolar essa coroa de qualquer jeito. Sabe por quê? Pra poder ficar à altura da minha rainha!

LUCÍOLA – Seu bobo! *(Abraçam-se)*

MARLENE – Você sabia de tudo, né, Dirceu?

DIRCEU – Claro! Sou conselheiro da escola, o homem de confiança do presidente, tá pensando o quê?

MARLENE – E eu sou tua mulher, que cozinha, costura, lava tuas roupas... porra, podia ter me contado, né?

DIRCEU – Linguaruda do jeito que você é, eu ia perder o cartaz com "sua majestade, o samba"!

OTELO – Esse é amigo! O resto é bobagem!

MARLENE – Tu me chamou de fofoqueira na frente de todo mundo? Filho da...

LUCÍOLA – Calma, Marlene! Chega desse bafafá! Vou falar com a Tia Fé pra gente fazer aquele mocotó... um título desse tem que se comemorar à altura. Podem chamar o morro todo: Candelária, Santo Antônio, Chalé... hoje a festa é no Buraco Quente e a bebida e a comida são por minha conta!

SABIÁ – Mas antes vamos dar uma palhinha.

DIRCEU – Otelo mostra pra essa rapaziada como é que se faz samba!

OTELO – Segura, cavaco!!

Nesse momento, Otelo canta *Eu quero é nota (Arthurzinho)*. Em seguida, Sabiá e Chicão Malvadeza assumem o vocal, enquanto Otelo exibe seus atributos de passista e instrumentista. Durante a música, Dirceu volta ao encontro de Jurandir na birosca e observam de longe a alegria do grupo. No fim do número musical, Otelo e Lucíola se beijam e saem com os outros atores.

TODOS – *Eu quero é nota, carinho e sossego*
Para viver descansado
Cheio de alegria, meu bem
Com uma cabrocha a meu lado

OTELO – *Eu queria ter dinheiro*
Que fosse em grande porção
Eu comprava um automóvel e ia morar lá no Leblon
Sou um simples operário
Não posso bancar barão
Vou morar lá em Mangueira
Num modesto barracão

CHICÃO MALVADEZA – *Todo mundo acha graça*
De um pobre vagabundo
Se a sorte fosse igual
Ninguém ria neste mundo

SABIÁ – *Eu desço de madrugada*
Enganando a moçada que vou trabalhar
Porém quando a fábrica apita
Pego na marmita e vou me alimentar
(Eu quero é nota)

CENA 3

Na birosca de Manoel Português.

DIRCEU – Tá tudo bem afinado agora! Mas eu vou cuidar pra esse samba ser tão digno quanto eu! Que cara é essa, Jurandir?

JURANDIR – Não aguento mais ver essa cena! Era melhor morrer de uma vez.

DIRCEU – Não fala besteira. Tu já viu malandro morrer de amor?

JURANDIR – Mas o que é que eu faço? Essa mulher me deixa "virado". Não consigo me controlar!

DIRCEU – Ô, rapaz! De que vale ser mestre-sala se não sabe cortejar a porta-bandeira? Me escuta! Troca a paixão pela razão e deixa o tempo trabalhar pra você. A Lucíola é "moça fina", não nasceu em favela, não! O fim desse romance tá com hora marcada. Já, já ela se cansa do Otelo... da sua arrogância... sua pretensão. "Cidadão-Samba"! *(Ri com desprezo)* Engraçado, pra rapaziada da imprensa, pelo visto, aqui em Mangueira só existe um compositor: Otelo. Só indicam ele pra esses concursos! Tudo armação! Pode não parecer, mas eu odeio esse cara. O que ele fez comigo foi sacanagem. Escolheu o samba de um "moleque" que chegou aqui ontem, ninguém nunca ouviu falar. Meu samba era muito melhor! Agora vem com essa história de "não tá adequado ao enredo"... isso é conversa. O samba desse Candinho é um tremendo "boi com abóbora". E esse negócio de enredo? Samba tem que ser é bonito, porra!

JURANDIR – *Samba de enredo*, tá no regulamento, Dirceu, coisa nova. Pra ganhar, agora só assim. E quem escolheu foi o júri!

DIRCEU – E você acredita? O homem é o presidente. Ele é que manda!

JURANDIR – Olha aqui! Não faz cinco minutos, você tava cheio de sorriso pra cima do Otelo... meu compadre pra cá, meu presidente pra lá... agora vem com essa conversa... tá a fim de me fazer de palhaço? Se você contar pro Otelo que eu tô de olho na Lucíola...

DIRCEU – Deixa de ser burro, Jurandir! Tô do teu lado. Não se preocupe. Eu sirvo ao Otelo pra servir aos meus propósitos. Nem todo mundo pode ser presidente, nem todos os presidentes podem exigir fidelidade absoluta. Escuta, malandro: tão certo quanto seu nome é Jurandir... se eu fosse o Otelo, não ia me querer como conselheiro. Se eu aparento ter respeito e admiração por ele, é só pra atingir os meus objetivos... o céu é meu juiz! Compreendeu? Eu não sou o que sou. Agora presta atenção! A gente é parceiro... confia em mim que essa porta-bandeira ainda vai ser tua. Você vai girar em volta dela que nem peão. Mas pra isso... a gente precisa se unir. *(Irônico.)* Se você trocar aquela coroa por um belo par de chifres... você vai ter prazer, e eu vou me divertir pra cacete. Vingança é um prato que se come frio! *(Brindam e riem. Dirceu, antes de beber, joga um trago pro santo)*

CENA 4

Sede da escola no Buraco Quente.
A cena abre com Marlene, primeira pastora da escola, arrumando a festa com Tia Fé, Nininha, D. Neném e outras baianas do local. Ao fundo, ouve-se a introdução da próxima música. Esta cena representa a influência das baianas na estrutura das escolas de samba.

MARLENE *(Gritando para Nininha, que vai descendo a ladeira, de pé no chão, na cadência da música)* – Nininha! Cuidado com essa panela. Se derrubar, te mato!

NININHA *(Passista da escola)* – Tô acostumada, minha filha. Saca a ginga!

As baianas cantam *Capital do samba (Zé Ramos)*. Durante a coreografia, os outros atores fazem coro e armam o pagode. Muita comida, bebida e samba pra comemorar. Ao final da música, entram Otelo e Lucíola.

Chegou a capital do samba
Dando boa noite com alegria
Viemos apresentar o que Mangueira tem
Mocidade, samba e harmonia
Nossas baianas com seus colares e guia
Até parece que eu estou na Bahia
Até parece que estou na Bahia

Da cidade alta da Mangueira
Avisto a vila, tenho saudade de alguém
Até parece que estou no São Salvador
Avistando o que a Bahia tem
É minha maior alegria
Até parece que estou na Bahia
Até parece que estou na Bahia

CHICÃO MALVADEZA – Chegou quem faltava!

SABIÁ – Uma salva de palmas pro *Cidadão-Samba* desse carnaval! *(Todos festejam)*

NININHA – E pra nossa porta-bandeira também! Tá pensando o quê? Olha o machismo...

LUCÍOLA – Mas eu não compus nada.

MARLENE – Você é a musa do poeta!

CANDINHO – A lira do compositor!

MANOEL PORTUGUÊS *(Chega correndo)* – Tem festa e não me convidaram!

OTELO – Senta, aí, Manoel! Bebe uma com a gente!

MANOEL PORTUGUÊS *(Vendo Chicão Malvadeza)* – Tô pra bebida não. Você está aí, seu safado! Ladrão! Assassino!

CHICÃO MALVADEZA – Ô, ô, ô...Vai com calma, Português!

MANOEL PORTUGUÊS – Vou te matar!

SABIÁ – Segura a fera!

OTELO – Mas o que é que houve?

MANOEL PORTUGUÊS – Este marginal roubou meu cabrito! Matou o pobrezinho pra fazer tambor!

TIA FÉ – Tu não toma jeito, né, Chicão?

CHICÃO MALVADEZA – Foi pra escola, Otelo! Fiz dois surdos de primeira! Tava precisando...

OTELO – Ô, Português, alivia! A causa é nobre. Depois do carnaval o Chicão Malvadeza te arruma outro. Né, Chicão?

CHICÃO MALVADEZA – Naturalmente...

MANOEL PORTUGUÊS – Eu vou é chamar a polícia!

OTELO – Alto lá, ô, Português! Aqui no morro polícia não sobe!

CHICÃO MALVADEZA – Só se for vestida de baiana!

OTELO – E tem mais... Eu, Otelo dos Santos, *Cidadão-Samba* desse carnaval, faço o presente decreto que restabelece a fuzarca em toda a sua plenitude e toma outras providências: 1º) Está proclamado o pagode rasgado. 2º) Na minha administração, os bebês ficam incumbidos de se defenderem com as mamadeiras, enquanto as babás caem no samba. 3º) É terminantemente proibido, a qualquer português, negar cabrito para sua agremiação. *(Aplausos)* Pra terminar fica decretado o estado de alegria permanente. Aquele que não concordar com o absoluto domínio do samba deve sair de fininho pra não estragar a festa. E tenho dito!

Todos festejam as novas "leis". Durante a comemoração, Lucíola faz um prato de salgadinhos e o oferece a Candinho.

LUCÍOLA – Candinho! Gostou do prato pra você?

CANDINHO – Que maravilha! Tratamento especial. Obrigado.

LUCÍOLA – É meu agradecimento por você ter levado as cartolas pra Neném forrar hoje de manhã.

CANDINHO – Que é isso! Pela Estação Primeira, faço tudo que estiver ao meu alcance.

Observando-os à distância, Dirceu aproveita a cena para envenenar Jurandir e iniciar seu plano.

DIRCEU *(Puxando-o para um canto)* – Olha lá!

JURANDIR – O que foi?

DIRCEU – Cuidado com o Candinho... esse cara é mulherengo... tem sangue quente... Tá vendo? A Lucíola já tá toda derretida... essa aí nunca me enganou. Tá caidinha pelo garoto.

JURANDIR – Não acredito. A Lucíola é abençoada.

DIRCEU – Que abençoada nada! A cachaça que ela bebe é do mesmo alambique que a minha.

JURANDIR – Quanta tolice!

DIRCEU – Não te falei que ela tava enjoada do Otelo? Esse moleque é novo, bonitão... mulher gosta de carne nova, e, além disso, o Candinho é do asfalto que nem a Lucíola... Ô, Jurandir... Quem nasceu no asfalto não dá pra viver em favela. Olho vivo no malandro, senão tu perde a cabrocha! Agora vai dar uma circulada que eu não quero que fiquem vendo a gente junto. Dá uma circulada!

Jurandir sai.

DIRCEU – Gastar meu tempo com um "zé mané" como esse... Péssimo mestre-sala! Mas por enquanto me é útil. Agora tenho que sussurrar nos ouvidos de Otelo que esse Candinho tá com muita liberdade pra cima da Lucíola... Que o malandro é boa pinta e tem jeito de fazer mulher trair. Eu sei que o Otelo vai me escutar... Ele põe a mão no fogo por mim... *(Ri)* E enquanto não se queima... Vou empurrando ele pro abismo feito um bode velho! Que Exu e a escuridão me guiem!

O foco volta para o centro da festa, onde Otelo toma a palavra.

OTELO – Pessoal! Prestem atenção...agora é importante. Dirceu! Chega aqui... tive uma ideia que você vai aprovar, tenho certeza.

DIRCEU – Já está aprovado, compadre! Seu desejo é uma ordem!

OTELO – Esse ano, por ter sido escolhido *Cidadão-Samba*, tenho que vir na frente da escola. É mais distinto... dá prestígio pra agremiação e impressiona o jurado.

LUCÍOLA – E a harmonia, Otelo? Quem vai se responsabilizar?

OTELO – Justamente...pensei que a pessoa mais indicada pra exercer essa função era... *(Faz suspense – expectativa de Dirceu)* o compositor campeão: Candinho! *(Todos aplaudem)* O sujeito conhece o samba melhor que todo mundo aqui, e além disso tem ouvido de tuberculoso.

SABIÁ – Ah! Moleque... se você me atrapalhar na avenida... te encho de porrada, ouviu?

MARLENE – Todo ano tu enrola a língua... agora vai culpar o menino! *(Todos riem)*

OTELO – Se meu compadre Dirceu bater o martelo, tá feito. Afinal, ele é o conselheiro da escola.

DIRCEU *(Disfarçando o ódio)* – O garoto ainda é verde, mas é bom... tá aprovado!

LUCÍOLA – Isso merece um brinde especial!

D. NENÉM – Traz a garrafa, Nininha!

Todos brindam. Dirceu e Jurandir se entreolham, cúmplices. Dirceu vai até Jurandir e cochicha num canto.

DIRCEU – Jurandir, eu soube que o nosso "galanteador" é fraco pra bebida. Vamos entupir ele de cachaça. No momento certo te faço um sinal e aí você inventa algum jeito de deixar ele irritado. Eu quero ver o circo pegar fogo!

JURANDIR – Mas inventar o quê?

DIRCEU – Chama de bêbado, puxa uma briga, sei lá.... não esqueça que é a sua Lucíola quem está em jogo!

JURANDIR – Tudo bem! Se for pra tirar ele da parada, pode contar comigo! Tô esperando o sinal. *(Sai)*

DIRCEU *(Pensando alto)* – O plano está armado. Está confuso... mas safadeza a gente só entende quando está em ação.

CANDINHO *(Já "alto". Para Otelo)* – Não sei nem o que dizer, Otelo! Você sempre foi um "mestre" pra mim!

OTELO – A Estação Primeira é que está feliz! Isso aqui é celeiro de bamba! Só tem compositor "ilustre"! E agora boa noite a todos que eu e Lucíola temos muito o que conversar...

LUCÍOLA – Ih! Já imagino o assunto... boa noite!

D. NENÉM – Vai balançar o barraco!! *(Todos riem. Eles saem)*

NININHA – Ô, Jurandir! Tá calado, homem... Tá com uma cara de que foi despejado!

JURANDIR – Tô com dor de dente.

NININHA – Dá uns *passe* pra ele, Tia Fé!

TIA FÉ – Vou *dá* é uns passa fora em você... mulatinha abusada! *(Surge um certo burburinho. Dirceu aproveita a chance e leva mais um copo de cachaça para Candinho)*

DIRCEU – Essa eu faço questão que você beba comigo!

CANDINHO – Chega de cachaça, Dirceu. Eu não tenho resistência nenhuma pra bebida. Vamos festejar de um outro modo, por favor!

DIRCEU – Só mais um gole. Tá todo mundo bebendo!

CANDINHO – Minha cabeça já tá girando!

DIRCEU – Olha a desfeita... Quero te dizer que nesse tempo todo aqui na escola... *(Fala bem alto para que todos escutem)* Agora eu vou falar... poucas vezes ouvi um samba tão bonito. Aí, pessoal! Quero fazer um brinde ao Candinho! Você é um bamba, garoto! *(Brindam e somente Candinho vira o copo)*

CHICÃO MALVADEZA – Por falar em bamba, Dirceu... Vou cantar um samba de um ilustríssimo!

NININHA – De quem é?

CHICÃO MALVADEZA – Meu!

TIA FÉ – Ô, sujeito besta! Meu Deus!

DIRCEU – Dá licença que essa é minha... Fiz esse samba pra um malandro... No dia que ele nasceu, Deus tava de má vontade... *(Quando Chicão Malvadeza vai atacar, Dirceu começa a cantar)*

Dirceu canta *Pisei num despacho (Geraldo Pereira/Elpídio dos Santos)*. Durante o samba, faz sinal para Jurandir. Este se esconde.

Desde o dia em que passei
Numa esquina e pisei num despacho
Entro no samba meu corpo tá duro
Bem que procuro a cadência e não acho
Meu samba e meu verso não fazem sucesso
Há sempre um porém
Vou à gafieira fico a noite inteira
No fim não dou sorte com ninguém

Mas eu vou num canto
Vou num pai-de-santo
Pedir qualquer dia
Que me dê uns passes
Uns banhos de erva e uma guia
Está aqui no endereço

Um senhor que eu conheço
Me deu há três dias
O mais velho é batata
Diz tudo na exata
É uma casa em Caxias

DIRCEU – Agora quem vai cantar pra gente é o nosso diretor de harmonia e grande compositor... Mestre Candinho!

Candinho canta *Idioma esquisito (Nelson Sargento)*, acompanhado por todos na estrofe final. Durante a música, Dirceu faz sinal para Jurandir, que grita, sem que percebam quem foi.

Fui fazer meu samba na mesa de um botequim (2x)
Depois de umas e outras, o samba ficou assim (2x)

Estrambonático
Palipopético
Cibalenítico
Estaparfúdico
Pratopológico
Antropofágico
Presolopépico
Atroverático
Batulitético
Protofinângolo

Carambolagono
Posolométrico
Pratofilônica
Protopolágico
Canecalônica

TODOS – *É isso aí! É isso aí!*
Ninguém entendeu nada, eu também não entendi
É isso aí! É isso aí!
Ninguém entendeu nada e então vou repetir

JURANDIR – Esse samba é roubado! É do Lino do Estácio!

CANDINHO *(Completamente bêbado)* – Quem foi o filho da puta que falou isso? Aparece, porra!

SABIÁ – O homem tá bêbado!

CANDINHO – Bêbado é o cacete! Quero ver tu repetir que esse samba é roubado!

SABIÁ – Eu não falei nada disso!

CANDINHO – Não tem peito pra falar na frente! Covarde!

SABIÁ – Ô, rapaz, perdeu amor à vida? Te encho de porrada!

CHICÃO MALVADEZA – Calma, rapaziada! Para com isso!

CANDINHO – Vem! *(Puxa a navalha)*

TIA FÉ – Que é que deu nesse menino?

DIRCEU – Toda vez que bebe fica desse jeito.

NININHA – Faz alguma coisa, Dirceu!

DIRCEU – Marlene, vai chamar Otelo, rápido!

D. NENÉM – Que horror, meu Deus!

DIRCEU – Imagina se faz isso durante o desfile!

TIA FÉ – Ele vai pôr em risco a harmonia da escola!

DIRCEU – É uma pena, porque o moleque é competente! Ô, vício infernal!

NININHA – Parem com isso!

CIDA – Cuidado, Sabiá!

Gritaria, confusão. Começa a luta, um com a navalha e o outro na *pernada* (capoeira). Chicão

Malvadeza tenta separar a briga e acaba sendo ferido pela navalha de Candinho. Entra Otelo com Marlene.

OTELO – Vamos parar com essa briga!

DIRCEU *(Ao ver Otelo)* – Parem com isso! Que loucura, meu Deus!

OTELO – O que está acontecendo? Viraram bandidos agora? Depois dizem que sambista é tudo malandro, marginal, e vocês não gostam! Dirceu, me conta o que aconteceu, porque em você eu confio. Quem começou tudo?

DIRCEU – Eu não sei. Num minuto eram todos amigos, no outro, pareciam enfeitiçados, brigando que nem cachorros... Deus sabe o quanto eu preferia não ter olhos pra testemunhar essa violência! A gente tava cantando, festejando... de repente começou um tumulto, uma... uma discussão. Até que puxaram a navalha...

OTELO – Quem foi?

SABIÁ – Conta a verdade, Dirceu!

DIRCEU – Foi essa maldita cachaça, Otelo...

CHICÃO MALVADEZA – Não enrola, porra!

DIRCEU – Quem sou eu pra acusar alguém? Ainda mais um sujeito tão querido por todos nós, e que já faz parte da família mangueirense. Olha, eu tenho certeza que o Candinho já se arrependeu... não tava no seu estado normal. Nós somos humanos, poxa... todo mundo dá suas mancadas...

OTELO – Dirceu, você tem um grande coração, eu sei... quer proteger o Candinho... mas isso não tem perdão!

CANDINHO – Desculpe, Otelo... não sei o que dizer...

OTELO – E vocês dois... não têm vergonha?

SABIÁ – Desculpa, presidente, mas só tava me defendendo...

CHICÃO MALVADEZA – Eu tava tentando separar... meu braço tá sangrando...

OTELO – Sangrando estou eu, por dentro, de ódio! A gente passa a vida toda tentando mudar a imagem dos sambistas pra polícia, pros bacanas lá de baixo. E quando acaba... é tudo sempre a mesma merda! Tem que encher a cara, sair na porrada... tudo malandro, esperto, muito macho... Cambada de idiotas! E você, Candinho... não é mais diretor de harmonia da escola... e só não tiro teu samba porque não dá mais tempo!

(Dirceu sorri com discrição) Reconheço o seu valor, mas você vai servir de exemplo. A Estação Primeira é uma escola de samba, e não um antro de marginais! Quem quiser fazer parte dela vai ter que se enquadrar no esquema. Dirceu acalma o pessoal... e alguém ajuda o Chicão Malvadeza. Todo mundo pra casa! Não arredo pé daqui enquanto esse lugar não estiver deserto.

Todos saem.

CENA 5

Otelo, sozinho no primeiro plano, observa o *terreirão* vazio.

OTELO – Finalmente a noite está quieta.

Lucíola surge no segundo plano, saindo de sua casa.

LUCÍOLA – Otelo! O que aconteceu?

OTELO – Ah! Um bafafá tremendo! Como de costume, o pessoal bebeu demais, perdeu a cabeça, e o Candinho acabou ferindo Chicão no braço com a navalha.

LUCÍOLA – Que horror!

OTELO – Foi uma confusão, uma gritaria... Conclusão: tive que tirar o Candinho da harmonia.

LUCÍOLA – E agora, meu Deus, como é que vai ser?

OTELO – Ah, nem me fala! Um bando de marmanjo agindo como moleque. O que me deixa revoltado é que há pouco tempo atrás a gente não podia nem sair com o violão debaixo do braço que os "canas" levavam todo mundo pro xadrez.

LUCÍOLA – Calma, Otelo. Tá muito chateado?

OTELO – Se depois de cada tempestade você aparecer para acalmar meu coração com a sua beleza... deixa esses vagabundos "darem pernada" e se atracarem até a morte! Não tô nem aí!

LUCÍOLA – Meu guerreiro! Meu compositor! Desce aqui pra eu te dar um beijo! *(Otelo vai até Lucíola no plano alto e beijam-se)* Esquece essa briga boba. Amanhã, com a cabeça fria, tudo se resolve. Psiu! Olha como o céu tá lindo! Todo estrelado... senta aqui.

Lucíola e Otelo sentam-se para contemplar o céu. Tempo. Lucíola canta *Quem se muda pra Mangueira (Zé com Fome).*

Mangueira, foste tu sempre a primeira
És a única bandeira
Sem orgulho e sem maldade
Quem se muda pra Mangueira
É verdade

Leva a vida cheia de felicidade
Quem se muda de Mangueira tem saudade
Voltará ou mais cedo ou mais tarde

LUCÍOLA – Sabe o que eu tô lembrando?

OTELO – O quê?

LUCÍOLA – Quando você ia lá em casa pedir pro papai fazer o seu terno. Você não tinha um centavo! Aí tocava as suas músicas nas festas da mamãe e, em troca, meu pai fazia o paletó pra você desfilar. Você tocava um violão tão bonito... ia transformando tudo em poesia... dava uma vontade de chorar!

OTELO *(Tempo)* – Lucíola! O que foi?

LUCÍOLA – Tava pensando no meu pai. Ele não vai me perdoar nunca!

OTELO – Ele ficou magoado contigo porque você fez tudo por debaixo dos panos, sem ele nem desconfiar...

LUCÍOLA – Mas o que é que eu podia fazer? Se ele soubesse, se desconfiasse, não deixava você ir mais lá em casa!

OTELO – Ele se sentiu traído! Também, tu foi arrumar logo um pé rapado pra marido. Isso é coisa que se faça?

LUCÍOLA *(Rindo)* – Meu pai acha que você fez macumba, feitiço pra me conquistar.

OTELO – A única feitiçaria que eu usei foi a minha música. Nunca esqueci o dia em que você me disse que se eu tivesse um amigo que te amasse muito, pra ensinar ele a cantar bonito que nem eu, que isso bastaria pra você se apaixonar! Foi aí que eu percebi tudo. Você é a mulher da minha vida, Lucíola!

LUCÍOLA – Que o céu proteja a gente de todo sofrimento, e que nosso amor cresça ainda mais com o passar dos anos! E que a gente tenha muitos filhos e muitos netinhos!

OTELO – Amém! *(Se abraçam)* Eu tô tão feliz que minha alma parece que vai transbordar de alegria! E pra melhorar isso, você aqui do meu lado, esse céu clareando, tá tudo tão perfeito que dá até medo de pensar no futuro!

LUCÍOLA – Então não pensa no futuro e fica aqui no presente comigo! *(Beijam-se).*

Tempo. Os dois estão abraçados olhando o dia amanhecer. Otelo pega o violão e canta *Alvorada (Cartola/Carlos Cachaça/Hermínio Bello de Carvalho)*, como se a estivesse compondo na hora.

CENA 6

Durante o refrão de *Alvorada*, o coro de lavadeiras invade a cena com trouxas de roupas, bacias d´água etc. É o dia que vai nascendo. Otelo e Lucíola saem enquanto o coro canta, lavando roupa e armando um enorme varal. Esse cenário é uma alusão a um outro bairro de Mangueira, o *Pendura-Saia*, local onde as mulheres se encontravam pela manhã para fazerem suas atividades. O número musical é composto ainda pelo samba *Favela (Padeirinho/Jorge Peçanha).*

Alvorada

Alvorada lá no morro
Que beleza
Ninguém chora não há tristeza
Não existe dissabor
O Sol colorindo
É tão lindo, é tão lindo
A natureza sorrindo
Tingindo, tingindo.

Favela

Numa vasta extensão
Onde não há plantação
Nem ninguém morando lá
Cada pobre que passa por ali
Só pensa em construir o seu lar

E quando o primeiro começa
Os outros depressa procuram marcar
Seu pedacinho de terra pra morar
É assim que a região sofre modificação
Fica sendo chamada de A Nova Aquarela
E aí que o lugar então passa a se chamar
Favela

CENA 7

Numa birosca, no plano alto, de onde se avista o Pendura-Saia, estão Dirceu e Candinho.

DIRCEU – Que cara é essa, rapaz?

CANDINHO – Tô arrasado. Perdi minha reputação aqui na escola.

DIRCEU – Não fala besteira! Não perdeu reputação nenhuma! Além disso, existem várias formas de você recuperar o seu prestígio.

CANDINHO – Pois eu não consigo ver nenhuma!

DIRCEU – Foi só uma punição... uma decisão mais política do que qualquer outra coisa. Otelo é o presidente, tem que se impor. Senão daqui a pouco tá todo mundo tomando porre e fazendo algazarra, e quem se dana é a escola! Mas olha, eu tenho certeza: se você apelar pro Otelo mais uma vez ele vai te escutar.

CANDINHO – Ô, Dirceu! Eu não tenho nem coragem de olhar pra cara do homem... se eu for pedir a harmonia de volta, vou ter que ouvir que eu sou um irresponsável, um bêbado, e com toda razão, né?

DIRCEU – Não exagera! Você só tomou um porre numa festa. Isso acontece com todo mundo, rapaz! São as circunstâncias da vida. Por exemplo, eu perdi meu samba pro seu. Você acha que eu vou ficar aqui me corroendo? Não! Perdi o samba, mas descobri um compositor talentoso como você. Isso é importante pra escola. Olha, Candinho, há males que vêm pra bem. Se você deixar, eu posso te ajudar. Você sabe que tem em mim um amigo, né, Candinho?

CANDINHO – Ô, Dirceu! Eu tava bêbado mas não esqueci o que você fez por mim! Tentou livrar minha barra na frente de todo mundo. Essas coisas a gente não esquece.

DIRCEU – Então escuta meu conselho: vai falar diretamente com a Lucíola. Otelo escuta a esposa demais. A verdade é que ela é a presidente do nosso presidente. *(Ri)* O que ela fala é lei, rapaz!

Aquele crioulo tá de quatro por ela, faz tudo que ela pede. Vai até ela e fala de coração aberto, insiste, implora pela ajuda dela. Eu tenho certeza que você vai conseguir teu posto de volta.

CANDINHO – Obrigado pelo conselho, Dirceu! Vou no terreiro agora mesmo falar com ela.

DIRCEU – Ih, nem adianta... a essa hora ela tá lá pros lados do "Pendura-Saia". Toda manhã a mulherada vai pra lá lavar as roupas. Se eu fosse você, falava com ela lá mesmo. Tu não tem tempo a perder.

CANDINHO – Não sei nem como te agradecer! Até! *(Sai)*

DIRCEU – Boa sorte, garoto! Estou torcendo por ti!

Candinho sai. Dirceu pensa alto.

DIRCEU – E quem se atreve a dizer que o meu papel é de vilão nessa história? *(Irônico)* Agi de coração aberto... dei conselho de graça e tudo mais... é isso aí, seu Candinho! Várias são as faces do diabo! Esse lobo aqui tá disfarçado de bom conselheiro. Enquanto você vai importunar a Lucíola, pra que ela conserte as suas mancadas, eu vou soprar no ouvido do Otelo umas ideias pestilentas a respeito da nossa porta-bandeira. E quanto mais ela se esforçar pra te ajudar, mais crédito ela vai tá perdendo com o marido... e assim, vou transformando a virtude dela em piche e enredando todo mundo nessa trama.

Entra Jurandir.

JURANDIR – Dirceu, eu preciso falar contigo.

DIRCEU – A essa hora da manhã? Pega leve... ainda nem acordei!

JURANDIR – Porra, Dirceu! Tô preocupado! Não consegui nem dormir! E se descobrirem que fui eu que provoquei a briga?

DIRCEU – Com todo respeito, Jurandir. Deixa de ser otário. Tava todo mundo bêbado, ninguém lembra de nada! Agora presta atenção! Eu trabalho com a esperteza, e não com a feitiçaria! Essas coisas precisam de tempo e paciência.

JURANDIR – Mas é que eu tô um pouco nervoso com essa situação toda...

DIRCEU – Escuta aqui... o Candinho não perdeu a harmonia? Não foi humilhado na frente da escola toda? Então! Calma! Calma, rapaz! Já te falei pra confiar em mim! A gente tá junto nesse barco. Agora, por favor, vai embora que eu não quero que fiquem vendo a gente toda hora juntos, senão podem desconfiar, tá bom? Vai descansar, você tá muito abatido.

JURANDIR – Já tô indo... *(Sai)*

DIRCEU – Ih! Isso não vai dar certo. Esse "Zé mané" vai fazer besteira.... vai acabar dando com a língua nos dentes. Será que eu vou ter que apagar o homem? Que desagradável...

CENA 8

Lucíola, Marlene e Candinho chegando no *Pendura-Saia*.

CANDINHO – Não dá pra esperar, Lucíola. Falta muito pouco pro desfile!

LUCÍOLA – Eu te prometo que não vou dar descanso! Vou ficar o dia inteiro no ouvido do Otelo até ele te botar de novo na harmonia. Nem que ele perca a paciência.

MARLENE – Faça isso, Lucíola, o mais rápido que você puder. Até o Dirceu passou a noite em claro. Nunca vi. Parecia que o problema era com ele! Tava inconsolável!

LUCÍOLA – Ah, Marlene! Agradeça a Deus pelo marido bom e generoso que você tem! Candinho, a partir de agora vou ser sua advogada!

MARLENE – Olha aqui, moleque! Quando essa mulher bota uma coisa na cabeça, não há quem faça ela mudar de ideia!

LUCÍOLA – Agora chega de problema! Eu quero mostrar pra vocês os passos que eu estou ensaiando com o Jurandir.

Lucíola tira uma das roupas do varal, prende num cabo de vassoura que está por perto, improvisa uma bandeira e dança para os dois. Enquanto ela dança, aparecem Otelo e Dirceu.

DIRCEU – Ih! Não gosto nada disso...

OTELO – O que você falou?

DIRCEU – Nada, besteira...

Foco volta para a cena anterior.

MARLENE – Ih gente! Olha o Otelo chegando!

CANDINHO *(Parando de bailar)* – É melhor eu ir embora.

LUCÍOLA – Peraí, menino! Vamos conversar com ele de uma vez!

CANDINHO – Não tenho coragem. Tô com muita vergonha do papelão que eu fiz ontem...

LUCÍOLA – Se você prefere assim... tchau!

Sai Candinho. Volta para a parte de cima.

OTELO – Era o Candinho que tava dançando com a Lucíola?

DIRCEU – Não... não acredito que ele fosse sair com o rabo entre as pernas só porque viu a gente. Parece que tem culpa no cartório! *(Vão descendo ao encontro de Lucíola e Marlene)*

LUCÍOLA – Ai, Otelo! Que bom que você chegou! Tava conversando com o homem mais desesperado do mundo!

OTELO – Do que você tá falando?

LUCÍOLA – Do Candinho, coitado!

OTELO – Ah, você tava dançando com o Candinho? Não sabia nem que ele dançava como mestre-sala!

MARLENE – E olha que dança bonito o moleque! Se ficar fora da harmonia, já tem lugar garantido como mestre-sala!

DIRCEU – Cala a boca mulher, não fala besteira!

MARLENE – Porra! Eu só tava brincando, Dirceu!

LUCÍOLA – Meu amor, eu não gosto de me meter nos seus assuntos da escola, mas dessa vez eu não tô me aguentando! Perdoa o Candinho!

OTELO – Depois a gente vê isso, Lucíola. Agora tô cheio de coisa pra fazer. O pessoal do barracão tá me esperando!

LUCÍOLA – Então! Bota o Candinho na harmonia e resolve esse problema de uma vez! Tá todo mundo agoniado com essa história!

OTELO – Meu amor, fica tranquila! Confia em mim!

LUCÍOLA – Eu confio, Otelo, mas... fala com ele logo! Me promete que você vai resolver isso hoje até o final do dia.

OTELO – Ô, Lucíola, eu nunca te neguei nada... tenha paciência, sim? Agora me deixa ir...

LUCÍOLA – Tá bom. Não vou te atrapalhar mais. Mas eu vou falar pra ele que até amanhã sem falta você dá jeito nisso!

Beija Otelo e vai se juntar às outras mulheres que já haviam começado a desmontar o *Pendura-Saia*. Ficam somente Otelo e Dirceu.

CENA 9

Otelo e Dirceu caminhando pelas vielas e ladeiras do morro em direção ao barracão.

OTELO *(Olhando para Lucíola saindo de cena)* – Como minha mulher é linda, pode falar!

DIRCEU – Você gosta muito dela, né?

OTELO – Amo Lucíola como nunca amei outra mulher nessa vida.

DIRCEU – E o Candinho sabe disso, claro...

OTELO – Sei lá! Por que isso agora?

DIRCEU – Nada, só curiosidade... agora mesmo ele tava ensaiando com ela... é sempre muito gentil... cheio de cortesia... ah, besteira de quem tem o péssimo hábito de ficar observando a vida dos outros...

OTELO – Não sabe como é, Lucíola? O rapaz chegou aqui outro dia, ela fica com pena, querendo enturmar ele com o pessoal... nunca vi uma mulher tão generosa... tá sempre pronta pra ajudar os outros!

DIRCEU – Eles também devem ter bastante afinidade, afinal de contas os dois eram do asfalto, chegaram há pouco tempo no morro.

OTELO – Dirceu, você considera o Candinho um sujeito honesto?

DIRCEU – Honesto? Quem?

OTELO – O Candinho, porra!

DIRCEU – Honesto?! Ué, dizem que sim... claro!

OTELO – O que que você acha, Dirceu?

DIRCEU – O que que eu acho?

OTELO – Ih, meu Deus! Parece o meu eco! *(Pausa)* Tá sabendo de alguma coisa? Se você tem consideração pelo teu compadre, fala logo o que tá pensando...

DIRCEU – Você sabe a admiração que eu tenho por você... a gente é parceiro... já fizemos tanta coisa juntos nessa vida... tá desconfiando de mim, Otelo?

OTELO – Claro que não! Se tem uma coisa que eu tenho certeza nessa vida é que você é meu amigo! E sei também que você não é de ficar por aí deitando falação. Por isso mesmo essas tuas pausas, esses teus silêncios tão me deixando preocupado...

DIRCEU – Eu juro que considero Candinho um sujeito honesto!

OTELO – Eu concordo, também acho!

DIRCEU – As pessoas são o que elas aparentam ser... ou pelo menos deveria ser assim, não é?

OTELO – Você tem razão, é isso aí.

DIRCEU – O Candinho pra mim aparenta ser um cara honesto, sincero... é meio metido a galanteador, mas isso é porque é garoto novo. Chegou no morro agora, tá fazendo sucesso com a mulherada... coisas da juventude, Otelo!

OTELO – Peraí, Dirceu! Você tá me deixando confuso! Fala logo o que você tá pensando, desembucha! Mesmo que seja o pior pensamento!

DIRCEU – Calma, Otelo! Talvez eu esteja sendo maldoso nessa minha desconfiança... vendo problema onde não tem... se não fosse pelo teu sossego e pelo teu bem, e pela minha honestidade e sabedoria... eu te falava o que que eu tô pensando.

OTELO – Eu não tô entendendo o que você quer dizer.

DIRCEU – Olha, eu não tô aqui pra ficar falando mal dos outros, não posso ser leviano assim...

OTELO – Tudo bem! Eu ainda vou descobrir o que que você tá pensando...

DIRCEU – Chega! Vamos mudar de assunto! Foi só um pensamento tolo, uma bobagem! Você tem que tomar cuidado com o seu ciúme, viu? O ciúme é um monstro que entra no corpo da gente e vai corroendo tudo que vê pela frente.

OTELO – Por que você tá falando isso? Acha que eu vou viver minha vida em função de ciúmes? Inventando uma nova suspeita a cada mudança de lua? Não, Dirceu... uma vez na dúvida, pra mim é o suficiente. Mas eu preciso ver antes de duvidar. E quando eu duvidar, vou precisar de provas. E se elas aparecerem, aí sim, é o fim do amor e do ciúme!

DIRCEU – Fico contente, compadre! Agora eu já posso ser franco e mostrar minha fidelidade. Tu é um sujeito equilibrado, bom... às vezes até ingênuo... mas me escuta com atenção: eu tô falando sem ter provas. *(Pausa)* Cuidado com a tua esposa... essa moça não é daqui, Otelo. Não é do morro! Ela tem hábitos diferentes dos nossos. Observa o jeito que ela fica na presença de Candinho. Eles têm histórias parecidas... por outro lado, Candinho é um homem jovem, sedutor... Deus me perdoe se eu estou sendo injusto!

OTELO *(Surpreso)* – Era isso que você tinha pra dizer?

DIRCEU – Ela não enganou o próprio pai pra se casar contigo? Soube fingir tão bem que o velho parecia ter ficado cego, tô errado?

OTELO – É verdade...

DIRCEU – Pois então... ah, isso é culpa minha! É que eu gosto muito de ti, meu compadre! A última coisa que eu quero é te ver sofrendo! Esquece tudo isso que eu disse.

OTELO – Fica tranquilo. Obrigado.

DIRCEU – Eu só te contei essas coisas em nome da nossa amizade. *(Brincando)* Não vai agora ficar procurando cabelo em ovo, né? *(Percebe que Otelo está com o pensamento distante)* Tá me ouvindo, Otelo? Tu ficou perturbado! Tá vendo? Por isso que eu não queria abrir a minha boca!

OTELO – Te aquieta, compadre! Eu não tô perturbado! Eu acho que a Lucíola é honesta.

DIRCEU – Deus abençoe a ela e te enfie muito juízo nessa cabeça, viu?

OTELO – Tudo bem. Agora eu tenho que ir, o pessoal do barracão tá me esperando. *(Otelo sai pelo lado errado)*

DIRCEU – Tá indo pra onde, Otelo?! O barracão é pra lá! *(Aponta para o sentido contrário)*

OTELO – Ih... tô com a cabeça meio virada... *(Vai saindo)*

DIRCEU – Ô, malandro! Desencana! Deixa o tempo resolver as coisas da maneira dele! Mas enquanto isso, não custa manter o Candinho longe da harmonia da escola e observar o jeito da tua mulher... como ela se comporta em relação ao garoto... o que tiver de ser, será! Agora vai logo que o pessoal do barracão tá te esperando. E cuidado pra não ver coisa onde não tem!

Otelo sai.

CENA 10

DIRCEU – A semente foi plantada. Agora é ter paciência e esperar que o mal se espalhe. É, "Cidadão-Samba"... Deus me inventou pra desespero do Diabo. Eu fiz do samba a catedral do inferno. Louco, muito louco, endoidecido. Vou fazendo desta vida tudo aquilo que bem quero.

Após falar estes versos, extraídos de *Catedral do samba (Cartola)*, Dirceu canta *Lei do cão (Nelson Sargento)*.

Agora vai ser tudo diferente
É olho por olho, é dente por dente
Não faço mais opção
Rasguei o meu diploma de bobo
Não sou mais carneiro, agora sou lobo
Em qualquer situação
Guerra é guerra
Pau no burro a ferro e fogo
Mudei as regras do jogo
Dou cartas na tapeação

É a lei do cão
É na dureza
Não dou moleza
Não tem pra ninguém
Primeiro eu
Segundo eu
Terceiro e quarto, eu também
É a lei do cão
É na dureza
Não dou moleza
Não tem pra ninguém
Assim procedendo, eu vou vivendo muito bem...

Guerra é guerra!

Fim do número musical. Mudança de cenário.

CENA 11

Barracão da escola, onde homens e mulheres trabalham a todo vapor para aprontar a escola para o desfile. Tia Fé borda a bandeira da escola, ajudada por Nininha. Cida está terminando de forrar as cartolas. D. Neném experimenta o terno em Sabiá. Otelo entra.

TIA FÉ – Que cara é essa, homem? Parece que viu um fantasma! Tá transparente!

NININHA – Já sei até o que é... é por que a escola tá sem diretor de harmonia, né, Otelo?

SABIÁ – Pô, Candinho foi vacilar justo no Carnaval!

OTELO – Vocês podem ficar tranquilos que até amanhã eu resolvo isso.

TIA FÉ – Tem que resolver isso é agora! Não tô te entendendo, Otelo!

OTELO *(Estúpido)* – Me deixa, Tia Fé! Eu sei o que eu tô fazendo! *(Mudando de assunto)* Tá bonito, hein, Sabiá!

SABIÁ – A gente se esforça!

D. NENÉM – Esse ano eu tô caprichando! Tô quase perdendo as mãos de tanto costurar!

Precisava botar tanta gente na bateria, Otelo? Vinte e cinco homens?

NININHA – É pra dar um sacode no povão!

Entram Lucíola e Marlene.

MARLENE – Tia Fé, corre pro Santo Antônio que a Ivonete tá te berrando! Já estourou a bolsa d'água.

TIA FÉ – Pensei que ia nascer no domingo! Tudo por causa da mudança da Lua!

MARLENE – Pelo visto a criança não quis esperar...

TIA FÉ – Deixa eu voar pra lá! Marlene, assume aqui a bandeira com a Nininha! *(Sai)*

D. NENÉM – Mais um mangueirense entre nós!

LUCÍOLA *(Beijando Otelo)* – Ai, que bom que eu te encontrei aqui, meu amor! Queria que você fosse comigo na Célia pra eu te mostrar o vestido.

OTELO – Agora eu não posso, né, Lucíola! Monte de problema pra resolver, tudo em cima da hora!

LUCÍOLA – Nossa, que jeito de falar... tá tudo bem? Você tá passando bem, Otelo?

OTELO – É minha cabeça que tá doendo... bem aqui na testa... é uma dor horrível!

LUCÍOLA – Isso é tensão! Enquanto você não resolver esse problema da harmonia isso não vai passar! Otelo, me ouve! Perdoa o Candinho! O arrependimento dele é sincero, e aqui em Mangueira não tem ninguém competente como ele pra segurar a harmonia. Deixa de ser turrão, homem! Faz isso pela escola!

Enquanto fala esse texto, Lucíola tira um lenço e vai enxugar o rosto de Otelo.

OTELO *(Rejeitando-a)* – Esse lenço é muito pequeno pra estancar a minha dor! *(Sai)*

LUCÍOLA – Onde é que você vai, Otelo?

OTELO – Você não falou que a Célia tá esperando a gente?

LUCÍOLA – Mas você acabou de dizer...

OTELO *(Interrompendo-a)* – Chega de nhém-nhém-nhém! Vambora! Tenho mais o que fazer!

LUCÍOLA *(Saindo atrás de Otelo)* – Desculpa, eu não queria te atrapalhar...

Saem. As pessoas no barracão se entreolham, estranhando a reação de Otelo. Marlene, para disfarçar, fala a primeira coisa que passa na cabeça.

MARLENE – Gente, que cartola linda! Essa comissão de frente vai ficar do cacete! E tu, Sabiá? Nunca te vi tão pintoso, hein! Se não fosse casada... te dava um "cansaço"!

NININHA – É isso aí! O malandro agora tá com pinta de rei! É capaz de arrumar até casamento!

SABIÁ – To aceitando proposta!

D. NENÉM – Esse ano não tem pra ninguém!

CIDA – Só vai dar Mangueira nesse carnaval!

Enquanto todos comemoram, Marlene avista o lenço de Lucíola no chão e vai pegá-lo.

MARLENE *(Pensando alto)* – Ainda bem que eu encontrei... *(Pega o lenço)* Dirceu vive me pedindo pra pegar esse lenço pra ele. Tive uma ideia melhor. Vou copiar um igualzinho! Não custa nada fazer esse agrado pro meu marido... e amanhã mesmo, antes que a Lucíola dê por falta, eu já devolvi.

Dirceu, que acabara de entrar no barracão, percebe que a mulher está tramando algo e chega sorrateiramente.

DIRCEU – Deu pra falar sozinha agora, mulher?

Marlene disfarça e esconde o lenço.

DIRCEU – Que que você está escondendo aí?

MARLENE – Nada, nada... quer dizer, é uma surpresa!

DIRCEU – Surpresa, pra mim? Deixa de bobagem, mostra logo! O que é?

MARLENE *(Sedutora)* – O que você me daria em troca desse lenço?

DIRCEU *(Aproximando-se de Marlene, para que os outros não vejam o lenço)* – Você roubou esse lenço da Lucíola?

MARLENE – Claro que não! Ela deixou cair e eu peguei.

DIRCEU *(Arrancando o lenço da mão de Marlene)* – Shhh! Fica quieta! Não quero que ninguém saiba que eu tô com esse lenço!

MARLENE – Dirceu, que que você vai fazer? Ele é presente de casamento do Otelo pra Lucíola! Deixa que eu faço uma cópia pra você!

DIRCEU – Tira a mão!!

MARLENE – Pra que que você quer isso?

DIRCEU – E desde quando eu tenho que te dar satisfação da minha vida, Marlene? Fica quieta!

MARLENE – A pobrezinha vai ficar louca atrás dele!

DIRCEU – Depois eu devolvo! Que que tá me olhando? Vai ajudar a Nininha com a bandeira, antes que alguém perceba alguma coisa!

MARLENE – Ô, homem estúpido! *(Vai pra junto de D. Neném)*

DIRCEU *(Agora sozinho)* – Isso vai me servir! Esses detalhes insignificantes são pra um ciumento provas tão seguras quanto a Sagrada Escritura!

NININHA – Ô, Dirceu! Em vez de ficar falando aí sozinho, canta um samba bonito pra animar o pessoal!

Dirceu começa a cantar o samba *Chega de demanda (Cartola)*, primeiro samba da Estação

Primeira. Em seguida, todos o acompanham. Luz vai caindo. Fim da cena.

Chega de demanda
Chega
Com este time temos que ganhar
Somos a Estação Primeira
Salve o morro da Mangueira

CENA 12

Passagem de tempo. Numa rua próxima ao barracão. O texto de Otelo, a seguir, foi criado a partir de versos extraídos de vários sambas mangueirenses.

OTELO *(Entrando, desolado)* – A insônia me leva à loucura, faz da noite uma tortura. A minha triste figura é o retrato da desilusão. Dói no peito a ingratidão...eu não merecia isso.Sofrer é a minha sentença! E essa dor para aliviar, só a morte. Já procurei a sorte, não encontrei. Ai, ai, meu Deus! Tenha dó de mim! Não posso mais viver assim... não me dá mais prazer de contemplar o luar pelos buracos do teto do meu barracão, que já não é mais palácio encantado, pois estou magoado, ferido no coração. Se o amor é isso o que encontrei, nunca mais eu amarei.

Otelo, entrando no barracão, onde não há mais ninguém. Restam apenas os adereços utilizados na cena anterior. Durante a próxima fala, Dirceu entra sem ser percebido e se esconde atrás de algumas lanças. Silêncio. Otelo observa o barracão vazio enquanto começa a introdução da música *Fiquei sem esperança (Saturnino).*

DIRCEU *(Durante a introdução da música)* – O veneno está fazendo efeito. Não adianta alfazema, nem alecrim, nem as rezas da Tia Fé. Nada. Nada é capaz de devolver o sono tranquilo a esse crioulo infeliz. Meu veneno já tomou todo o seu corpo.

Otelo canta *Fiquei sem esperança (Saturnino).*

Fiquei sem esperança
Minha estrela já não brilha
Perdeu todo seu fulgor
Só me resta sofrer com paciência
Pelo bem da existência
Meu farol se apagou

No fim da música, Dirceu esbarra nas lanças, deixando-as cair no chão. Otelo, ao percebê-lo, parte em sua direção. O texto de Otelo, a seguir, foi criado a partir de versos extraídos de vários sambas mangueirenses.

OTELO – Vade retro, Satanás, some daqui! Você já me torturou bastante! Nada é pior do que essa suspeita! Era melhor ser iludido mil vezes que estar consciente dessa traição. Quando meu pensamento era livre, eu dormia bem à noite, me alimentava bem, era feliz. Seria feliz mesmo que o morro inteiro se esfregasse com ela, desde que eu não soubesse de nada! Não sentia o gosto do Candinho nos lábios da minha mulher. Mas e agora? Agora, adeus, mente tranquila... adeus, alvorada no morro... adeus, escola de samba... adeus, Mangueira... adeus! Minha vida perdeu o sentido.

DIRCEU – Por favor, Otelo, não fale assim! Eu tô me sentindo culpado de ter te contado.

Nesse momento, Otelo é tomado por uma fúria que o faz pegar uma das lanças e ameaçar Dirceu.

OTELO – Não se faça de besta comigo, Dirceu! Encontre provas de que minha mulher é uma prostituta! Não adianta fugir! Eu quero provas definitivas, ou então vou retalhar esse seu corpo inteiro e te atirar que nem um cachorro na primeira vala que encontrar! Eu acabo com a sua raça, seu miserável!

Otelo quebra a lança e empurra Dirceu no chão.

DIRCEU – Que o céu te proteja, Otelo! Você está fora de si! Prefiro sair da escola! Eu sabia que ia acabar sobrando pra mim. Essa é minha recompensa por ter sido honesto e leal. *(Faz menção de sair)*

OTELO – Não! Fica, Dirceu! Talvez você esteja falando a verdade!

DIRCEU – Agora quem não quer ficar sou eu! Eu estaria melhor como um ladrão, um traidor!

OTELO – Me perdoe! Estou muito confuso! Não sei mais no que acreditar... eu quero provas, Dirceu! Por favor, eu preciso de provas!

DIRCEU – Mas o que que você quer? Quer ver os dois na cama?

OTELO – Morte, maldição...

DIRCEU – Isso não vai ser fácil, Otelo! Bom... *(Dirceu dá continuidade ao seu plano)* Tem uma outra possibilidade... você aceita uma prova circunstancial? Então escuta. Na semana passada, a gente virou umas das noites trabalhando aqui no barracão. Eu tava com muita dor de dente, não conseguia dormir, e o Candinho falava durante a noite – parecia um doido. E sabe o que ele disse, Otelo, enquanto dormia? Sabe?

Disse: *minha querida Lucíola, temos que manter o nosso amor em segredo*. Depois me segurou forte pela mão... ficava me agarrando, como se quisesse um beijo... coisa de sonâmbulo, né? Aí, suspirou e continuou: *maldito destino que te jogou nos braços de Otelo...*

OTELO – Patife!

DIRCEU – Era só um sonho, compadre!

OTELO – Mas o sonho reflete a realidade!

DIRCEU – Isso confirma uma outra coisa... agora que eu me dei conta!

OTELO – O quê?

DIRCEU – Você já viu nas mãos da Lucíola um lenço bordado com pétalas de rosa?

OTELO – Claro que já, Dirceu! Foi o primeiro presente que eu dei à ela!

DIRCEU – Pois é... ontem eu vi esse lenço nas mãos de Candinho...

OTELO – O quê? *(Tempo)* Antes ela tivesse mil vidas, porque uma só é pouca para a minha vingança... meu coração tá gelado... chega de ilusão! Renego todo amor que sinto por essa mulher! Dentro do meu peito cresce um ódio... eu quero sangue! Sangue! Sangue!! *(Otelo ajoelha-se)* Juro pelo céu eterno, pela tempestade, pelos raios e trovões, pela escuridão do inferno, que essa mão que eu estendo agora logo brilhará com o fogo da vingança.

DIRCEU – Não se levante ainda! *(Ajoelha-se junto de Otelo)* Eu juro pelo Sol que dá vida à Terra e ilumina todos os becos e vielas desse morro, que meu coração, minha alma e minhas mãos estão a seu serviço, Otelo! Não importa o que você me peça.

Para selar o pacto, Dirceu e Otelo cantam juntos *Deus, onipotente criador (Cícero dos Santos).*

DIRCEU – *Deus, onipotente Criador*
Olhai pra este pobre sofredor
Tem pena
Sofrer assim já é demais

OTELO – *Sou uma alma perdida*
Que não tem na vida
Nem um minuto de paz

DIRCEU e OTELO – *Deus, somente Deus*
Onipotente Criador
É o que poderá, aliviar minha dor
Só porque

DIRCEU – *Deus, onipotente Criador*
Olhai pra este pobre sofredor
Tem pena
Sofrer assim já é demais

OTELO – *Sou uma alma perdida*
Que não tem nada na vida
Nem um minuto de paz

Fim do Primeiro Ato

Segundo Ato

Marlene está ensaiando com as pastoras no terreiro. Cantam *Exaltação à Mangueira (Aluízio Augusto da Costa/Enéas Brito)*. No meio do ensaio, Lucíola chega, se incorpora ao grupo, mas permanece dispersa todo o instante. Durante a música, as pastoras cantam, marcando ritmo, arrastando a sandália no chão. Antigamente, a ala das baianas vinha na frente da bateria e o arrastar de suas sandálias dava apoio aos ritmistas. As baianas de Mangueira eram muito famosas por esse fato. A função de ensaiadora de canto, exercida por Marlene, não existe mais hoje em dia.

Mangueira teu cenário é uma beleza
Que a Natureza criou
O morro com seus barracões de zinco
Quando amanhece
Que esplendor
Todo mundo te conhece ao longe
Pelos som dos seus tamborins
E o rufar do seu tambor
Chegou ô ô
A Mangueira chegou ô ô
Chegou ô ô
A Mangueira chegou ô ô

MARLENE – São essas sandálias que vão trazer o título pra Estação Primeira!

Burburinho das pastoras, que vão saindo de cena. Lucíola se aproxima de Marlene.

LUCÍOLA – Tô tão nervosa, Marlene.

MARLENE – Que foi que houve, mulher?

LUCÍOLA – Sabe aquele lenço que o Otelo me deu?

MARLENE – Claro.

LUCÍOLA – Eu revirei a casa inteira e não encontro de jeito nenhum. Não sei onde eu enfiei.

MARLENE *(Sem graça)* – Fica tranquila, Lucíola. Essas coisas, quando a gente menos espera, aparecem.

LUCÍOLA – Preferia ter perdido a minha bolsa cheia de dinheiro. Eu sei que o Otelo não é um homem ciumento e que confia em mim, mas esse tipo de situação pode despertar maus pensamentos!

MARLENE – Otelo não é ciumento?

LUCÍOLA – Claro que não! Nunca dei motivo pra isso!

MARLENE – E desde quando ciumento precisa de motivo? São ciumentos e ponto. O ciúme, minha filha, é uma praga! Criada e cultivada por eles mesmos!

LUCÍOLA – Que essa praga fique bem longe de Otelo!

MARLENE – Deus te ouça!

LUCÍOLA – Ih, menina! Fiquei de falar com o Candinho ainda hoje... o coitado deve estar se roendo!

OTELO *(Entrando)* – Como é que foi o ensaio hoje, Marlene?

MARLENE – Foi ótimo. Você vai ficar orgulhoso, a gente vai levar o primeiro lugar, Otelo. Olha, eu tenho que ir agora, gente, tô em cima da hora! *(Sai)*

OTELO *(Cínico)* – Como é que tá a minha porta-bandeira? Ensaiando muito?

LUCÍOLA – Bastante. Você também tá com uma aparência bem melhor. Passou a dor de cabeça?

OTELO – A dor de cabeça passou, mas eu tô me sentindo meio gripado. Você pode me emprestar o lenço que eu te dei, meu amor?

Lucíola permanece imóvel, constrangida.

OTELO – Mas o que foi que aconteceu?

LUCÍOLA *(Procura nos bolsos, e fala constrangida)* – Não sei, não estou achando. Acho que esqueci.

OTELO – Você perdeu?

LUCÍOLA – Não, deve tá na minha bolsa. Eu vou pegar na minha bolsa.

Enquanto ela procura o lenço na bolsa, Otelo vai contando uma história e simultaneamente vai torturando Lucíola aos poucos.

OTELO – Esse lenço foi presente de Tia Nair para minha mãe. Ela bordou e rezou cada um daqueles botões de rosa. Ela era do santo, previa o futuro das pessoas. Disse pra minha mãe que enquanto ela guardasse o lenço teria para sempre o amor do meu pai, mas que se por algum motivo ela perdesse ou se desfizesse dele, todo aquele amor murcharia como murcham as rosas, e se transformaria em ódio. Antes de morrer, minha mãe me entregou o lenço, dizendo que, se algum dia eu me casasse, para entregar ele para minha mulher. Portanto, cuida dele, Lucíola. Ele é tão precioso quanto sua própria vida. *Perder ou dar o lenço a alguém*, disse ela, *é maldição na certa.*

LUCÍOLA – Será possível?

OTELO – É verdade. Ele tem magia.

LUCÍOLA – Eu preferia nunca ter visto esse lenço na minha vida.

OTELO *(Ríspido)* – Por que tu tá dizendo isso?

LUCÍOLA – Que jeito mais estúpido de falar, Otelo!

OTELO – Olha aqui, Lucíola, se você perdeu esse lenço pode começar a procurar!

LUCÍOLA – Mas eu não perdi!

OTELO – Então onde é que ele tá?

LUCÍOLA – Você fala de um jeito... parece que está me ameaçando!

OTELO – Eu quero saber onde é que tá o lenço que minha mãe me deu, e que eu te entreguei como nosso presente de casamento. Responde, Lucíola!

LUCÍOLA – Eu sinto muito, mas eu não vou te responder isso agora. Você tá tentando mudar de assunto... tá querendo me deixar nervosa para eu esquecer a promessa que você me fez!

OTELO – Mas que diabo de promessa eu te fiz?

LUCÍOLA – Você me prometeu que ia conversar com Candinho, que de hoje não passava.

OTELO – Onde tá o lenço?

LUCÍOLA – Por favor Otelo, eu te imploro! Candinho é o homem certo para a harmonia!

OTELO – O lenço!

LUCÍOLA – Você mesmo disse que ele era seu sucessor! Compôs até um samba pra ele!

OTELO – Desde quando eu preciso de um sucessor aqui na Mangueira?

LUCÍOLA – Deixa de ser orgulhoso homem! Você sempre reconheceu o talento do menino.

OTELO – Chega!

Otelo segura Lucíola pelos braços.

OTELO – Olha pra mim.

Lucíola desvia os olhos, amedrontada.

OTELO – Levanta o rosto e olha pra mim! Me diz quem você é!

LUCÍOLA *(Com medo)* – Sou sua esposa, Otelo. Que te ama e te admira desde o primeiro momento que te viu.

OTELO – Você é falsa, mentirosa.

LUCÍOLA – Por que essa agressão agora, meu Deus?

OTELO – Você não tem vergonha de se fazer de santa, não?

LUCÍOLA – Por piedade, Otelo, o que é que você tá dizendo?

OTELO – Maldita, traidora!

LUCÍOLA – Mas traidora por quê? De que maneira? Com quem? Por favor, me diga!

OTELO – Fora daqui! Fora! Sua vadia!

LUCÍOLA *(Tendo uma crise nervosa)* – Eu não sou isso que você está dizendo! Acredita em mim! Deus sabe que eu sou fiel. Eu nunca dei motivo para você duvidar de mim, meu amor! *(Tentando se aproximar)*

OTELO – Fique longe de mim! Eu tenho nojo de você, Lucíola!

LUCÍOLA – Ô, meu São Jorge, me ajuda. Que dia mais pesado e horrível! Olha pro meu rosto, Otelo, e me diz se essas lágrimas que estão escorrendo também são de mentira, também são falsas! *(Pausa)* Até esse momento, eu não havia conhecido nem tristeza nem sofrimento ao seu lado.

OTELO *(Mudando o tom)* – Me perdoe, Lucíola. Me dá sua mão. *(Pausa).* Tomei você por uma putinha que eu conheci em São Cristóvão e que se casou com Otelo.

Os dois se afastam, cada um para um lado. Otelo canta *Luz negra (Nelson Cavaquinho/Amâncio Cardoso)* e Lucíola canta *Beija-flor (Nelson Cavaquinho/Noel Silva/Augusto Tomás Júnior)*. Na introdução musical, Otelo declama um trecho do poema *Restos mortais (Carlos Cachaça).*

OTELO – Do teu fingido amor pouco me resta. Foi a embriaguez da festa e do prazer. Foi como o veneno que faz mal horrivelmente e alguém inocente o bebe sem saber. Mas guardarei para sempre mesmo sem querer, em minha pobre boca, o desprazer, tanto amargor de um beijo que me deste, falso, nebuloso, agreste, restos mortais do teu nefasto amor.

OTELO – *A luz negra de um destino cruel*
Ilumina o teatro sem cor
Onde estou desempenhando o papel
De palhaço do amor

LUCÍOLA – *Vai, beija-flor, beija a roseira*
Faz me lembrar o meu amor
Hoje estou triste, sinto saudade
Volta pra mim, felicidade
Pobre de quem desiste da vida
Não quero ser um suicida
A dor me abraça, é tão cruel
Minha esperança é Deus no céu

OTELO – *Sempre só*
Eu vivo procurando alguém
Que sofra como eu também
Mas não consigo achar ninguém

LUCÍOLA e OTELO – *Sempre só*
E a vida vai seguindo assim
Não tenho quem tem dó de mim
Estou chegando ao fim.

CENA 2

Os ritmistas estão no terreiro. Entra Jurandir, já com a casaca de mestre-sala ao som do apito de Chicão Malvadeza. Em seguida, surgem Chicão e Sabiá.

SABIÁ – D. Neném caprichou, hein!

JURANDIR – Tô bonito! Pode falar!

CHICÃO MALVADEZA – Todo sapo tem seu dia de príncipe! *(Algazarra)*

DIRCEU – Chicão!Você marcou com a rapaziada da bateria pra concentrar aqui?

CHICÃO MALVADEZA – Isso mesmo. Agora tem esse problema do Candinho...

DIRCEU – O que que o Candinho tem a ver com a bateria?

CHICÃO MALVADEZA – É que ele falou que se não fosse sair na harmonia, que queria sair aqui com a gente. Mas, sei lá, depois o Otelo pode não gostar...

DIRCEU – É melhor não misturar as coisas, Chico. Deixa o Candinho sair em outro setor. Olha aqui, rapaziada. Otelo me pediu uma ajuda na harmonia. Portanto durante o desfile todo mundo ligado em mim, hein! *(Entra Otelo no plano superior)*

OTELO – Cadê a prova, Dirceu?

DIRCEU – *(Indo em direção a Otelo)* Ô, Otelo, que cara é essa? É carnaval, rapaz! Tá desanimado... Ajeita esse paletó! Você é o "Cidadão-Samba"! Põe essa coroa, homem!

OTELO – Eu quero uma prova definitiva!

DIRCEU – Esquece isso. Você tem que pensar na escola agora. Deixa essa história para depois do carnaval.

OTELO – Você me prometeu, Dirceu. Você falou com ele?

DIRCEU – Falei.

OTELO – Então? Ele te revelou alguma coisa?

DIRCEU – Bom, ele... ele e a Lucíola... eles... ele confessou....

OTELO – Fala, porra!

DIRCEU – Não, na verdade eu não tenho certeza do que ele fez com ela.

OTELO – O que ele fez com ela? Como assim? Que história é essa? O que que ele fez com ela?

DIRCEU – Ele se deitou.

OTELO – Com ela?

DIRCEU – Com ela, sobre ela, como você preferir Otelo. Sei lá como se fala uma coisa dessas.

OTELO – Se deitou com Lucíola! Se deitou com a minha mulher! Que imundície! Isso me dá nojo! O lenço, confissões.... esse sujeito tem que morrer! Primeiro tem que confessar, depois tem que morrer! Lucíola... traidora...

Otelo vai entrando num estado de delírio, que o leva a uma convulsão.

DIRCEU *(Durante a crise de epilepsia de Otelo)* – E assim meu remédio vai fazendo efeito. Nunca pensei que fosse tão fácil destruir um casamento.

O foco da cena vai para o plano dos ritmistas. Entra em cena Candinho.

CANDINHO – Chicão, Dirceu tá aí?

CHICÃO MALVADEZA – Tá lá pra cima *(Aponta para o outro plano)*

CANDINHO – Segura a minha vaga, hein! A Lucíola ainda não me deu nenhuma resposta. Assim que eu souber de alguma coisa eu te falo!

CHICÃO MALVADEZA – Ô, Candinho, fala com o Dirceu, não me arruma confusão, não. Até segunda ordem quem tá mandando agora é ele. Conversa com ele, senão vai acabar sobrando para mim.

CANDINHO – Eu vou falar com ele agora.

Candinho sai. No outro plano, Dirceu escuta os passos de Candinho chegando.

DIRCEU – Otelo! Otelo! Responde homem, pelo amor de Deus!

CANDINHO – Que que tá acontecendo?

DIRCEU – Ele tá tendo um ataque de epilepsia.

CANDINHO – Deixa eu te ajudar.

DIRCEU – Não, não se mete, Candinho. Deixa a crise passar por ela mesma. Senão daqui a pouco o homem começa a espumar. Olha como ele se agita. É melhor você ir embora. Se ele desperta e encontra você aqui, vai ficar furioso. Vai, que eu te encontro daqui a pouco lá na bateria. Tô precisando conversar contigo.

Candinho sai. Otelo começa a despertar.

DIRCEU – Como é que você tá, Otelo?

OTELO – Ele confessou?

DIRCEU – Tua cabeça tá doendo?

OTELO – Tá debochando de mim, Dirceu?

DIRCEU – Que é isso, Otelo, tô tentando te ajudar. Fiquei de conversar com o Candinho lá embaixo daqui a pouco. Presta atenção. Você só tem que se esconder e ficar observando as expressões de deboche e de cinismo daquele malandro. Eu vou fazer com que ele conte toda a história de novo. Onde, quando, como, quantas vezes e há quanto tempo ele tá tendo um caso com a tua mulher. Eu repito. Presta atenção nos gestos dele, na expressão dele. Tenha paciência. E se controla, Otelo. Tô indo me encontrar com ele.

Dirceu vai em direção à bateria.

DIRCEU – Agora eu vou perguntar pro Candinho sobre aquela safada da Nininha. Ele não vai aguentar e vai começar a rir, e quanto mais ele rir, mais enfurecido o Otelo vai ficar. Ao trabalho.

Enquanto Dirceu fala com a plateia, Otelo se esconde próximo à bateria para ouvir a conversa entre Candinho e Dirceu

CANDINHO – Então, ele melhorou?

DIRCEU – Graças a Deus! E aí, preparado para segurar a harmonia?

Neste momento, os ritmistas começam a testar seus instrumentos, prejudicando a compreensão do diálogo de Dirceu e Candinho por Otelo. Deve haver barulho durante toda a cena.

CANDINHO – Eu tava esperando uma posição da Lucíola, mas pelo que me disse Nininha, você é o novo diretor da escola.

OTELO – Falou o nome dela!

DIRCEU – Que isso, tá me estranhando, moleque? Tu acha que eu ia fazer isso contigo? Eu só aceitei para tranquilizar o Otelo. Mas não se preocupe. A Lucíola não vai te abandonar nessa, não.

OTELO – Não consigo escutar direito...

CANDINHO – Tô achando difícil. Tá quase na hora do desfile e ela ainda não deu as caras...

DIRCEU – É verdade que se a sua defensora fosse a Nininha você já era presidente da escola...

CANDINHO *(Rindo)* – Pobre de mim! Sabe que eu acho que ela gosta de mim de verdade!

Otelo, distante, sem compreender bem o que é dito devido ao som dos instrumentos.

OTELO – O safado ainda ri!

DIRCEU – Ela me disse que quer se casar contigo. É verdade isso?

CANDINHO – Acho que para arrumar um marido ela é capaz de qualquer coisa. Se pendura no cangote de um, se arrasta, se joga no chão... *(Ri)*

OTELO – Moleque arrogante... não dá pra escutar direito, mas acho que tá contando vantagem pra cima de mim. Cachorro!

DIRCEU – É só falar no diabo que ele aparece. *(Aponta para Nininha, que vem chegando, já fantasiada para o desfile. Ela traz o lenço de Lucíola escondido nas mãos)*

CANDINHO – Além de ser a melhor passista aqui da escola é a mais bonita também.

NININHA – Gostou da fantasia? Mas não é pro teu bico não, cafajeste.

CANDINHO – Por que você tá tão brava?

NININHA *(Mostrando o lenço)* – Onde é que você arrumou isso aqui? É uma lembrança de suas amiguinhas?

CANDINHO – Eu juro que não.

OTELO – Aquele é o meu lenço!

NININHA – Então de quem é?

CANDINHO – Não sei, tava lá no meu quarto.

NININHA – Ah, você encontrou o lenço no seu quarto e não sabe quem deixou lá? Olha, eu acho que isso deve ser de uma de suas vagabundas. Toma! *(Joga o lenço na cara de Candinho)* Pode devolver pra dona. Aproveita e fica com ela.

CANDINHO – Calma, Nininha!

NININHA – E tem mais! Na hora do desfile, finge que não me conhece. Para mim, tu morreu! Safado! *(Sai)*

DIRCEU – Vai atrás dela, Candinho! Vai deixar a menina nesse estado?

CANDINHO – Você tem razão. Vou amansar a fera, senão ela vai acabar fazendo escândalo durante o desfile. *(Sai, levando o lenço)*

Otelo e Dirceu se encontram.

OTELO – Como é que eu faço para acabar com esse infeliz, Dirceu?

DIRCEU – Viu como ele ria do próprio pecado?

OTELO – Canalha!

DIRCEU – Viu o lenço também?

OTELO – Maldita... devassa!

Entra Sabiá para convocar todos para o desfile

SABIÁ – E aí, pessoal, vamos descer para desfilar!

Os habitantes do morro começam a descer para desfilar. Durante a movimentação, Otelo e Dirceu, num canto da cena, confabulam.

DIRCEU – Vambora, Otelo!

OTELO – Eu quero que ela apodreça no inferno. Pois vai morrer essa noite ainda... Tá pensando o quê? Me fazer de corno?

DIRCEU – Na frente de todo mundo!

OTELO – Me arranja um pouco de veneno, Dirceu... Essa noite!

DIRCEU – Não usa veneno, Otelo. Estrangula a Lucíola na cama de vocês. No mesmo lugar da traição.

OTELO – Esse dois vieram lá de baixo pra trazer a maldição aqui pro morro. Eu vou seguir o seu conselho, Dirceu. Ainda hoje vai se fazer justiça.

DIRCEU – Quanto ao Candinho, deixa que até quarta-feira de cinzas ele desaparece.

OTELO – Ótimo!

MARLENE *(De longe)* – Otelo! Dirceu! Chega de papo! Vamos organizar esse pessoal pro desfile.

Os personagens e o coro vão todos descendo fantasiados e, no meio de tudo isso, vão acontecendo pequenos encontros.

CHICÃO MALVADEZA *(Para os ritmistas)* – Aí, pessoal, vamos proteger os instrumentos com saco plástico. Se chover, as outras escolas se danam e a Mangueira entra sequinha e leva o primeiro lugar.

Ritmistas fazem um alvoroço, fazem barulhos com os instrumentos e vão se movimentando.

TIA FÉ – Ô, Sabiá! Eu fiz o chá que tu me pediu! Tu vai poder cantar a noite inteira como um passarinho!

SABIÁ – Obrigado, Tia Fé!

Lucíola, vestida de porta-bandeira, vem descendo a ladeira com certa dificuldade e se encontra com Otelo.

LUCÍOLA – Me ajuda a descer, Otelo? O vestido tá prendendo!

Otelo olha para ela e vai embora sem manifestar nenhum auxílio. Jurandir, que tinha visto a cena de longe, corre para socorrer Lucíola.

JURANDIR – Pode deixar que eu te ajudo, Lucíola! Nossa, esse ano você caprichou, hein? Tá mais bonita do que nunca!

LUCÍOLA – Jurandir, obrigada. Eu sei me virar sozinha.

Lucíola sai. Jurandir fica meio sem graça. Dirceu
 chama por ele.

DIRCEU – Jurandir,chega aqui! Preciso falar contigo!

JURANDIR – Porra, esqueceu de mim?

DIRCEU – Tô cheio de coisa pra resolver! Tenha paciência!

JURANDIR – Tu tá sempre pedindo paciência... mas ela nem olha na minha cara! Você não disse que ia separar o casal?

Candinho se aproxima de Lucíola e trava uma conversa. Jurandir observa de longe.

JURANDIR – Olha lá, Dirceu! Ainda tem esse malandro em cima da Lucíola toda hora! Não dá descanso!

DIRCEU – É exatamente sobre isso que eu quero falar contigo! Mas depois do desfile.

CANDINHO – Poxa, Lucíola... fiquei te esperando... você não apareceu....

LUCÍOLA – Desculpe, eu não me esqueci de você, não... mas é que eu tô com uns problemas em casa...

MARLENE – Vambora, mulher! O Jurandir já tá lá na frente!

LUCÍOLA – Desculpa, Candinho, eu tenho que ir. *(Saem as duas)*

CENA 3

Armação para o desfile da escola de samba. Na frente de toda a escola, Otelo, vestido de Cidadão-Samba. Todos os personagens estão fantasiados para o desfile. Cantam *Samba, festa de um povo (Darcy Batista/Luiz/Hélio Turco/Dico)*, samba-enredo da Mangueira para o carnaval de 1968.

Num cenário deslumbrante
Do folclore brasileiro
A Mangueira apresenta
A história do samba verdadeiro
Música... Melodia bem distante
De um era tão marcante
Que enriqueceu nosso celeiro
As diversas regiões
Entoavam as canções
Era um festival de alegria
Foi assim, com sedução e fantasia
Que despontou o nosso samba
Com grande euforia
Foi na Praça Onze

Das famosas batucadas
Que o samba teve sua glória
No limiar da sua história
Quantas saudades
Dos cordões da galeria
Onde o samba imperava
Matizando alegria
Oh! Melodia
Oh! Melodia triunfal
Sublime festa de um povo
Orgulho do nosso carnaval
Louvor aos artistas geniais
Que levaram para o estrangeiro
Glorificando
O nosso samba verdadeiro

Ao término do número musical, os atores começam a se movimentar em direção oposta à da armação do desfile. Agora eles estão voltando para o morro, caracterizando a dispersão. No meio da confusão, ouvem-se frases como *Que desfile, hein?, Não tem pra ninguém!, Mangueira já ganhou!, Esse samba é maravilhoso, todo mundo cantando!* etc. Durante os comentários, Nininha encontra com Candinho. Dirceu, de longe, escuta a conversa.

CANDINHO – Poxa, Nininha... tu deu um show na avenida, hein! Dá até orgulho te ver sambar!

NININHA – Também, com um sambão desses, não dá pra ficar parada, né?

CANDINHO – Você ainda tá muito chateada comigo?

NININHA – Ah, vamos esquecer aquilo tudo... se você quiser passa lá em casa mais tarde pra gente festejar...

Nininha vai saindo.

CANDINHO – Mais tarde eu passo lá sem falta! Você tá linda!

DIRCEU *(Se aproxima)* – Ê, moleque... vai ter festa lá na "Candelária" hoje?

CANDINHO – Tu só pensa besteira mesmo, hein, Dirceu? Ela é doidinha mas é gente boa. Deixa eu falar com a rapaziada da bateria. *(Sai)*

DIRCEU – De hoje tu não me escapa...

Aqui termina a dispersão do desfile.

CENA 4

Os moradores estão no morro depois do desfile, meio cansados, comemorando. Nesse clima de fim de festa, chega o Maestro – inspirado num fato verídico, em que o Maestro Villa-Lobos convida Cartola e vários outros sambistas para participarem da gravação de um disco com o maestro americano Stokovski, no navio Uruguai, que estava ancorado no cais do porto. Otelo e Lucíola não se aproximam, apenas trocam olhares à distância. O Maestro chega com seu charuto, uma lista na mão onde estão os nomes de todos os compositores que devem fazer parte da gravação. Está extremamente empolgado.

MAESTRO – Saudações mangueirenses!

TIA FÉ – Maestro, que surpresa!

MAESTRO – O desfile foi espetacular!

Burburinho. Todos comemoram. Dirceu se aproxima de Villa-Lobos para dar um abraço e puxar o saco.

MAESTRO *(Cumprimentando Otelo)* – Otelo! Você estava magnífico! Dá cá um abraço!

OTELO *(Tentando se animar)* – Obrigado...

MAESTRO – Vocês precisavam ver as caras dos americanos! Eles não acreditavam no que estavam vendo! Ficaram de boca aberta! Aliás, a história da gravação está confirmada!

OTELO – Gravação? Que gravação?

DIRCEU – A gravação... com aquele americano... Sta... Sto... como é que é isso? Como é que fala mesmo, maestro?

MAESTRO – Stokovski.

DIRCEU – Pois é...

MAESTRO – Otelo, eu trouxe a lista com todos os compositores que devem participar. Vê o que você acha.

MARLENE – Esses crioulos vão ficar besta... imagina, gravando disco pros Estados Unidos!

MAESTRO *(Para Lucíola)* – Olha! Eu não tinha te visto aí, Lucíola! Você é nossa rosa do povo... surge do asfalto para embelezar o carnaval! Ô, minha filha! Que carisma! Parece que nasceu em Mangueira!

LUCÍOLA – Que exagero, maestro!

Enquanto Otelo vai verificando a lista dos compositores.

MAESTRO – Eu fiquei surpreso, Dirceu, com esse compositor novo, o Candinho. Que samba maravilhoso! Uma linha melódica espetacular... eu tava querendo incluí-lo nessa lista... vamos chamá-lo para a gravação!

DIRCEU – Ótimo, ele é um rapaz talentoso mesmo... compositor bom...

MAESTRO – Bom, não: excelente! Pode escrever: esse samba vai entrar pra história! Mas onde é que ele tá? Não tô vendo ele por aqui...

DIRCEU – É... eu não sei se ele vai voltar hoje aqui pro morro não... deve estar meio chateado...

MAESTRO – Chateado? Todo mundo cantando o samba dele no carnaval e ele fica chateado?

LUCÍOLA – É... Otelo e ele se desentenderam... mas quem sabe o senhor não pode ajudar a reverter essa situação, maestro?

OTELO *(Do outro lado, como se estivesse lendo a lista)* – Você tem certeza disso?

LUCÍOLA – Que que você disse, meu amor?

MAESTRO – Não é com a gente, não... ele está conferindo a lista... Otelo, vê aí se eu esqueci algum compositor... e se você tiver alguma indicação de samba fique à vontade. *(Para Lucíola)* Mas foi uma briga tão séria assim?

LUCÍOLA – Irresponsabilidade de garoto... mas pela admiração que a gente tem por ele... a gente queria que isso terminasse. Candinho no futuro vai ser importante pra Mangueira...

MAESTRO – No presente, minha filha! Esse rapaz é um talento promissor. É mais um gênio mangueirense que não se pode negar.

OTELO – Maldição!

LUCÍOLA *(Para Otelo)* – Que que você disse?

OTELO – Seja mais sensata...

LUCÍOLA *(Para o maestro)* – Otelo parece irritado...

OTELO – Vai pro inferno, sua cínica... dissimulada!

Parte para cima de Lucíola e dá-lhe uma bofetada. Reação geral.

LUCÍOLA – Eu não merecia isso...

MAESTRO – Mas o que é isso, Otelo? Controle-se! Peça perdão a Lucíola, ela está chorando!

OTELO – Isso é o demônio em forma de mulher... As lágrimas dela não me comovem mais... Eu quero você longe daqui, Lucíola. Eu não quero ver você nunca mais. Vai, volta pra casa do seu pai. Volta pra São Cristóvão! Some aqui da Mangueira!

LUCÍOLA – Se a minha presença te ofende, eu vou m'embora.

Marlene vai atrás para tentar impedi-la.

TIA FÉ – Uma moça tão dedicada... tão doce... meu filho, você tá muito transtornado, você precisa acalmar os seus nervos

OTELO *(Grosseiro)* – Não se meta nisso, Tia Fé!

TIA FÉ – Peça desculpas para a sua mulher...

MAESTRO – Isso, Otelo! Você está de cabeça quente. Chame-a aqui e peça perdão.

OTELO – Se é o que vocês querem... Lucíola... você me desculpe... volte aqui, sim?

Lucíola volta devagar, acompanhada por Marlene, apreensiva.

OTELO – Eu quero aproveitar e pedir desculpas pra você na frente de todo mundo e anunciar minha saída aqui do morro. A escola não precisa mais de mim... eu já tenho um sucessor... um novo gênio do samba... *(Entra Candinho)* Olha! É só falar no diabo...

CANDINHO – Boa noite, maestro!

OTELO – Lucíola! Como porta-estandarte da nossa escola, eu gostaria que você dançasse com o novo presidente!

CANDINHO – Que história é essa?

OTELO – Por favor, uma salva de palmas para o novo presidente da Estação Primeira! Vamos gente, vamos aplaudir!

As pessoas aplaudem meio constrangidas.

OTELO – Vamos, Lucíola! Eu falei pra você dançar com Candinho.

Lucíola, constrangida, olhando em volta, com vergonha.

OTELO – Eu disse pra você dançar! Dança, porra!

Empurra Lucíola em direção a Candinho, e ela cai no chão com o estandarte. Candinho tenta ajudar Lucíola a levantar.

OTELO – Se afasta dela! Deixa que, da minha mulher, cuido eu!

Todos parados, imóveis. Silêncio. Lucíola vai levantando o rosto devagar.

LUCÍOLA – Antigamente meu sorriso despertava felicidade e inspirava amor. Agora só resta tristeza em meu rosto e angústia em meu coração. Nada será capaz de secar essas lágrimas de dor que correm dos meus olhos. Minha alma tá gelada, com pressentimento de morte.

Marlene e algumas outras pastoras socorrem Lucíola e levam-na embora. Tia Fé se junta a elas.

TIA FÉ – Você foi muito injusto com a sua mulher. Logo ela que lutou tanto pra ficar ao seu lado. Cuidado, Otelo... você vai muito mal, meu filho... cuidado que o vento te leva e você vai.

Saem as mulheres. Otelo permanece no meio da cena, sendo observado por todos.

OTELO *(Enfurecido)* – Da minha vida cuido eu. *(Sai)*

MAESTRO – Nunca pensei que Otelo fosse capaz de uma atitude dessas...

DIRCEU – Realmente não é uma cena bonita... mas eu gostaria de ter certeza de que essa foi a única vez...

MAESTRO – Como é que é? Ele tem hábito de bater nela?

DIRCEU – Ele é o que é maestro...

MAESTRO – Que decepção... Boa noite, Dirceu! *(Sai)*

Todas as outras personagens vão saindo de cena durante o diálogo a cima. Dirceu fica por um instante sozinho, e é abordado por Jurandir, que saca a navalha e o ameaça.

JURANDIR – Então? Vai continuar a me fazer de palhaço?

DIRCEU – Que é isso, Jurandir! Me escuta!

JURANDIR – Pra mim chega, Dirceu! Tua palavra não vale nada. Lucíola só tem olhos pro Otelo, nem sabe que eu existo.

DIRCEU – Você tá sendo muito injusto comigo, Jurandir.

JURANDIR – Tô pouco me lixando pro que você pensa. E tem mais, Dirceu. Eu vou contar pra Lucíola que o Candinho não tinha culpa de nada, que foi a gente que arrumou confusão. Pelo menos assim vou ficar com a minha consciência tranquila.

DIRCEU – Você tem razão para ficar chateado comigo. Eu já consegui o que queria... você, não. Mas usa essa sua coragem a seu favor. E se em dois dias você não tiver a Lucíola nos seus braços, pode me passar a navalha sem piedade.

JURANDIR – Eu não tô entendendo aonde você quer chegar.

DIRCEU – É o seguinte... do fim do casamento de Otelo e Lucíola cuido eu. Mas, antes, a gente tem que tirar o Candinho da parada.

JURANDIR – O que você quer dizer com tirar o Candinho da parada?

DIRCEU – Tô falando para apagar o sujeito.

JURANDIR – Que é isso, Dirceu! Eu nunca matei ninguém!

DIRCEU – Na vida tudo tem a sua primeira vez. Escuta... Otelo esbofeteou a Lucíola na frente de todo mundo. E disse que ela tem um caso com Candinho... Tá me entendendo agora porque que esse homem tem que ser apagado?

JURANDIR – Tô fora, Dirceu...

DIRCEU – Eu sei onde a gente pode encontrar o Candinho agora. Vem comigo. Durante o caminho eu te explico melhor a situação.

Saem os dois.

CENA 5

Quarto de Lucíola.

LUCÍOLA – Marlene, me ajuda aqui! *(Esticam a bandeira em cima da cama)* Quando eu morrer quero ser enterrada junto com a bandeira da escola...

MARLENE – Que ideia! Ficar falando de morte em pleno domingo de carnaval! Que papo mais besta!

LUCÍOLA – Eu tô me sentindo tão infeliz, Marlene!

MARLENE – Ô, minha amiga! Eu sei que é difícil... mas tenta esquecer o que aconteceu.

LUCÍOLA – O pior é que nem depois de toda essa humilhação eu consigo deixar de gostar dele... Que barulho foi esse?

MARLENE – Ah, foi o vento!

LUCÍOLA – Marlene, você acha que uma mulher seria capaz de cometer um pecado desse contra seu próprio marido?

MARLENE – Seria sim, sem a menor dúvida.

LUCÍOLA – E você? Você teria coragem de fazer uma coisa dessas?

MARLENE – E você, não? Você não seria capaz, Lucíola?

LUCÍOLA – Não! Sob essa luz que nos ilumina, claro que não!

MARLENE – Ah, eu também não. Sob a luz que nos ilumina não... preferia fazer no escuro...

LUCÍOLA – Duvido! Você tá de brincadeira...

MARLENE – Palavra de honra! E depois de ter feito, eu negava tudo. Ficava o dito pelo não dito... É claro que eu não ia fazer uma merda dessas por conta de um trocado qualquer, de nenhum vestido, nem de uma fantasia de baiana... Mas quem ia pensar duas vezes antes de botar um par de chifres no marido se isso fosse tornar ele o presidente, o diretor de uma escola? Eu me arriscaria a enfrentar até o purgatório por uma coisa dessas.

LUCÍOLA – Ah, eu não acredito que exista uma mulher assim...

MARLENE – Uma não! Uma dúzia, sim... ou mais! Todas esperando a oportunidade aparecer. Mas agora chega de papo! Tem certeza que não quer que eu fique aqui contigo?

LUCÍOLA – Eu tô bem... Se precisar, eu te chamo... Obrigada, minha amiga.

MARLENE – Tá bom, mas olha... tu tava linda pra cacete, viu? Foi a porta-bandeira mais bonita que passou na avenida...

LUCÍOLA – Tô lembrando de uma música que minha avó cantava toda vez que ela sentia saudade do meu avô... Ela morreu cantando essa música.

Lucíola canta *As rosas não falam (Cartola).*

Bate outra vez
Com esperanças o meu coração
Pois já vai terminando o verão, enfim
Volta ao jardim
Com a certeza que devo chorar
Pois bem sei que não queres voltar
Para mim

Queixo-me às rosas
Mas que bobagem, as rosas não falam
Simplesmente as rosas exalam
O perfume que roubam de ti, ai!
Devias vir
Para ver os meus olhos tristonhos
E quem sabe sonhavas meus sonhos
Por fim

CENA 6

Uma viela da *Candelária*, outro bairro de Mangueira. Jurandir prepara uma emboscada para Candinho.

JURANDIR – Dirceu, por precaução fica por perto...

DIRCEU – Confia em mim... e coragem! Agora vai pra sua posição!

JURANDIR – Ele é um homem morto! Vou marcar o couro desse malandro com a minha navalha.

Jurandir se esconde.

DIRCEU – Se ele mata Candinho, ou se Candinho mata ele, de qualquer forma eu saio ganhando... o melhor seria que os dois se matassem de uma vez... Enfim, ou essa noite resolve a minha vida, ou acaba com ela de vez...

JURANDIR *(Saindo do esconderijo)* – Se esconde, Dirceu, que o canalha tá chegando!

Os dois se escondem. Candinho se aproxima e é atacado por Jurandir. A cena é bem escura.

JURANDIR – Patife! Canalha! Agora você vai morrer!

Dirceu ataca Candinho por trás, sem ser visto, e passa a navalha na perna dele. Candinho fere Jurandir no abdômen. Dirceu foge, enquanto Jurandir e Candinho se afastam, cada um para um lado.

JURANDIR – Socorro! Socorro, me ajudem! Fui ferido! (*Para si mesmo*) Sou um imbecil! Não devia ter feito isso!

CANDINHO *(Do outro lado, gritando)* – Assassino! Assassino!

Sabiá e Chicão Malvadeza, que estavam por perto, ao ouvirem os gritos, se aproximam.

CHICÃO MALVADEZA – Aconteceu alguma desgraça!

SABIÁ – Tem alguém gemendo!

CHICÃO MALVADEZA – Você tá conseguindo ver quem é?

SABIÁ – Não, tá muito escuro!

DIRCEU *(Entrando com uma lamparina, para Sabiá e Chicão Malvadeza)* – Vocês não ouviram um grito?

CANDINHO – Aqui! Aqui, Dirceu! Me ajuda, por favor! Por favor, eu tô ferido!

DIRCEU *(Aproximando-se de Candinho)* – Meu deus do céu, que horror!

SABIÁ – Que foi isso, meu compadre? Quem fez isso contigo?

CANDINHO – Não sei, acho que eram dois... um fugiu... o outro deve estar caído aqui por perto...

CHICÃO MALVADEZA – Ah, se eu ponho a mão no covarde... acabo com a raça dele!

DIRCEU – Calma, gente! Ele tá precisando de ajuda! Vem cá!

Sabiá e Chicão vão socorrer Candinho. Dirceu levanta para procurar Jurandir.

JURANDIR – Por favor, alguém me ajuda! Por favor!

CANDINHO – É o sujeito que eu peguei!

DIRCEU *(Vai até Jurandir e desfere um golpe fatal)* – Filho da puta, assassino!

JURANDIR – Ah! Maldito Dirceu! Cão desumano...

Jurandir morre.

DIRCEU *(Para Sabiá)* – Sabiá! Traz a lamparina aqui!

Sabiá pega a lamparina e vai até Dirceu. Ao chegar, ilumina o rosto do morto.

SABIÁ – Jurandir!

DIRCEU – Mas por que razão ele fez isso contigo, Candinho?

CANDINHO – Mas eu não tinha nada contra ele! Nem conhecia direito!

DIRCEU – Isso é cachaça ou mulher... peraí... agora eu tô me lembrando... uma vez ele me contou que detestava te ver de papo com a Nininha... acho que ele era chegado naquela mulatinha....

MARLENE *(Entrando)* – O que tá acontecendo aqui? Que gritaria é essa?

CHICÃO MALVADEZA – Jurandir tentou matar o Candinho e acabou levando a pior!

MARLENE – Porra, moleque! Tu só se mete em encrenca! Não sabe ficar quieto, não?

CHICÃO MALVADEZA – Ô, Marlene! O garoto não teve culpa!

SABIÁ – Foi uma emboscada!

NININHA *(Entrando)* – Que que vocês tão fazendo aqui?

MARLENE – Mais uma do teu Candinho...

NININHA *(Apavorada)* – Candinho, meu amor! Estanca esse sangue direito, Chicão!

CHICÃO MALVADEZA – Tô fazendo o melhor que eu posso, Nininha...

NININHA – Vamos lá pra casa, lá vai ser mais fácil de cuidar dele!

DIRCEU – Ô, Marlene! Presta atenção! Corre a vai avisar o Otelo que o Candinho foi ferido. Enquanto isso a gente vai pra casa da Nininha pra socorrer o garoto.

NININHA – Vambora, gente! Ele tá perdendo muito sangue!

Saem todos.

CENA 7

Otelo, no terreiro, participa de um ritual de candomblé. Soam os atabaques enquanto ele vai realizando as oferendas (os versos abaixo foram extraídos de sambas de Nelson Cavaquinho).

OTELO – Não pense que seu sorriso vai me trazer a paz. Com a maldade que você me faz, meu coração não lhe aceita mais. Eu sinto que o nosso amor, hoje, caiu em esquecimento. Seus olhos só querem ver meu sofrimento. Eras o meu mundo, eras o meu bem... mas agora tudo é cinza! Não tenho amor, não tenho ninguém! Tu vivias no meu ninho... eu vivia muito bem. Mas perdendo teu carinho, perdi meu mundo também. Tu plantaste a semente do mal, ensinaste-me a ser tão desigual... mas não é me ofendendo que serás feliz. Eu sou erva daninha, porque tu és minha raiz.

Os atabaques continuam. São três imagens simultâneas: Lucíola rezando, Otelo indo em sua direção e Tia Fé observando tudo isso de longe e cantando, com a autoridade da mãe de santo e rezadeira da comunidade, o ponto *Cuidado que o vento te leva (Chico Modesto).*

Cuidado que o vento te leva e você vai
Cuidado que o vento te leva e você vai

Você tá ficando acabado
Você tá sumindo
Já vieram me contar
Que isso tudo é paixão
E você vai acabar morrendo de coração
Vai mal

Cuidado que o vento te leva e você vai
Cuidado que o vento te leva e você vai

Sente dores em teu peito
Dor da eterna saudade
Sei que você ainda tem fé
De gozar bem a sua mocidade

Cuidado que o vento te leva e você vai...

CENA 8

Quarto de Lucíola e Otelo.

OTELO *(Observando a beleza de Lucíola, que dorme iluminada pela luz do luar)* – Perdoe, meu Deus, mas eu preciso fazer justiça. Eu não vou derramar seu sangue nem ferir sua pele branca e suave. Mas ela deve morrer, ou me trairá com outros homens. *(Vai até a vela em que Lucíola rezou e apaga-a. Depois, se aproxima da cama e contempla Lucíola)* Nem seu doce suspiro vai me fazer mudar de ideia. Um último beijo! O beijo fatal.

Otelo beija Lucíola e ela acorda.

LUCÍOLA – Otelo?

OTELO – Sim...

LUCÍOLA – Não vem deitar?

OTELO – Já rezou essa noite?

LUCÍOLA – Por que essa pergunta?

OTELO – Eu não mataria a sua alma se ela não estivesse preparada...

LUCÍOLA – Você... você está falando em matar?!

OTELO – Pede perdão pelos teus pecados.

LUCÍOLA – Meu único pecado é o amor.

OTELO – E é por ele que você vai morrer.

LUCÍOLA – Você vai me matar porque eu te amo?

OTELO – Você ama Candinho.

LUCÍOLA – Não, eu juro!

OTELO – Você entregou o lenço que eu te dei pra ele.

LUCÍOLA – Não é verdade! Nunca faria isso, eu juro!

OTELO – Cuidado com o perjúrio!

LUCÍOLA – Eu jamais amei Candinho! Jamais te traí em toda a minha vida! Pergunta pra ele! Ele vai te confirmar!

OTELO – Ele nunca mais vai falar...

LUCÍOLA – O quê? Ele tá morto?

OTELO – Morto.

LUCÍOLA – Ele foi traído, e eu, destruída.

OTELO – Você ainda ousa chorar por ele? Não tem vergonha?

LUCÍOLA – Não me mate, eu te suplico.

OTELO – Cala a boca, vagabunda!

Os dois começam uma briga.

LUCÍOLA – Eu te imploro! Tenha piedade, Otelo! Me deixa viver apenas esta noite!

OTELO – Não! Não adianta lutar, Lucíola.

LUCÍOLA – Então pelo menos meia hora!

OTELO – Nem mais um minuto.

LUCÍOLA – Você precisa acreditar em mim!

OTELO – Nunca!

LUCÍOLA – Uma última prece!

OTELO – Tarde demais.

Otelo a asfixia com o travesseiro, e ela, antes de morrer, faz uma última carícia.

MARLENE *(Entra gritando)* – Otelo, eu preciso falar com você. É urgente! Otelo!

OTELO – Que é que houve, Marlene?

MARLENE – Acabou de acontecer um crime horrível!

OTELO – É culpa da lua... Quando ela se aproxima da Terra, incita loucura nos homens.

MARLENE – Candinho matou Jurandir!

OTELO – Jurandir e Candinho morreram?

MARLENE – Não! Candinho tá vivo!

OTELO – Candinho ainda está vivo? Não é possível!

MARLENE *(Vendo Lucíola)* – Ai de mim! Socorro! O que foi isso, meu Deus?! *(Vai até a cama)* Lucíola! Fala alguma coisa! Fala alguma coisa pra sua comadre, por favor! *(Tempo).* Minha Nossa Senhora, quem te fez isso?

Lucíola dá um último suspiro e morre.

OTELO – Eu a matei. Ela amava Candinho. Que eu queime no inferno se não for verdade. O teu marido sabia de tudo.

MARLENE – Meu marido?

OTELO – É! Teu marido, sim! Ele pode confirmar.

MARLENE – Que ela te traía com Candinho?

OTELO – Ela nunca foi honesta, Marlene! Você é muito ingênua!

MARLENE – Meu marido...?

OTELO – Ele me contou tudo! Sempre esteve do meu lado! Ficava revoltado com a safadeza desses dois!

MARLENE – Meu marido?

OTELO – Por que que você fica repetindo isso? Eu já disse que foi o seu marido!

MARLENE – Se ele disse isso, ele mentiu! E que a alma dele apodreça dia após dia no inferno! Você foi um estúpido em acreditar nessa história, Otelo! Lucíola é a mulher mais pura e verdadeira que eu conheci... Ela te amava... Te amava como nunca amou ninguém nessa vida!

Otelo parte para cima de Marlene.

MARLENE – Não vem, não! Não vem, não, que eu não tenho medo de você, seu assassino! Assassino! Socorro! Socorro! Otelo matou Lucíola! Otelo matou a Lucíola!

Entram Sabiá, Chicão, Dirceu e alguns outros moradores do morro.

CHICÃO MALVADEZA – O que aconteceu?

DIRCEU – O que houve?

MARLENE – Ainda bem que você veio, Dirceu! Desmente esse homem! Ela está dizendo que você contou pra ele que Lucíola era infiel! Eu sei que você não fez isso! Você não é tão canalha assim! *(Tempo)* Diz alguma coisa, homem! Meu coração está a ponto de arrebentar!

DIRCEU – Eu contei pra ele o que eu pensava, e o que ele achava que era verdade.

MARLENE – Mas alguma vez você falou pra ele que Lucíola era infiel? Que era desleal?

DIRCEU – Falei.

MARLENE – Maldito! Mentiroso! E você ainda foi dizer que ela andava de caso com o Candinho?

DIRCEU – Com o Candinho sim, mulher! Agora sai daqui e segura tua língua!

MARLENE – Eu não vou segurar minha língua porra nenhuma! Lucíola foi morta, assassinada, você acha que eu vou ficar de boca calada? Foram as suas mentiras maldosas que instigaram esse assassinato!

OTELO – Não se espantem. Tudo que o Dirceu me disse era verdade.

MARLENE – Isso foi maldade! Traição!

DIRCEU – Tá louca, mulher? Vai pra casa!

MARLENE – Eu não vou arredar o pé daqui! Aliás, Dirceu, pode ser que eu nunca mais volte para casa!

OTELO *(Caindo sobre a cama)* – Chega! Chega!

MARLENE – Isso, grita! Grita! Pode gritar! Grita o quanto você quiser! Mas você nunca vai conseguir se livrar dessa culpa! Você matou a criatura mais doce e inocente que existiu nesse mundo!

OTELO *(Desesperado)* – Ela me desonrou na minha própria cama! E pra piorar a situação presenteou o canalha com o lenço que era de minha mãe! Que tinha sido meu presente de casamento pra ela! Dirceu é testemunha!

MARLENE – Meu deus! Que horror! Que horror!

DIRCEU – Deixa de ser histérica, mulher!

MARLENE – Você é o demônio, Dirceu!

DIRCEU – Mas o que é isso agora?

MARLENE – Como você foi estúpido, Otelo, se deixando enganar dessa maneira! Fui eu quem encontrei esse lenço por acaso e dei pro Dirceu!

DIRCEU – Mentira! Ela tá mentindo! Essa safada era cúmplice da Lucíola!

Dirceu parte para cima de Marlene com a navalha. Chicão interrompe.

CHICÃO MALVADEZA – Que é isso, compadre? Tá maluco? Levantar a navalha para a sua própria mulher?

MARLENE – Eu juro que eu tô falando a verdade! Dirceu vivia atrás de mim pedindo pra eu roubar esse lenço. Eu não entendia porque tanta insistência. Eu não sabia que era para uma barbaridade dessas!

OTELO – Patife! Traidor!

Lança-se para cima de Dirceu. Chicão Malvadeza segura Otelo. Aproveitando-se da confusão, Dirceu pega Marlene como refém e a mata. Quando tenta fugir, é capturado por Sabiá e por outros moradores do morro.

MARLENE – Otelo, como você foi cruel... Lucíola só tinha olhos pra você... ela te amava... Que a minha alma seja abençoada, pois eu estou falando a verdade. *(Morre)*

Entram Tia Fé, Candinho e Nininha. Tia Fé ganha o centro da cena. Ajoelha-se perto de Lucíola e Marlene.

TIA FÉ – Nunca pensei que num dia de festa como esse a tragédia fosse se abater sobre nossas casas. Pobre Marlene... infeliz Lucíola... que deixou a segurança e o carinho de um lar para vir em busca de um amor ingrato e egoísta. Ah, Otelo! Você que sempre foi tão nobre, tão valente... que conquistou tantas coisas nessa vida...se deixou enganar por uma víbora invejosa e amaldiçoada como essa... Onde é que tá o traidor?

SABIÁ *(Mostrando Dirceu)* – Tá aqui, Tia Fé.

OTELO – Me solta, Chicão. *(Vai lentamente em direção a Dirceu)* Eu tô olhando para baixo para ver os seus pés... Mas isso não passa de uma lenda... Se você fosse o diabo mesmo, eu não teria como matá-lo.

Rapidamente pega a navalha com que Dirceu matou Marlene que estava no chão, e desfere um golpe em Dirceu. Alvoroço geral. Os homens seguram Otelo.

DIRCEU – Eu posso estar sangrando, Otelo, mas estou muito longe da morte...

OTELO – Eu não lamento nem um pouco... Eu prefiro que você viva... A morte para você seria uma felicidade.

TIA FÉ – Candinho me contou que você e o Dirceu tramaram a morte dele.

OTELO – É verdade.

CANDINHO – Eu nunca te dei motivo pra isso, Otelo.

OTELO – Eu acredito em você, Candinho, e te peço perdão. Gostaria que vocês perguntassem a esse Judas por que ele armou tudo isso.

DIRCEU – Ninguém me obriga a nada, Otelo.Você sabe o que você sabe. De agora em diante, eu não digo mais uma palavra.

OTELO – É o melhor que você tem a fazer.

TIA FÉ – Otelo... acho que você vai entender melhor o que aconteceu quando Candinho te contar umas coisas que você ainda não está sabendo... *(Para Candinho)* Fala, meu filho...

CANDINHO – Eu encontrei uma carta no bolso do Jurandir. Nela, ele dizia que ia deixar a escola e se mostrava arrependido das coisas que tinha armado com Dirceu pra atrapalhar seu casamento com Lucíola. Confessou, também, que foram eles que me embebedaram pra sujar minha imagem contigo. Dirceu, não se conformava de ter perdido o samba pra mim!

TIA FÉ – Agora, Otelo, vamos descer lá pro terreiro que a polícia tá te esperando. Por enquanto o Candinho fica no comando da escola. E quanto a esse traidor, a polícia vai se encarregar dele também.

Dirceu e Otelo vão sendo levados.

OTELO – Deixa eu me despedir do pessoal, Tia Fé. Eu só peço a vocês que quando forem contar essa história, não aliviem nada. Digam que Otelo amou demais, embora com sabedoria de menos.

Otelo pega a navalha que estava no chão e se mata. Tia Fé canta *Autonomia (Cartola).*

É impossível nesta primavera, eu sei
Impossível, pois longe estarei
Mas pensando em nosso amor, amor sincero
Ai! Se eu tivesse autonomia
Se eu pudesse gritaria
Não vou, não quero

Escravizaram assim um pobre coração
É necessário a nova abolição
Pra trazer de volta a minha liberdade
Se eu pudesse gritaria, amor
Se eu pudesse brigaria, amor
Não vou, não quero.

Restam somente as batidas do surdo da Mangueira como num cortejo fúnebre. Todos os outros atores vão chegando aos poucos, se juntando em volta dessa cena trágica e Tia Fé começa a cantar *Primeira estação do samba (Gustavo Gasparani)*, seguida pelo coro da escola.

Mangueira... Mangueira
Sofrendo tão calada o dissabor
Oh! Triste Mangueira
Do morro escorre a lágrima da dor

As cinzas espantaram a alegria
Os olhos dos meninos sem direção
Aonde vão cantar suas pastoras
Se a escola perdeu a sua marcação

O vento levará suas tristezas
E o surdo muito forte baterá
Num peito verde-e-rosa, que beleza!
E sua bandeira novamente brilhará

CORO – *Levanta, Mangueira!*
Leva o morro pro asfalto
Balança a roseira
Sua força é a tradição
E o Rio amanhece deslumbrado
Cantando o samba
Da nossa Estação Primeira

Lá lá rá lá lá lá lá lá
A chama em Mangueira
Jamais se apagará
Primeira no samba
Primeira em poesia
Primeira harmonia
Primeira em emoção
E o povo canta forte
Canta alto, Mangueira!
Teu samba
A voz do meu coração!

FIM

Opereta Carioca

Gustavo Gasparani e Soraya Ravenle

Histórico

Eleito um dos dez melhores espetáculos de 2008 pelo jornal *O Dia*. Indicado ao Prêmio APTR de Melhor Figurino. Indicado ao Prêmio Contigo de Melhor Cenário e Melhor Espetáculo Musical Brasileiro.

Teatro Maison de France (set. 2008 e jan./fev. 2009) e Centro Cultural Veneza (out./nov. 2008). Participação no Festival de Inverno SESC-RJ (jul. 2009).

Fabiano Salek e Gustavo Gasparani

Apresentação

E lá vou eu, novamente, pelas madrugadas ouvindo sambas e mais sambas, em busca da "batida perfeita", para criar meu terceiro musical. *Clara Nunes – Brasil Mestiço* foi o primeiro, em parceria com Ana Velloso e Vera Novello, e possuía um aspecto biográfico e documental. Em *Otelo da Mangueira* levei o samba verde-rosa ao encontro da tragédia shakespeareana. Agora, queria unir o samba a um outro gênero teatral, e assim surgiu a *Opereta Carioca*.

O termo "opereta" serve para designar um gênero leve de teatro musicado, derivado da Ópera-Bufa, sobre assunto cômico e sentimental, no qual as estrofes cantadas alternam com as partes faladas e com os números de dança. Esse gênero de teatro, de origem francesa, recebeu tratamento à brasileira no final do século XIX, através de seu maior representante – Arthur Azevedo. Agora, em pleno século XXI, esta mesma opereta adquire características à carioca. O espetáculo narra a trajetória de um típico casal da cidade do Rio de Janeiro – a Cabrocha e o Malandro. Seus encontros e desencontros, suas paixões e brigas serão contadas através de clássicos da nossa música mais popular – o Samba. No "libreto" desta opereta as melodias de

Offenbach dão lugar aos versos e melodias de toda a nata do samba – de Ismael Silva à Zeca Pagodinho. Todos os gêneros de sambas estão representados no roteiro: samba-canção, samba-choro, samba de enredo, partido-alto, samba de breque, entre outros. É importante ressaltar que neste musical as canções ganham conotação de texto, possuem função dramática e nenhuma foi escolhida apenas por sua beleza. A ordem em que estão dispostas cria uma história com início, meio e fim. Seus compositores, muitas vezes de gerações distantes, tornam-se parceiros nesta inusitada *Opereta Carioca*. É como se o Théâtre des Bouffes-Parisiens fosse transportado para uma típica laje do subúrbio e ganhasse uma alma à brasileira!

Gustavo Gasparani
Rio de Janeiro, setembro de 2008

Ficha Técnica

Texto: Gustavo Gasparani
Direção: João Fonseca
Direção musical: João Callado e Nando Duarte
Cenário: Nello Marrese
Figurino: Marcelo Olinto
Iluminação: Luiz Paulo Nenen
Coreografias: Sueli Guerra
Programação visual: Paula Joory
Preparação vocal do ator: Pedro Lima
Produção executiva: Iza Giz e Alice Cavalcante
Assessoria de imprensa: Will Comunicação e Marcelo Rocha
Realização: Gustavo Gasparani, Soraya Ravenle e PAN Eventos

Elenco

Soraya Ravenle – A Cabrocha
Gustavo Gasparani – O Malandro

Músicos

João Callado (cavaquinho), Nando Duarte (violão), Joana Queiróz (clarinete), Fabiano Salek (percussão) e Marcos Basílio (percussão)

Gustavo Gasparani e Soraya Ravenle

Críticas

Com um fio de trama que percorre uma espécie de biografia clássica de um malandro e sua cabrocha, leve e cheia de peripécias, como deve ser o gênero, a Opereta Carioca, de Gustavo Gasparani, utiliza uma deliciosa seqüência de sambas para ilustrar as peripécias do acidentado romance. (...) Opereta Carioca *é um musical encantador, que canta um mundo carioca mitificado mas nem por isso menos íntimo de todos nós. O samba merece a homenagem.*

Barbara Heliodora
O Globo

(...) Neste caso, porém, a indicação vai tanto para os amantes do samba como para aqueles que, eventualmente, estejam deprimidos ou descrentes da alegria inerente ao ato de viver - estes últimos, salvo monumental engano de nossa parte, deixarão o teatro com a alma leve e, quem sabe, cantando algumas canções ou até mesmo arriscando alguns gingados. (...) O enredo gira em torno dos dois personagens. No entanto, apesar de existirem breves passagens dialogadas, a história é contada fundamentalmente através de 32 sambas, todos eles dignos

representantes do que há de melhor no gênero. Méritos, portanto, ao autor por suas escolhas.

Lionel Fisher
Tribuna da Imprensa

Ator que também vem ganhando projeção na cena nacional como dramaturgo, tendo concebido o espetáculo Otelo da Mangueira *(2005), em que trazia a obra de Shakespeare para o universo do Rio de Janeiro, Gustavo Gasparani investe com muita propriedade no gênero em* Opereta Carioca, *espetáculo que reestreou no Centro Cultural Veneza, na sequência de uma vitoriosa temporada no Teatro Maison de France (RJ). Gasparani se vale dos recursos da opereta para encenar com graça o cotidiano de um casal no mundo do samba.*

Mauro Ferreira
O Dia

A intenção de Gustavo Gasparani foi a de criar, a partir de roteiro musical com bons exemplares da produção de sambas e choros cariocas dos últimos 60 anos, narrativa com a preponderância de canções que sugeririam o esboço da história. Por esta razão intitulou de Opereta Carioca *a montagem, em cartaz no Teatro Maison de France. Transfere, assim, da seleção de músicas a sugestão da trama, que se insinua por entre o repertório da rica MPB com o imprimátur do Rio. Com a segurança de quem convive com essa musicalidade, Gustavo Gasparani costurou, com acuidade e paralelismo, o fiapo de história para conduzir sentimentos exagerados, ciúmes melodramáticos e emoções carregadas de comicidade.*

Macksen Luiz
Jornal do Brasil

É interessante ver como Gasparani conseguiu costurar a narrativa e encadear as músicas de forma que nenhuma das canções apresentadas ou dos versos falados pareçam forçados ou fora de contexto. É uma alegria assistir a um espetáculo deste nível em palcos cariocas, mostrando que não é necessário montar uma superprodução para se dar bem na seara dos musicais. Além disso, ver o samba sendo usado como matéria-prima única para contar uma bela história de uma hora e meia de duração nos dá uma pequena mostra da variedade, da qualidade e da riqueza de um tipo de música que é a nossa cara. É pra sair do teatro cheio de orgulho.

Leonardo Bruno
Extra Online

Um musical para ser bom, antes de qualquer coisa, precisa de cantores afinados. Tendo isso, o segundo passo é a escolha de um bom repertó-

rio. A partir daí, uma boa direção de elenco e musical são fundamentais para que um espetáculo tenha sucesso de público. Todos os pré-requisitos citados foram aplicados por Gustavo Gasparani, autor do espetáculo, em Opereta Carioca. *O musical fala do cotidiano de um casal carioca que gosta de samba e freqüenta rodas de choro. O texto do espetáculo são os sambas cantados por Soraya Ravenle e Gustavo Gasparani, que também está em cena. Ambos afinadíssimos. Cada música cantada representa uma fala, parecendo que há um real diálogo entre os atores.*

Herbert Bastos

http://almanaquevirtual.uol.com.br

Gustavo Gasparani e Soraya Ravenle

Personagens

A Cabrocha

O Malandro

Roteiro Musical

1. *A alegria continua* (Mauro Duarte/Noca da Portela) / *A flor e o samba* (Candeia)
2. *Malandro sou eu* (Arlindo Cruz/Franco/Sombrinha)
3. *Samba rasgado* (Portello Junior/W. Falcão)
4. *Chegou a bonitona* (Geraldo Pereira/José Batista)
5. *Receita de amor* (Max Bulhões/Chico Perdigão)
6. *Mulata assanhada* (Ataulfo Alves) / *Mulato de qualidade* (André Filho)
7. *Encontro* (Paulinho da Viola)
8. *Beija-me* (Roberto Martins/Mario Rossi)
9. *Serei teu ioiô* (Paulo da Portela)
10. *Minha festa* (Nelson Cavaquinho/Guilherme de Brito)
11. *Amor perfeito* (Ivor Lancellotti/Paulo Cesar Pinheiro)
12. *Samba e amor* (Chico Buarque)
13. *Pudim de queijo* (Leci Brandão)
14. *Cotidiano* (Chico Buarque)
15. *O mundo é assim* (Alvaiade)
16. *Corococó* (Paulo da Portela)

17. *Judia de mim* (Wilson Moreira/Zeca Pagodinho) / *Vai trabalhar vagabundo* (Chico Buarque) / *Me deixa em paz* (Ivan Lins/Ronaldo M. de Souza) / *Me deixa em paz* (Monsueto/Ayrton Amorim) / *Se você jurar* (Ismael Silva/Nilton Bastos /Francisco Alves) / *Vai vadiar* (Monarco/Alcino Corrêa) / *Devagar, devagarinho* (Eraldo Divagar) / *Camarão que dorme a onda leva* (Zeca Pagodinho/Beto Sem Braço /Arlindo Cruz) / *Verdade* (Nelson Rufino e Carlinhos Santana) / *Mente* (Eduardo Gudin /Paulo Vanzolini) / *Mora na filosofia* (Monsueto/ Arnaldo Passos) / *Risque* (Ary Barroso) / *Tem dó* (Baden Powell/Vinícius de Moraes) / *Brincadeira tem hora* (Zeca Pagodinho/Beto Sem Braço)

18. *Incompatibilidade de gênios* (João Bosco/ Aldir Blanc)
19. *Ratatuia* (Roberto Lopes/Canário/Alamir)
20. *Baiana da Lapa* (Nilo Vianna)
21. *Menino sem juízo* (Paulinho Rezende/Chico Roque)
22. *Sem compromisso* (Geraldo Pereira/ Nelson Trigueiro) / *Me respeite, ouviu?* (Walfrido Silva)
23. *Na subida do morro* (Moreira da Silva)
24. *Dona encrenca* (Barbeirinho do Jacarezinho/ Marcos Diniz)
25. *Teleco-teco* (Marino Pinto/Murilo Caldas)
26. *Leito Vazio* (Gustavo Gasparani)
27. *Amei tanto* (Vinicius de Moraes/Baden Powell) / *Obsessão* (Mirabeau/Milton de Oliveira) / *Sem*

companhia (Ivor Lancellotti/Paulo Cesar Pinheiro) / *Amei tanto* (Vinicius de Moraes/Baden Powell)
28. *Samba de inverno* (Gustavo Gasparani)
29. *Tendência* (D. Ivone Lara/Jorge Aragão)
30. *O mundo é assim* (Alvaiade)
31. *Ex-amor* (Martinho da Vila)
32. *Força do amor* (Rodolpho/David da Vila)
33. *Casal sem vergonha* (Arlindo Cruz/Acyr Marques)

Observação: os versos falados pelos atores ao longo de *Opereta Carioca* foram extraídos de sambas de Paulinho da Viola e seus eventuais parceiros. Neste caso, as devidas referências aparecem nas rubricas.

Gustavo Gasparani e Soraya Ravenle

Libreto

Abertura

A Cabrocha e o Malandro cantam os sambas *A alegria continua (Noca da Portela/Mauro Duarte)* e *A flor e o samba (Candeia)*. Os diálogos são do samba *Ame (Paulinho da Viola/Elton Medeiros)*.

CABROCHA – *O samba tem feitiço*

MALANDRO – *O samba tem magia*

CABROCHA – *Não há quem possa resistir*
Ao som de uma bateria

MALANDRO – *É lindo a gente ver*
O samba amanhecer cheio de poesia

CABROCHA *(Fala)* – Ame
Seja como for
Sem medo de sofrer
Pintou desilusão
Não tenha medo não
O tempo poderá lhe dizer
Que tudo
Traz alguma dor
E o bem de revelar
Que tal felicidade

Sempre tão fugaz
A gente tem que conquistar

MALANDRO – *É lindo a gente ver*
O samba amanhecer cheio de poesia
Vem sambar, iaiá

CABROCHA – *Vem sambar, ioiô*

MALANDRO – *Iaiá!*

CABROCHA – *Ioiô!*

MALANDRO *(Fala)* – Ame
Seja como for
Por que se negar
Com tanto querer
Por que não se dar
Por quê?
Por que recusar
A luz em você
Deixar pra depois
Chorar... pra quê?

CABROCHA *(Fala)* – Chorar... pra quê?

MALANDRO – *Vem sambar, iaiá*

CABROCHA – *Vem sambar, ioiô*

MALANDRO – *Iaiá!*

CABROCHA – *Ioiô!*
Não tenho dinheiro
Só tenho pandeiro e viola
Mas vem depressa pro samba
Que ele consola, viu!

MALANDRO – *Menina, pra que desamor*
Veja quanta beleza
O samba assim como a flor
Também é natureza

JUNTOS – *Vem sambar, iaiá...*

CABROCHA – *Só vive pior quem não vai sambar*
na avenida
O samba é o tesouro maior
Que se deixa na vida

MALANDRO – *O samba é a liberdade*
Sem sangue e sem guerra
Quem samba de boa vontade
Tem paz nessa terra

JUNTOS – *Vem sambar, iaiá...*
Mas enquanto houver samba
A alegria continua, alegria continua...

CORO – *Mas enquanto houver samba*
A alegria continua, a alegria continua...

Primeiro Bloco

Apresentação dos personagens: o Malandro e a Cabrocha.

MÚSICO – Fala, Malandro!

MALANDRO – Meu chapéu de lado, terno branco, sapato bicolor, uma navalha afiada pra sangrar um coração desprotegido. Eu passo gingando, provoco e desafio. Estou na área!! Se me derrubar é pênalti!

O Malandro canta *Malandro sou eu (Arlindo Cruz/Franco/Sombrinha).*

MALANDRO – *Segura teu santo, seu moço*
Teu santo é de barro
Que sarro, dei volta no mundo e
Voltei pra ficar
Eu vim lá do fundo do poço
Não posso dar mole para não me afundar
Quem marca bobeira, engole poeira
E rasteira até pode levar
Malandro que sou, eu não vou vacilar
Sou o que sou, ninguém vai me mudar

E quem tentou, teve que rebolar sem conseguir
Escorregando daqui e dali
Malandreando eu vi e venci
E no sufoco da vida foi onde aprendi
Por isso é que eu vou
Vou, eu vou por aí
Sempre por aí
Esse mundo é meu, é meu
E onde quer que eu vá
Em qualquer lugar
Malandro sou eu

Fim do número musical.

MALANDRO – Diga, Cabrocha!

CABROCHA – Vou logo avisando que eu tô pegando fogo! Boa noite rapazes... Hoje não tem pra ninguém! Vou girar que nem peão a noite inteira. Vai ter nego perdendo o sossego e pedindo bis, só pra ver o samba que sai dos meus quadris!

A Cabrocha canta *Samba rasgado (Portello Junior/W. Falcão).*

CABROCHA – *Uma cabrocha bonita*
Cantando e sambando

Quem não admira
Gingando seu corpo
Que mesmo a gente espiando
Parece mentira
Cabrocha que só fala gíria
E tem candomblé no seu sapateado
Cabrocha que veio do morro
Trazer pra cidade o samba rasgado
Para eu cantar um samba
Não precisa orquestração
Gosto mais de uma cuíca
Um cavaquinho, um pandeiro e um violão
Uma vez fui convidada
Pra num samba ir brincar
E me deu uma tremedeira nas cadeiras
Que eu tive que gritar: não vou mais lá

Segundo Bloco

Da paquera ao casamento. Enquanto um canta, o outro se exibe dançando para chamar atenção. Os diálogos do Malandro são do samba *O tímido e a manequim (Paulinho da Viola)* e, os da Cabrocha, do samba *Um caso perdido (Paulinho da Viola)*.

MALANDRO *(Fala)* – Se ela passar por mim
olhando assim
Não sei se vou conseguir
me controlar
Meu coração dispara feito
um tamborim
Quando ela tira a minha paz
Com aquele jeito de andar

O Malandro canta *Chegou a bonitona (Geraldo Pereira/José Batista)*.

MALANDRO – *Mas olha só, ô pessoal, que bonitona!*
Olha o pedaço que acabou de chegar
Agora sim, ô pessoal,
Com a chegada dessa dona
O nosso samba tem de melhorar

CABROCHA (*Fala*) – Dizem que ele é um caso perdido!

MALANDRO – *Olha o pedaço que acabou de chegar*

CABROCHA *(Fala)* – *Ele tem amores demais*

MALANDRO – *Com a chegada dessa dona*
O nosso samba tem de melhorar

Temos flauta, cavaquinho e violão
Temos pandeiro para fazer a marcação
Temos espaço no terreiro pra sambar
E uma noite linda de luar
Agora acaba de chegar a bonitona
Requebrando pra lá,
Se requebrando pra cá
Cadê o moço, cadê o dono dessa dona?
Se não tá, vou me atracar

MALANDRO – *Oi, princesa!*

CABROCHA – *Princesa... que cafonice...*

MALANDRO – *A pessoa desdenha, a pessoa quer comprar...*

CABROCHA *(Fala)* – Mas quando passa e sorri
parece tão sozinho
Que eu chego a pensar
Que ele possa querer meu carinho

A Cabrocha canta *Receita de amor (Max Bulhões/ Chico Perdigão).*

CABROCHA – *O doutor me receitou*
Um remédio bom de tomar,

Três beijos antes do almoço,
Três beijos antes do jantar
O remédio não tem dieta
É doce de se tomar
Qualquer dia, qualquer hora
Não faz mal se abusar
O doutor me receitou...
Na bula traz explicado
Produto nacional
Moreno tipo de atleta
Solteiro, meigo e leal
Seu beijo adicionado
A certas doses de amor
Traz momentos de felicidade
Afugenta a tristeza e a dor
O doutor me receitou...
Na bula traz explicado...
O doutor me receitou...

CABROCHA – *22696969. Me liga! Magé.*

MALANDRO – *Magé?! A cobrar...*

O Malandro canta *Mulata assanhada (Ataulfo Alves)* e, a Cabrocha, *Mulato de qualidade (André Filho).*

MALANDRO – *Ô, mulata assanhada,*
Que passa com graça,
Fazendo pirraça,

Fingindo inocente,
Tirando o sossego da gente
Ô, mulata assanhada...
Ai, mulata se eu pudesse,
E se o meu dinheiro desse,
Eu te dava sem pensar,
Esta terra, este céu, este mar
E ela finge que não sabe,
Que tem feitiço no olhar

CABROCHA – *Eu lá no morro por de fato só*
respeito o meu mulato
Porque ele é mesmo bamba
E é bom no samba

Breque. O Malandro executa um solo de samba.

CABROCHA – *Qualquer parada ele topa com vontade*
É respeitado quer no morro ou na cidade
E eu gosto dele porque é um mulato de qualidade

MALANDRO – *Ai, meu Deus, que bom seria*
Se voltasse a escravidão,
Eu comprava esta mulata
E levava pro meu barracão
E depois a pretoria
É que resolvia a questão
Ô, mulata assanhada...

CABROCHA – *Vivo feliz no meu canto sossegada*
Vivo feliz no meu canto sossegada
Tenho amor, tenho carinho, tenho tudo e até pancada

MALANDRO – *Ô, mulata assanhada,*
Que passa com graça,
Fazendo pirraça,
Fingindo inocente,
Tirando o sossego da gente

CABROCHA – *E eu gosto dele porque é um mulato de qualidade*

Fim do número musical.

MALANDRO – Essa história de 6969 procede?!

CABROCHA – 2269 6969.

MALANDRO – Saracuruna!

CABROCHA – Magé!

MALANDRO – Região dos Lagos...

O Malandro e a Cabrocha cantam o samba *Encontro (Paulinho da Viola)*.

MALANDRO – *Guardei o teu olhar*
Mas teu nome eu não sabia

E a vida para mim começou naquele dia
Eu andava pelas ruas
Te sonhando, te esperando
Te sentindo em cada samba
Que do coração tirei
Teu nome era segredo
Mas ninguém quis me dizer
E o mundo não sabia o quanto que eu esperei

CABROCHA – *Alô, alô*
É o moço que canta samba?
Sou eu a moça da festa
Tenho em meu nome Maria
Tenho andado em tua vida
Pelo que ouço dizer
Faz um samba com o meu nome
Que eu me encontro com você

MALANDRO – *Alô, alô*
Respondi: farei agora
Por favor não vá embora
Eu preciso te dizer
Que a não ser minha viola
Não tenho muito na vida
Meu pobre samba é a rosa
Que penso te oferecer

CABROCHA *(Fala)* – Eu me chamo Maria... e você?

MALANDRO *(Fala)* – Zé.

MALANDRO – *Guardei o nosso encontro*
Teu sorriso, teus encantos
E procurei todo o mundo pra contar o que senti
Cantei meu samba em teu nome
E vi no mundo o espanto
A ninguém guardei segredo
Do amor que consegui

A Cabrocha canta o samba *Beija-me (Roberto Martins/Mario Rossi).*

CABROCHA – *Beija-me*
Deixa o teu rosto coladinho ao meu
Beija-me
Eu dou a vida pelo beijo teu
Beija-me
Quero sentir o teu perfume
Beija-me com todo o teu amor
Senão eu moro de ciúme

Breque. Beijam-se. Instrumental.

JUNTOS – *Ai, ai, ai que coisa boa*
O beijinho do meu bem
Dito assim parece à toa
O feitiço que ele tem

Ai, ai, ai que coisa louca
Que gostinho divinal
Quando eu ponho a minha boca
Nos teus lábios de coral

Durante a música, o casal executa um número de dança de gafieira para selar o encontro de amor.

CABROCHA – Me diz uma coisa, Zé. Você gosta de feijoada?

MALANDRO – Gosto.

CABROCHA – Gosta de mocotó?

MALANDRO – Gosto. E tu gosta de praia?

CABROCHA – Gosto!

MALANDRO – Gosta de chorinho?

CABROCHA – Gosto!

MALANDRO – Gosta da Estação Primeira de Mangueira?

CABROCHA – Gosto! E buchada de bode?!

MALANDRO – Não!

CABROCHA – Nem eu!! *(Caem na gargalhada)*

Os próximos diálogos são do samba *Foi um rio que passou em minha vida (Paulinho da Viola).*

MALANDRO *(Fala)* – Ah, Maria! *Meu coração tem mania de amor...*

CABROCHA *(Fala) – E amor não é fácil de achar,* não!!

Toca a marcha nupcial. Realiza-se a cerimônia de casamento. O Malandro e a Cabrocha cantam a próxima música, *Serei teu ioiô (Paulo da Portela),* em ritmo de valsa.

MALANDRO – *Serei teu ioiô*
Tu serás minha iaiá
A vida feliz
Bem longe daqui iremos gozar

CABROCHA – Mas tem duas coisas
Que podem impedir
E tu a sorrir, me perguntarás
Meu bem, que será?

MALANDRO – *Ora eu que bem sei*
Te responderei:
A sombra da inveja meu bem
Ou galope de azar

PADRE (MÚSICO) – Lidiane Maria da Anunciação aceita a mão...

MALANDRO – Lidi quem?

CABROCHA – Lidiane Maria da Anunciação...

MALANDRO – Mas tu não disse que era Maria?

CABROCHA – Disse que tinha Maria... que tinha...

PADRE – Lidiane Maria da Anunciação aceita a mão desse Malandro como seu legítimo esposo?

CABROCHA – Aceito!

PADRE – Josivaldo da Silva Júnior aceita a mão dessa Cabrocha como sua legítima esposa?

MALANDRO – Tudo bem... *(Se dando conta)* Aceito! *(Percebe que esqueceu as alianças)*

PADRE – As alianças...

MALANDRO – Esqueci... só um instantinho! *(Vai pegá-las com os músicos. Para a Cabrocha)* Estavam na sacristia...

MALANDRO – Você quase me matou de susto, criatura!

PADRE – Então, vos declaro marido e mulher. *(Beijam-se)*

Músicos executam *Serei teu ioiô*, desta vez em ritmo de samba.

Terceiro Bloco

A lua-de-mel e os primeiros anos do amor. Coreografia da noite de lua-de-mel somente com sons de percussão. A Cabrocha e o Malandro cantam *Samba e amor (Chico Buarque)*.

JUNTOS – ... *Eu faço samba e amor a noite inteira*
E tenho muito sono de manhã...

O Malandro canta *Minha festa (Nelson Cavaquinho/Guilherme de Brito).*

MALANDRO – *Lá, lá laiá*
Graças a Deus minha vida mudou
Quem me viu quem me vê
A tristeza acabou
Contigo aprendi a sorrir
Escondeste o pranto
De quem sofreu tanto
Organizaste uma festa em mim
E é por isso que eu canto assim
Lá, lá laiá

MALANDRO *(Fala)* – Vem cá, Lili. *(Sentam-se)* Me faz um dengo...

A Cabrocha canta *Amor perfeito (Ivor Lancellotti/Paulo Cesar Pinheiro)*.

CABROCHA – *O meu amor vê teu amor assim*
Assim como um jardim
De flores novas
Por teu amor o meu amor sem fim
Plantou dentro de mim
Um pé de trovas
E cada verso é um botão-de-flor
Anunciando amor,
A primavera
Que faz do tempo uma quimera
E a nossa vida mais sincera
E o nosso amor um grande amor
Teu coração jardim dos meus jardins,
Me cobre de jasmins, cravos e rosas
Meu coração, teu carrilhão de sons,
Te enfeita de canções
Versos e prosas
Cada canção é feito um beija-flor
Beijando o meu amor
Em nosso leito
Fazendo um ninho em nosso peito
Um ninho, amor, de amor perfeito
E desse amor, perfeito amor

A Cabrocha canta *Pudim de queijo (Leci Brandão).*

CABROCHA – *O ferro já tá quente*
Pra passar sua camisa
Feijão macho cozido

Só faltando temperar
Vivendo desse jeito
Você só me ameniza
Você é o meu nego
E o meu chamego é para lhe dar
Já preparei a água
Pra fazer seu banho morno
Você chegou cansado
Pro repouso do seu lar
O seu pudim de queijo
Eu também já botei no forno
E agora eu quero um beijo
Que só você sabe dar!

O Malandro canta *Cotidiano (Chico Buarque).*

MALANDRO – *Todo o dia ela faz tudo sempre igual*
Me sacode às seis horas da manhã
Me sorri um sorriso pontual
E me beija com a boca de hortelã
Todo o dia ela diz que é pra eu me cuidar
E essas coisas que diz toda a mulher
Diz que está me esperando pro jantar
E me beija com a boca de café
Todo o dia eu só penso em poder parar

Meio-dia eu só penso em dizer não
Depois penso na vida pra levar
E me calo com a boca de feijão
Sexta à tarde, como era de se esperar
Ela pega e me espera no portão
Diz que está muito louca pra beijar
E me beija com a boca de paixão
Toda a noite ela diz pra eu não me afastar
Meia-noite ela jura eterno amor
E me aperta até eu quase sufocar
E me morde com a boca de pavor

A Cabrocha repete *Pudim de queijo* em anda-
mento acelerado, enquanto o Malandro repete, irritadíssimo, o verso abaixo.

MALANDRO – Todo o dia, todo o dia, todo o dia...

Quarto Bloco

O desgaste do cotidiano e a crise conjugal. Passagem de tempo.
Os músicos cantam o samba *O mundo é assim (Alvaiade).*

MÚSICOS – *O dia se renova todo dia*
Eu envelheço cada dia em cada mês

Soraya Ravenle e Gustavo Gasparani

Gustavo Gasparani e Soraya Ravenle

O mundo passa por mim todos os dias
Enquanto eu passo pelo mundo
uma vez

Som de um galo cacarejando.

CABROCHA – Zé, acorda!

MALANDRO *(Ainda sonhando)* – Não fui eu! Juro, não fui eu...

Som de um galo cacarejando.

CABROCHA – Josivaldo Júnior! Acorda, criatura!

 MALANDRO – O que é isso?!

A Cabrocha e o Malandro cantam *Corococó (Paulo da Portela)*.

CABROCHA – *Cocorocó,*
O galo já cantou
Levanta, nego,
Tá na hora de tu ir pro batedor

MALANDRO – *Ô, nega,*
Me deixa dormir mais um bocado

CABROCHA – *Não pode ser,*
O senhorio está zangado com você
Ainda não pagaste a casa este mês

Levanta, nego,
Que só falta dez pras seis

MALANDRO – *Ô, nega,*
Me deixa dormir,
Eu hoje estou muito cansado
O relógio da parede talvez esteja enganado
Ô, nega,
Me deixa dormir,
Eu hoje estou muito doente

CABROCHA – *Deixa de fita, malandro,*
Você não quer ir pro batente

Número de briga entre a Cabrocha e o Malandro, cantando um potpourri com os sambas *Judia de mim (Wilson Moreira/Zeca Pagodinho), Vai trabalhar vagabundo (Chico Buarque), Me deixa em paz (Ivan Lins/Ronaldo M. de Souza), Me deixa em paz (Monsueto/Ayrton Amorim), Se você jurar (Ismael Silva/Nilton Bastos /Francisco Alves), Vai vadiar (Monarco/ Alcino Corrêa), Devagar, devagarinho (Eraldo Divagar), Camarão que dorme a onda leva (Zeca Pagodinho/Beto Sem Braço/Arlindo Cruz), Verdade (Nelson Rufino/Carlinhos Santana), Mente (Eduardo Gudin/ Paulo Vanzolini), Mora na filosofia (Monsueto/ Arnaldo Passos), Risque (Ary Barroso), Tem dó*

(Baden Powell/Vinícius de Moraes) e *Brincadeira tem hora (Zeca Pagodinho/Beto Sem Braço).*

MALANDRO – *Judia de mim! Judia!*
Que eu não sou merecedor deste amor...

CABROCHA – *Vai trabalhar vagabundo!*
Vai trabalhar criatura!
Deus permite a todo mundo uma loucura.

MALANDRO – *Larga do meu pé*
Que eu já não aguento mais!
Me deixa em paz!

Sai de mim, me deixa em paz!

CABROCHA – *Se você não me queria,*
Não devia me procurar
Não devia me iludir,
Nem deixar eu me apaixonar.

MALANDRO – *Se você jurar*
Que me tem amor,
Eu posso me regenerar.
Mas se é para fingir mulher...
A orgia assim não vou deixar!

CABROCHA – *Vai vadiar! Vai vadiar!*
Vai vadiar! Vai vadiar!

MALANDRO – *Vai devagar...vai devagar...*
Vai devagar...vai devagar,
Devagarinho....

CABROCHA – *Não pense que meu coração é de papel*
Não brinque com o meu interior...

MALANDRO – *Descobri que te amo demais*
Descobri em você minha paz
Descobri em você a vida!
Verdade!

CABROCHA – *Mente*
Ainda é uma saída,
É uma hipótese de vida,
Mente,
Sai dizendo que me ama...

MALANDRO – *Mora na filosofia*
Pra que rimar amor e dor...

CABROCHA – *Risque*
Seu nome do seu caderno,
Pois não suporto o inferno
Do nosso amor fracassado!

MALANDRO – *Ai! Tem dó!*
Quem viveu junto
Não pode nunca viver só.

Ai! Tem dó!
Mesmo porque você não vai ter
coisa melhor!!

CABROCHA – *Só joga dinheiro fora!*

MALANDRO – *Brincadeira tem hora*
Foi pro remédio da tia Aurora

CABROCHA – *Brincadeira tem hora*
Eu quero rir você chora

MALANDRO – *Brincadeira tem hora*
Maltrata quem te adora

CABROCHA – *Brincadeira tem hora*
Eu rezo por Nossa Senhora

MALANDRO – *Brincadeira tem hora*
Decifro-te ou me devora

CABROCHA – *Brincadeira tem hora*
Eu chamo a polícia lá fora

MALANDRO – *Brincadeira tem hora*
Me expulsa mas não vou embora

JUNTOS – *Brincadeira tem hora*
Brincadeira tem hora
Brincadeira tem hora

O Malandro liga a televisão para ver o jogo do Flamengo. Ele canta *Incompatibilidade de gênios (João Bosco/Aldir Blanc)*, enquanto a Cabrocha faz pequenas interferências de texto.

MALANDRO – *Doutor*
Jogava o Flamengo e eu queria escutar
Chegou

CABROCHA – Gente, tá na hora da novela!

MALANDRO – *Mudou de estação, começou a cantar*

A Cabrocha canta o tema da novela das 8.

MALANDRO – *Psiu! Tem mais*
Um cisco no olho,
Ela em vez de assoprar

CABROCHA – Frescura!

MALANDRO – *Sem dó*
Falou que por ela eu podia cegar

CABROCHA – Por mim, tu pode cegar!

MALANDRO – *Se eu dou*
Um pulo, um pulinho um instantinho no bar

CABROCHA – Cachaceiro!

MALANDRO – *Bastou*
Durante dez noites me faz jejuar

CABROCHA – Não dou, não dou, não dou, não dou!

MALANDRO – *Levou*
As minhas cuecas prum bruxo rezar

CABROCHA – Tu é de Xangô, Oxóssi ou Iemanjá?

MALANDRO – *Coou*
Meu café na calça pra me segurar

CABROCHA – Ê! Ê! Obrigada, meu pai!

MALANDRO – *Se eu tô, ai, se eu tô*
Devendo dinheiro e vem um me cobrar

CABROCHA – Aos montes...

MALANDRO – *E vem um me cobrar*
Doutor, ai doutor
A peste abre a porta e ainda manda sentar

CABROCHA – Fica à vontade.

MALANDRO – *E ainda manda sentar*

CABROCHA – Senta! Quer um cafezinho?

MALANDRO – *Depois*
Se eu mudo de emprego que é pra melhorar

CABROCHA – Que é só pra melhorar!

MALANDRO – *Vê só*

CABROCHA – Alô, mamãe? Tá boazinha?

MALANDRO – *Convida a mãe dela pra ir morar lá*

CABROCHA – Traz a vovó, o periquito, o papagaio
Todo mundo...

MALANDRO – *Doutor, ai doutor*
Se eu peço feijão ela deixa salgar

CABROCHA – E se eu deixo salgar?!

MALANDRO – *Calor*

CABROCHA – Ai, calor!

MALANDRO – *Mas veste casaco pra me atazanar*

CABROCHA – Só pra te atazanar

MALANDRO – *E ontem*
Sonhando comigo mandou eu jogar

CABROCHA – Eu mandei tu jogar

MALANDRO – *No burro*

CABROCHA – Foi no burro!

MALANDRO – *E deu na cabeça a centena e o milhar*
Ai, quero me separar!

O próximo diálogo do Malandro é do samba *Responsabilidades (Paulinho da Viola)*.

CABROCHA – O que é que é?

MALANDRO – *Escuta aqui, Lidiane Maria!*
(Fala) Se um dia eu cismar
Que para mim você não serve mais
Mando você pra casa dos seus pais
E arranjo outra para meu amor
Fui! (Ele sai pela plateia)

CABROCHA *(Gritando para ele, ainda no palco)* – Já vai tarde, coisa ruim!

O próximo diálogo da Cabrocha é do samba *Coração aos saltos (Paulinho da Viola).*

CABROCHA *(Fala)* – Eu já mudei bastante
Não dou mole pra mais ninguém
E desse jeito vivo muito bem!
Vai se lapidar, infeliz!!

O Malandro segue pela plateia desgostoso da vida, conversando diretamente com o público. Os diálogos são do samba *Memórias conjugais (Paulinho da Viola).*

MALANDRO *(Fala)* – *Lapidar*
Foi a sua frase
Proferida de um jeito natural
Registrei esta preciosidade
Sem alarde
No meu livro de memórias conjugais
Este tipo de relacionamento conturbado
Dá até inspiração... *(Começa a compor)*

O Malandro canta o samba *Ratatuia (Roberto Lopes/Canário/Alamir).*

MALANDRO – *Parei na dela*
Montei casa na favela
Desfilava com a donzela
Que beleza de mulher!
Lhe dei guarida
Não queria outra vida
Era minha protegida
Era só meu esse filé
Passou um ano
Ela foi se transformando
Mau dinheiro estourando
Olha onde eu fui parar
Com nome sujo não consigo cre-diário
Sou um pobre operário
Ficou ruim de segurar
Vacilou! Me tirou de mané
Não pensou
Vai voltar pra ralé
Já tá provado
Quem nunca comeu melado
Se lambuza até o pé
Era a mãe dela, irmã dela
Tia dela, amiga dela, uma cadela!
E só eu pra sustentar
Deu uma festa de pagode
Era seresta
Eu olhava pela fresta
Dava medo de entrar

Todos jogados
Cerveja pra todo lado
Um cheiro de arroz queimado
E ela querendo zoar
Mandei embora com a sua ratatuia
De chinelo, mala e cuia
Vai sujar outro lugar
Vacilou...

O Malandro vai até a beira do proscênio. Percebe a presença de uma antiga "amiga" na plateia.

MALANDRO – Peraí, gente! Será verdade? Será quimera? Será ilusão? Ô, minha linda, te reencontrar justo nessa hora?! Eu aqui à beira do precipício, nesse vai não vai, nesse não sei se vou, não sei se fico! Tu vieste me salvar! Que saudade de ti, baiana! Saudades de nossas noites de amor. Maestro, dá um Ré qualquer! *(O Malandro canta para sua paquera)* Esta é pra ti, meu *querubim soteropolitano*.

O Malandro canta *Baiana da Lapa (Nilo Vianna)*.

MALANDRO – *Encontrei uma baiana na Lapa*
Assando bolinhos na chapa
Com os olhos brejeiros brilhando
Ao ardor da fumaça
Com um olhar dos que cercam e laçam

E prendem todo mundo que passa
Se é feitiço não sei, no seu laço fiquei
Seu amor implorei
Olhei a baiana parei
Fitando seus olhos exclamei:
Baiana me olha
Por seu olhar me encantei
Baiana vou lhe tirar da Lapa
Ficar livre da busca do rapa
Quebre seu tabuleiro de vender
Baiana de hoje em diante
Vestidos, ternura e brilhantes
Sou eu que vai oferecer a você

O Malandro continua sua cena de plateia.

MALANDRO – Que saudade de ti, baiana! Saudades de teu corpo, de tua voz! Saudades sobretudo de sua pamonha! Quentinha... quentinha... Tu te lembras de nossas tardes no motel Shalimar, à beira de Itapuã, comendo camarão no espeto? Puro romance!

A Cabrocha entra e flagra o malandro com a "amante".

CABROCHA – Sujeitinho ordinário! Cafajeste!

O próximo diálogo é do samba *Perdoa (Paulinho da Viola)*.

MALANDRO *(Fala)* – Meu bem, perdoa
Perdoa meu coração pecador
Você sabe que jamais
eu viverei sem o seu amor

O próximo diálogo da Cabrocha é do samba *Jurar com Lágrimas (Paulinho da Viola)*, e, o do Malandro, de *Conversa de malandro (Paulinho da Viola)*.

CABROCHA *(Fala)* – Jurar com lágrimas que me ama
Não adianta nada
Eu não vou acreditar
É melhor se separar

MALANDRO *(Fala)* – Não é conversa de malandro
Eu sempre fui malandro, mas agora não
Já mandei construir para nós um caixote
Já encontrei batente

CABROCHA – *Não pode haver felicidade*
Se não há sinceridade
Dentro do nosso lar

MALANDRO – *E lá no morro, quando o sol chegar*
E eu descer sorrindo para trabalhar
E alguém perguntar, espantado:
– O que foi que aconteceu?
Eu vou dizer
Que abandonei de fato a vida de orgia
E que vivendo assim sou mais feliz...

CABROCHA *(Apontando para a mulher da plateia) – Se aquele amor não morreu*
Não precisa me enganar
Que seu coração é meu...

MALANDRO *(Atendendo o telefone)* – Alô, mamãe?... Não me diga! Tá febril? Tô indo aí! Calma, mãezinha! *(Para o público)* Na verdade, o malandro sou eu!! (Sai discretamente)

CABROCHA – Mas aonde você vai? Vai me deixar aqui sozinha?

O próximo diálogo da Cabrocha é do samba *Coração aos saltos (Paulinho da Viola).*

CABROCHA *(Fala)* – Sapato alto, coração aos saltos
Eu vivo atrás desse cidadão
Eu me cobro de bijuterias

Faço tudo para aparecer
Mas o malandro não se resolve
Me deixando quase louca
Querendo morrer

A Cabrocha canta *Menino sem juízo (Paulinho Rezende/Chico Roque).*

CABROCHA – *Sabe,*
Meu menino sem juízo
Eu já aprendi a te aceitar assim
Já me acostumei a perdoar você
E já nem sei por quê
Seu mal faz bem pra mim
Chega,
Mal me beija e vai embora
Sabe Deus a hora que você vai voltar
Juro que na volta
Já não me encontra mais
Mas logo volto atrás
Meu mundo é seu
E vá se procurar
Vá se desamar que as esquinas da vida
Te fazem voltar
E quanto a minha dor
Não se importe, amor
Já se fez minha amiga
Me dói devagar...

Número de plateia da Cabrocha.

CABROCHA – Eu tô me sentindo um pouco sozinha porque ele me largou aqui, né... No meio da rua, local perigoso, gente! *(Pausa. Para um espectador na plateia)* O senhor teria coragem de fazer isso com a sua companheira? *(Falso choro)* Tô naquela solidão. *(Oferecida)* Você se importaria de dançar comigo? Qual o seu nome? *(Vai até a plateia e dança com o espectador – a partir desse momento esse espectador será citado diversas vezes pelas personagens)*

O Malandro volta e canta *Sem compromisso (Geraldo Pereira/Nelson Trigueiro).*

MALANDRO – *Você só dança com ele*
E diz que é sem compromisso
É bom acabar com isso
Não sou nenhum Pai João
Quem trouxe você fui eu
Não faça papel de louca
Pra não haver bate-boca
Dentro do salão

A Cabrocha e o Malandro cantam *Me respeite, ouviu? (Walfrido Silva)*.

CABROCHA – *Me respeite, ouviu?*
Por favor

O ambiente está carregado, ó filho
Vai ser um horror
Eu não quero perder a linha
Encrenca começa na sala
Mas pode acabar na cozinha
Olha a vizinha

MALANDRO – *Eu já vim da rua um bocado aborrecido*
Por ouvir intrigas de um sujeito intrometido
Em vez de me acalmar, para eu poder dormir
Você procura um pé pra brigar, pra discutir
Cala a boca, Lili

MALANDRO – *Me respeite, ouviu?...*

CABROCHA – *E tem que haver por força mais respeito no ambiente*
Eu não quero ver um jornal falar da gente

MALANDRO – *Ciúme faz brigar, alterando o coração*

CABROCHA – *Meu bem, você demora e sem me dar satisfação*
E eu estou com a razão (Fim do número musical. Ela sai).

MALANDRO – Vai embora mesmo! Maria Callas de Belford Roxo! *(Para o homem da plateia)* Qual é, "fulano"? Tá satisfeito? Chegou aqui, mexeu com a minha nega, "tocou terror" na minha laje... Cuidado comigo, "fulano", que eu sou perigoso! *(Som de chuva) Oh, my God*! Dá um tempo aí, "fulano", *because I'm singing in the laje.*

O Malandro canta a primeira parte do samba *Na subida do morro (Moreira da Silva)*.

MALANDRO – *Na subida do morro, me contaram*
Que você bateu na minha nega
Isto não é direito
Bater numa mulher que não é sua
Deixou a nega quase crua
No meio da rua
A nega quase que virou presunto
Eu não gostei daquele assunto
Hoje venho resolvido
Vou lhe mandar para a cidade de pé junto
Vou lhe tornar em um defunto
Você mesmo sabe que eu já fui um malandro malvado
Somente estou regenerado
Cheio de malícia
Dei trabalho à polícia pra cachorro
Dei até no dono do morro

Mas nunca abusei
De uma mulher que fosse de um amigo
Agora me zanguei consigo
Hoje venho animado
A lhe deixar todo cortado
Vou dar-lhe um castigo
Meto-lhe o aço no abdôme e tiro seu umbigo

O Malandro volta-se para a plateia. O texto seguinte foi adaptado de um número original de Moreira da Silva.

MALANDRO – Ô, "fulano"! Tu me desrespeitou, mexeu com a minha nega. Tu sabe que, em casa de vagabundo, malandro não pede emprego. Está armado, "fulano"? Pois eu quero é ver gordura, que esta banha está cara. Aí saquei da peixeira e o "fulano", *bum*, caiu todo ensanguentado. As senhoras e senhoritas, como sempre, nervosas: "Meu Deus esse homem morre, moço. Coitado, olha aí está se esvaindo em sangue", gritou uma mulata fanha do outro lado da rua. Então, mandei aquela baba de quiabo. Ora minhas senhoras, dêem-lhe óleo canforado, estreptomicina, hidrozina, vacina Seibin, ou melhor, passa hipoglós e não se fala mais no assunto... Então diz o malandro:

O Malandro canta a segunda parte de *Na subida do morro (Moreira da Silva).*

MALANDRO – *Vocês não se afobem que o homem dessa vez não vai morrer*
Se ele voltar dou pra valer (Breque do sapateado)
Vocês botem terra nesse sangue
Não é guerra
É brincadeira
Vou desguiando na carreira
A justa já vem
E vocês digam que eu estou me aprontando
Enquanto eu vou me desguiando
Vocês vão ao distrito
Ao delerusca, se desculpando
Fui um malandro apaixonado
Que acabou se suicidando

Som de sirene.

MALANDRO – Cuidado comigo, "fulano". Já disputei banana verde com macaco à tapa... e venci!

Durante a introdução da próxima canção, o coro dos músicos avisa ao Malandro para se esconder, pois a Cabrocha está pelas tabelas e disposta a vingar-se. O Malandro se disfarça de backing vocal, enquanto os músicos cantam o samba *Dona encrenca (Barbeirinho do Jacarezinho/ Marcos Diniz).*

CORO – *Atividade, mané*
Que a sua Dona Encrenca
Está uma arara
Já foi lá no boteco
Já encheu a cara
Usou de tudo em sua intenção
Preste atenção
Ela está na sua captura
Criatura, pelas madrugadas
De berreta na cintura
E uma faca de mais de trinta polegadas

CABROCHA *(Volta completamente bêbada, com um cachorro preso pela coleira)* – Desgraçado! Tu não presta! Vocês viram aquele malandro? Se eu encontrar aquele safado, eu mato ele! Mato... mas mato bem devagar!

A Cabrocha canta a próxima estrofe de *Dona encrenca (Barbeirinho do Jacarezinho/Marcos Diniz).*

CABROCHA – *Atividade mané*
Que a sua Dona Encrenca
Está uma arara
Já fui lá no boteco

Já enchi a cara
Usei de tudo em sua intenção
Preste atenção
Eu estou na sua captura
Criatura, pelas madrugadas
De berreta na cintura
E uma faca de mais de trinta polegadas
Pra aumentar a confusão
O corujão diz que te viu na Lapa
Pagando cerveja, bebendo cachaça
Com oito mulatas em um cabaré

CORO – *Cuidado, Zé*
Que a Dona Encrenca
Já botou um caldeirão de água pra ferver

CABROCHA – *Se "tu subir" o morro*
Eu atiço o seu próprio cachorro em você!

A Cabrocha reconhece o Malandro e solta o cachorro em cima dele. O Malandro foge.

CABROCHA – Covarde! Volta aqui se tu é "homi"! Pega ele, Rex, pega ele! Ô, meu pai! Que situação!

A Cabrocha canta *Teleco-teco (Marino Pinto/ Murilo Caldas).*

CABROCHA – *Teleco teco teco teco teco teco*
Ele chegou de madrugada batendo o tamborim
Teleco teco teco teleco teco
Cantando Praça Onze,
Dizendo: Foi pra mim
Teleco teco teco teco teco teco
Eu estava cansada e muito chorei
Passei a noite inteira acordada
E a minha bronquite assim comecei
Teleco teco teco teco teco teco...
Você não se dá ao respeito
Assim desse jeito isso acaba mal
Você é um homem casado
Não tem o direito de fazer carnaval
Ele abaixou a cabeça, deu uma desculpa
E eu protestei
Ele arranjou um jeitinho
Me fez um carinho
E eu perdoei
Teleco teco teco teco teco teco
Eu estava cansada e muito chorei
Passei a noite inteira acordada
E a minha bronquite assim comecei

O próximo diálogo da Cabrocha é do samba *Coração aos saltos (Paulinho da Viola).*

CABROCHA *(Fala)* – *Ele me diz que sente a minha falta*
E não consegue mais viver sem mim
Mas, na verdade, o que ele quer de volta
É aquele tempo em que mandava em mim
Pra mim chega o nosso amor chegou ao fim

Quinto Bloco

A separação e a dor da saudade.
O Malandro canta *Leito Vazio (Gustavo Gasparani).*

MALANDRO – *Um leito vazio*
No peito um vento frio
Teu vulto uma miragem
E eu sem coragem
Não posso te perdoar
Faltam braços sobram espaços
E eu sem coragem
Não posso te perdoar
Durmo sozinho

Me cubro sozinho
Sonho sozinho
Acordo na esperança de encontrar
Lá lá lá lá
Acordo na esperança de te encontrar

O próximo diálogo do Malandro é do samba *Aquela felicidade (Paulinho da Viola).*

MALANDRO *(Fala)* – *Aquele amor parecia*
Um sonho de primavera
O sol da minha alegria
Chegou como a brisa e de leve
Roçou a camisa que nunca tirei
Jurou nunca mais me deixar
Me falando de sonhos que nunca sonhei
Depois de mexer no meu peito
Do jeito que quis, como ninguém mexeu
Deixou de soprar, de repente
Desapareceu...
Acordo na esperança de te encontrar
Queria tanto que você não me deixasse

O próximo momento é uma citação ao show *Brasileiro Profissão Esperança*, estrelado por Clara Nunes e Paulo Gracindo. A Cabrocha canta um potpourri com os sambas *Amei tanto (Vinicius de Moraes/Baden Powell), Obsessão (Mirabeau/Milton de Oliveira), Sem companhia (Ivor Lancellotti/Paulo Cesar Pinheiro)* e *Amei tanto (Vinicius de Moraes/Baden Powell)*, e os diálogos do Malandro são do samba *Nos horizontes do mundo (Paulinho da Viola)*.

CABROCHA – *Amei tanto*
Que agora nem sei mais chorar
Amei tanto

Que agora nem sei mais chorar
Vivi procurando
Vivi te encontrando
Vivi te perdendo amor
Ah, coração infeliz até quando
Para ser feliz tu vais morrer de dor

MALANDRO *(Fala)* – Nos movimentos do mundo
Cada um tem seu momento
Todos têm um pensamento
De vencer a solidão
E quem pensar um minuto
Saberá tudo dos ventos
E se tiver sentimento
Estenderá sua mão

CABROCHA – *Você roubou meu sossego*
Você roubou minha paz
Com você eu vivo a sofrer
Sem você vou sofrer muito mais
Já não é amor
Já não é paixão
O que eu sinto por você
É obsessão

MALANDRO *(Fala)* – Nos movimentos do mundo
Quem não teve um sofrimento
E não guardou na lembrança
Os restos de uma paixão
Coração recolha tudo
Essas coisas são do mundo
Só não guarde mais o medo
De viver a vida, não

CABROCHA – *E assim de quando em quando*
Eu fui amando mais
Passei por ventos brandos
Passei por temporais
Agora estou num cais
Onde há uma eterna calmaria
E eu já não aguento mais
Viver em paz sem companhia
Tudo que esperei de um grande amor
Era só juramento que o primeiro vento carregou...

MALANDRO *(Fala)* – Nos movimentos do mundo
Requerer perdas e danos
É abrigar desenganos
Sem amor e sem perdão
Nos horizontes do mundo
Não haverá movimento
Se o botão do sentimento
Não abrir no coração

CABROCHA – *Amei tanto*
Que agora nem sei mais chorar
Amei tanto
Que agora nem sei mais chorar
Nunca fui covarde
Mas agora é tarde
É tarde demais enfim
A solidão é o fim de quem ama
A chama se esvai
E a noite cai em mim

Sexto Bloco

A reconciliação.

MALANDRO – Rapaziada! Compus um samba novo! Tô precisando da ajuda de vocês pra fazer uma serenata. Na hora do refrão, todo mundo comigo. Desta vez eu vou reconquistar a minha cabrocha! Abre a janela, Lili! Eu te amo!

O Malandro canta *Samba de inverno (Gustavo Gasparani).*

MALANDRO – *O inverno vem chegando tão sereno*
E esse frio me dá medo
Pois não sei como esquentar
Um pobre coração abandonado
Tantas vezes castigado
Que esqueceu o que é amar
Volta
Peço olhando o seu retrato
Volta
Já não sei o que é viver
A vida me mostrou que estava errado
Fui tolo, fui covarde
Tive medo de sofrer
A vida me mostrou que estava errado
Perdoa meu pecado
Venha logo me aquecer
Lembro seus beijos, lembro seu olhar
Resta a saudade das noites de luar
Volta, por favor,
Quero ficar nos braços teus
Volta meu amor
Pois já não vivo sem você

A Cabrocha e o Malandro cantam o samba *Tendência (D. Ivone Lara/Jorge Aragão)*. Os diálogos da Cabrocha são de *Samba do amor (Paulinho da Viola).*

CABROCHA – *Não, pra que lamentar*
O que aconteceu
Era de esperar
Se eu lhe dei a mão
Foi por me enganar
Foi sem entender
Que amor não pode haver
Sem compreensão
A desunião tem de aparecer
E aí está o que aconteceu
Você destruiu o que era seu
Você entrou na minha vida
Usou, abusou, fez o que quis
Agora se desespera dizendo que é infeliz
Não é surpresa pra mim
Você começou pelo fim
Não me comove o pranto de quem é ruim
E assim ...

MALANDRO – *Quem sabe essa mágoa passando*
Você venha se redimir
Dos erros que tanto insistiu por prazer
Pra vingar-se de mim

CABROCHA – *Diz que é carente de amor*
Então você tem que mudar
Se precisar
Pode me procurar

CABROCHA *(Fala)* – Quanto me andei
Talvez pra encontrar
Pedaços de mim pelo mundo
Que dura ilusão
Só me desencontrei
Sem me achar
Aí, eu voltei
Voltar quase sempre é partir
Para um outro lugar
(Canta) Se precisar
Pode me procurar

Fim do número musical. Os próximos diálogos são do samba *Sinal fechado (Paulinho da Viola).*

MALANDRO – *Teu telefone ainda é 2266... ?*

CABROCHA – *6969... Quando é que você telefona?*

MALANDRO – *Pra semana nos vemos, quem sabe...*

CABROCHA – *Quanto tempo!*

MALANDRO – *Pois é... quanto tempo...*

O coro dos músicos canta o samba *O mundo é assim (Alvaiade).*

CORO – *O dia se renova todo dia*
Eu envelheço cada dia em cada mês
O mundo passa por mim todos os dias
Enquanto eu passo pelo mundo uma vez

A Cabrocha e o Malandro cantam o samba *Ex-amor (Martinho da Vila).*

JUNTOS – *Ex-amor, gostaria que tu soubesses*
O quanto que eu sofri
Ao ter que me afastar de ti
Não chorei
Como um louco eu até sorri
Mas no fundo só eu sei
Das angústias que senti

MALANDRO – Sempre sonhamos
Com o mais eterno amor
Infelizmente, eu lamento mas não deu
Nos desgastamos transformando tudo em dor
Mas mesmo assim eu acredito que valeu

CABROCHA – *Quando a saudade bate forte é envolvente*
Eu me possuo e é na sua intenção
Com a minha cuca naqueles momentos quentes
Em que se acelerava o meu coração.

JUNTOS – *Ex-amor, gostaria que tu soubesses*
O quanto que eu sofri
Ao ter que me afastar de ti
Não chorei
Como um louco eu até sorri
Mas no fundo só eu sei
Das angústias que senti

Os próximos diálogos são do samba *Amor é de lei (Paulinho da Viola).*

CABROCHA *(Fala)* – Dívida de amor se paga em beijo
Não há perdedor, nada se perde

MALANDRO *(Fala)* – Dúvida de amor é como um vício
Depende da dor, nos escraviza
Inferniza o ser, vira um

suplício

CABROCHA *(Fala)* – Dádiva de amor nunca se avisa
Simplesmente dá de mão beijada
Chega de repente, vem do nada

JUNTOS *(Falam)* – E tudo se transforma em alegria

A Cabrocha e o Malandro cantam *Força do amor (Rodolpho/David da Vila).*

CABROCHA – *Viverei eternamente a te buscar amor*
Mas eu sei
Que muitas pedras eu encontrarei
Não faz mal
Já tenho em meu coração
Uma cicatriz feita pela dona ilusão
MALANDRO – A força desse amor não se desfaz
Criou-se dentro em mim se fez raiz
A marca que ficou em meu peito
É que me traz
A ânsia de um dia ser feliz
Eu sou tal qual um rio procurando o mar

CABROCHA – *Eu sou como uma brisa embalando a flor*

JUNTOS – *Eu sou tudo isso*
E nada sou
Sem o teu amor
Viverei, viverei...

Cai o pano

Agradecimentos

Durante a vinheta de agradecimento os atores apresentam os músicos.
A Cabrocha e o Malandro cantam *Casal sem vergonha (Arlindo Cruz/Acyr Marques).*

JUNTOS – *Sem vergonha*
Somos um casal sem vergonha
Sem vergonha
Somos um casal sem vergonha

FIM

É Samba na Veia, É Candeia

Musical sobre a vida e a obra de Antônio Candeia Filho

Nota: Partes deste texto foram livremente inspiradas em entrevistas concedidas por Candeia e em trechos das seguintes obras: *Candeia, luz da inspiração*, de João Baptista Vargens; *Escola de Samba – Árvore que esqueceu a raiz*, de Antônio Candeia Filho e Isnard Araújo; *Uma face e outras faces no samba de Candeia*, de José Cláudio Basílio Quesado; e *Partido alto*, curta-metragem de Leon Hirszman.

Eduardo Rieche

Patrícia Costa e Jorge Maya

Histórico

Texto vencedor do II Concurso de Dramaturgia Nacional Seleção Brasil em Cena, promovido pelo Centro Cultural Banco do Brasil em 2007. Eleito Melhor Espetáculo de 2008 pelo *Jornal do Brasil*. Prêmio Shell de Melhor Direção Musical. Indicado ao Prêmio Shell de Melhor Texto.

Teatro III do Centro Cultural Banco do Brasil (out./dez. 2008); Teatro Oi Casa Grande (fev./mar. 2009); Teatro SESC-Tijuca (maio/jun. 2009) e Teatro Rival Petrobras (set. 2009). Participações no Festival de Inverno SESC-RJ (jul. 2009) e no Circuito Cultural SESI-RJ (dez. 2009).

A cineasta Márcia Watzl acompanhou o processo de ensaios ea montagem de *É samba na veia, é Candeia* e produziu o longa-metragem documentário *É Candeia*. O filme foi lançado na mostra competitiva Premiére Brasil, no Festival Internacional do Rio de Janeiro, em 2010.

Jorge Maya

Apresentação

Estou chegando. Venho com fé. Trago um canto negro. Com estas frases, Candeia abria o contundente manifesto de fundação do GRANES Quilombo, agremiação que já nasceu vitoriosa, em sua veemente resposta aos "falsos valores" que insistiam em se infiltrar nas escolas de samba.

Também eu estou chegando. Também venho com fé. Trago, também, um canto negro em minha estreia como dramaturgo. Depois de quase duas décadas de trabalho profissional como ator, passo, finalmente, para o outro lado – e, devo admitir, com as inseguranças próprias de um estreante. *É Samba na Veia, é Candeia*, no entanto, foi escrito há quase seis anos. Desde então, na busca incansável por recursos e depois de incontáveis inscrições em editais de patrocínio, tive motivos de sobra para desistir. E tempo suficiente para reelaborar o texto, repensar, fazer opções.

É preciso assinalar que neste período em que *É Samba na Veia, é Candeia* aguardava a luz dos refletores, assistimos, com satisfação, a um saudável ressurgimento do samba, com um vertiginoso aumento de interesse das novas gerações pelo gênero. Rodas de samba se formaram e continuam se multiplicando pela cidade do Rio de Janeiro, com uma valorização crescente do samba de raiz, do partido alto e de outros subgêneros. Em qualquer uma dessas rodas, as composições de Candeia são presença obrigatória no repertório, sendo invariavelmente acompanhadas com entusiasmo pelos presentes. Trata-se, aliás, de um público que ficaria muito contente se a obra de Candeia, esgotada nos catálogos das gravadoras, pudesse ser, finalmente, reeditada.

Por outro lado, é verdade também que este foi o tempo necessário para que o musical se firmasse como gênero no cenário teatral brasileiro, o que me faz suspeitar que pesa sobre mim, então, uma responsabilidade ainda maior. O apuro técnico, a qualidade dos atores-intérpretes e as exigências do público amadureceram, embora seja preciso reconhecer que houve, também, certa saturação na oferta deste tipo de espetáculo. Alguns, até, já chegaram a afirmar que a fórmula dos musicais biográficos encontra-se "desgastada". Mas não seria esta a fonte de minhas possíveis preocupações. Afinal, essa sempre me pareceu uma questão falsa, pois, se houvesse fórmulas de sucesso no teatro, (quase) todos nós gostaríamos de segui-las. Ora, se não há fórmulas, elas não podem estar desgastadas!

Penso que a responsabilidade real que pesa é o desafio de contar a vida e a obra de uma figura pública, múltipla e polêmica, e, ao mesmo tempo, unanimidade não só entre os sambistas, mas entre todos os amantes do samba, em um espetáculo de aproximadamente noventa minutos de duração, mantendo, porém, o aspecto autoral e um olhar generoso sobre o homenageado, sem mascarar os aspectos mais controversos de sua personalidade.

Pessoalmente, posso dizer – tomando emprestada a feliz expressão empregada um dia pela jornalista Lena Frias –, que Candeia faz parte de meu "tecido afetivo" desde sempre. Desde sempre, talvez não: desde o dia em que, ao ouvir o disco *Brasil Mestiço*, de Clara Nunes, duas canções me chamaram a atenção. Quase que despercebidas, ofuscadas pelo retumbante sucesso de *Morena de Angola*, *Dia a dia* e *Regresso* estavam lá. *Nessa vida indefinida/ Não consigo me encontrar*, nos versos de uma, e *Eu sei dar valor ao regresso/Juro, jamais te peço/ Pra ficares, amor*, na de outra, tocaram-me a corda da sensibilidade, que eu, ainda adolescente, via se formar. Há artistas que fazem parte de nosso despertar. Candeia faz parte do meu. E é por isso que gosto tanto desta imagem evocada por Lena: um tecido afetivo que nos forma, e que não está apenas em nossos laços familiares biológicos, mas em nossos afetos, nesse enredar-se, nessa sensação de pertencimento à uma família mais ampla, propiciada pela identificação com a obra de um grande artista. Hoje, sei que a família afetiva de Candeia é enorme; somos muitos os "herdeiros" gravitando à sua volta. Quis prestar, aqui, minha homenagem ao pungente legado musical deste compositor que não trouxe apenas um canto negro. Trouxe um universo. Trouxe a geografia dos subúrbios e seus ideais nobres e libertários. Trouxe uma cartografia emocional e emotiva, a irresistível beleza de suas melodias e a incomensurável força de suas letras. Trouxe sua voz visionária, sua altivez e sua inspiração a iluminar nosso samba, nossa verdade e nossa alegria.

Eduardo Rieche
Rio de Janeiro, outubro de 2008

Na fila de trás: Érika Ferreira, Nívea Magno, Milton Filho, Patrícia Costa, Jurema da Matta, Renata Leobons, Marcos Marjan, Daniel Fontes e Sergio Ricardo Loureiro. Na fila da frente: Gabriel Teixeira, Anderson Vilmar, Thiago Thomé, Alan Rocha, Pedro Messina e Alexandre Bittencourt

Ficha Técnica

Texto: Eduardo Rieche
Direção: André Paes Leme
Direção musical e arranjos: Fábio Nin
Cenário: Carlos Alberto Nunes
Figurinos: Luciana Maia
Iluminação: Renato Machado
Coreografias: Édio Nunes
Design gráfico: Alexandre de Castro
Preparação vocal: Pedro Lima/Cristina Behring
Assessoria de imprensa: Bruno Pacheco/Ivone Kassú
Direção de cena: Valter Rocha/Dulce Penna
Equipe de produção: Paula Almeida, Pedro Yudi, Alex Nunes, Erick Ferraz, Gabriele Dracxler e Roberto Jerônimo/Alex Leandro e Pedro Henrique
Direção de produção: Sérgio Saboya/Alessandra Reis e Cristina Leite

Elenco

Jorge Maya – Candeia
Patrícia Costa/Letícia Soares – Leonilda
Érika Ferreira/Bibi Feliciano – Firmina
Édio Nunes/Daniel Fontes – Casquinha/Argemiro/Manoel
Thiago Thomé/Sérgio Maia – Picolino/Claudionor/Jorge Coutinho

Sergio Ricardo Loureiro – David do Pandeiro/Candeia (pai)/Apagado/Mazinho
Marcos Marjan – Neco/João Chapeleiro/Locutor de rádio/Bretas/Médico
Alan Rocha – Waldir 59/Zé com Fome
Nívea Magno/Flora Borges – Pequena/Clara Nunes
Gabriel Teixeira – Motorista/Locutor do desfile
Jurema da Matta – D. Maria/D. Benvinda
Milton Filho – Armando/Mauro/Diretor de TV/Edgar
Renata Leobons – Elza Soares/Irany

Músicos

Alan Rocha (cavaquinho), Alexandre Bittencourt/Daniel Máximo (sopros), Anderson Vilmar/Marcelo Mattos (percussão), Gabriel Teixeira (cavaquinho), Henrique Martins/Pedro Messina (violão de 7 cordas) e Thiago Thomé (cavaquinho)

Críticas

O musical, com texto de Eduardo Rieche, (...) traz mais um sopro estimulante para o gênero com sotaque carioca. (...) André Paes Leme (...) transforma o palco numa roda de samba, em que atores e espectadores se confundem, cantando ou marcando com palmas o compasso do jeitoso espetáculo. A montagem vibra com a mesma fé com que Candeia faz da imaginação a sua bandeira. *Texto e direção transmitem à plateia a* síntese de um mundo mágico, *que o compositor um dia transformou em manifesto. A encenação simples, sem adereços desnecessários, reflete, saborosa e realisticamente, vida que se confunde com cultura.*

Macksen Luiz
Jornal do Brasil

Em É Samba na Veia, é Candeia, *o mundo do bamba portelense Antônio Candeia Filho (1935-1978) comparece ao CCBB de maneira simpática e afinada. (...) Ambientado no quintal da casa do compositor, o espetáculo oferece ao espectador uma roda de samba com direito a pinga e caldinho de feijão. (...) Longe da estrutura narrativa e do luxo dos musicais tradicionais, Paes Leme ateve-se ao essencial: o texto bem amarrado de Eduardo Rieche e a obra de Candeia, ambos levados por elenco competente, bastante familiarizado com o tema. (...) Trata-se de um musical com alma carioca, muito eficiente na exaltação.*

Debora Ghivelder
Veja Rio

No Teatro III do Centro Cultural Banco do Brasil está em cartaz um belo exemplo do que era a música brasileira, em particular o samba, antes das alterações sofridas por influência estrangeira. É Samba na Veia, é Candeia *não é um musical: é uma roda de samba, é um exemplo vivo e cativante do que era a forma dominante [de nossa música] na primeira metade do século passado. (...) [A] simplicidade no espaço cênico (...) é exatamente o necessário para sugerir a informalidade com que a música nascia em reuniões geralmente convocadas apenas pelo fim do dia. (...) Os músicos criam a sonoridade exata daquele mundo do samba, enquanto o elenco que conta a história (...) honra o samba pelo qual Candeia tanto lutou.* É Samba na Veia, é Candeia *é um musical totalmente diverso dos musicais de hoje em dia; e essa visita ao samba em estado puro é muito gostosa e muito bem-vinda.*

Barbara Heliodora
O Globo

A plateia se sente envolvida e consegue ter uma visão deste continente ainda desconhecido e que se abre para nós: a África. É Samba na Veia, é Candeia *traz a afirmação desta cultura, filtrada pela aclimatação brasileira. (...) O público entra no clima do espetáculo, sendo tomado primeiramente pelo estômago. (...)* É Samba na Veia, é Candeia *apresenta a interação humana, no teatro e na avenida. É algo que não podemos esquecer. (...) A dignidade é a tônica do espetáculo.*

Ida Vicenzia
Jornal do Commercio

Boas notícias. Candeia está esperando vocês lá... Aliás, só boas notícias. Que momento! (...) Já no primeiro diálogo da esposa com a vizinha deu para ver que ali não tinha nenhum bobo. (...) Em diálogos e falas curtíssimas, entremeadas por seus inúmeros sambas, partidos e por diversas receitas culinárias, a vida vai passando pela bossa nova, pela ditadura militar, pela formação do Mensageiros do Samba, pelas glórias da Portela, pela imensa relação com seus amigos e pelo crescimento de seu prestígio pessoal. (...) Neste momento da narrativa, o elenco já está com o texto e as cenas nas mãos. (...) Como? ... eu não sei. O jeito que deram, também não. Só sei que deram.

Luis Carlos Magalhães
http://odia.terra.com.br/portal/odianafolia

O gracioso musical É Samba na Veia, é Candeia *é a solitária homenagem ao compositor no 30° aniversário de sua morte. Bem distante do modelo de musical exportado pela Broadway, o espetáculo tem sua força justamente na brasilidade da encenação descontraída do diretor André*

Paes Leme. (...) Dramaturgo estreante, Eduardo Rieche oferece consistente perfil de Candeia ao amarrar no texto os momentos mais significativos da trajetória do compositor. (...) Musical envolvente e necessário em que pulsa forte a arte popular e imortal de Candeia, o negro de sangue quente e de ideias nobres.

Mauro Ferreira
http://blogdomauroferreira.blogspot.com

Na fila de trás: Anderson Vilmar, Thiago Thomé, Nívea Magno e Gabriel Teixeira. Na fila da frente: Marcos Marjan, Milton Filho, Renata Leobons e Alan Rocha

Patrícia Costa, Gabriel Teixeira, Thiago Thomé e Alan Rocha

Personagens *(por ordem de entrada):*

Firmina
Leonilda
Candeia
Casquinha
Picolino
David do Pandeiro
Neco
Waldir 59
Pequena
D. Maria
Candeia (Filho)
Candeia (Pai)
Claudionor
Zé Com Fome
Argemiro
João Chapeleiro
Apagado
Armando
Manoel
Mazinho
Mauro
D. Benvinda
Elza Soares
Diretor Artístico
Bretas
Jorge Coutinho
Irany
Edgar

Clara Nunes
Médico
Homens 1, 2, 3, 4, 5, 6, 7
Mulheres 1, 2, 3, 4, 5, 6, 7

Off

Motorista

Na fila de trás: Thiago Thomé, Alan Rocha e Pedro Messina. Na frente: Jorge Maya, Marcos Marjan, Milton Filho, Sergio Ricardo Loureiro, Daniel Fontes, Érika Ferreira, Renata Leobons, Patrícia Costa, Jurema da Matta e Nívea Magno

Roteiro Musical

1. *O sonho não acabou* (Luiz Carlos da Vila)
2. *O pagode* (Candeia)
3. *Me alucina* (Candeia/Wilson Moreira)
4. *Samba da antiga* (Candeia)
5. Potpourri 1 – *Peixeiro Granfino* (Candeia/Mano Bretas), *Não tem veneno* (Candeia/Wilson Moreira)
6. *Paixão segundo eu* (Candeia)
7. Potpourri 2 – *Vai saudade* (David do Pandeiro/Candeia), *Falsas juras* (Casquinha/Candeia), *Coisas banais* (Candeia/Paulinho da Viola)
8. *Último bloco* (Candeia)
9. *Pintura sem arte* (Candeia)

10. *Dia a dia* (Candeia/Jaime)
11. *Meu dinheiro não dá* (Candeia/Catoni)
12. *Filosofia do samba* (Candeia)
13. *Não vem [Assim não dá]* (Candeia)
14. *Riquezas do Brasil* (Candeia/Waldir 59)
15. *Legados de D. João VI* (Candeia/Waldir 59/Picolino)
16. *O ideal é competir* (Candeia/Casquinha)
17. *Profecia* (Candeia)
18. *Regresso* (Candeia)
19. *Preciso me encontrar* (Candeia)
20. *De qualquer maneira* (Candeia)
21. *Sinhá dona da casa* (Candeia)
22. *A flor e o samba* (Candeia)

23. *O mar serenou* (Candeia)
24. *Dia de graça* (Candeia)
25. *Cabocla Jurema* (Alvarenga/Candeia)
26. *Vem, menina moça* (Candeia)
27. *Silêncio de bamba* (Wilson Moreira/Nei Lopes)
28. *Testamento de partideiro* (Candeia)
29. *Candeia, luz da inspiração* (Bené do Feitiço/Pedrinho Total/Zé Leitão/Vilmar/Marquinhos)

Patrícia Costa e Jorge Maya

À entrada do público, o cenário está armado: no palco, que idealmente deverá ter dois níveis, uma cadeira de rodas, vazia, voltada na direção do painel de fundo ocupa o piso superior. Na parte de baixo, onde a maior parte da ação se desenvolve, a reprodução de um *fundo de quintal*, isto é, um espaço informal, aberto para a realização das rodas de samba que Candeia comandava ou das quais participava com frequência. Esse espaço será um espaço *curinga*, devendo ser amplo e prático o suficiente para ser transformado em outros ambientes. Os atores circulam entre os espectadores.

Prólogo

Acompanhando o terceiro sinal, os atores cantam à capela os dois primeiros versos da estrofe inicial de *O sonho não acabou (Luiz Carlos da Vila)*. Fade.

A chama não se apagou
Nem se apagará
És luz de eterno fulgor
Candeia

Abertura

Luz explode. Os atores cantam o número de abertura, *O pagode (Candeia)*.

Vem, iaiá,
Vem para o samba sambar
Não se pode ficar sem entrar no pagode (2x)

Batuqueiro vem pro samba
Quem é bamba não bambeia
Não se pode ficar sem entrar no pagode (2x)

Faz um passo miudinho
Tal e qual um grão de areia
Não se pode ficar sem entrar no pagode (2x)

Quando entro no partido
Eu não faço cara feia
Não se pode ficar sem entrar no pagode (2x)

Eu canto com qualquer lua
Lua nova ou lua cheia
Não se pode ficar sem entrar no pagode (2x)

Quem adivinhar meu nome
Eu dou um doce, eu sou (Os outros atores mostram o ator, que *responde:) Candeia (exatamente!)*
Não se pode ficar sem entrar no pagode (2x)

Quem não entrar nesse pagode
Não traz o samba na veia
Não se pode ficar sem entrar no pagode (2x)

Meu amor, não vou agora
Oh, mulher, não me chateia
Não se pode ficar sem entrar no pagode (2x)

Deixa de falar tolice
De disse-me-disse da vida alheia
Não se pode ficar sem entrar no pagode (2x)

Mulher que tem perna grossa
É uma chave de cadeia
Não se pode ficar sem entrar no pagode (2x)

Oh, mané, sambe direito
E não pule que nem bode
Não se pode ficar sem entrar no pagode (2x)

Mas
Não se pode ficar sem entrar no pagode (2x)

CENA 1

Firmina e Leonilda.
Casa de Candeia. Entra Leonilda, do outro lado do palco. Está na cozinha, preparando uma feijoada.

FIRMINA – E aí, vai ter função no domingo?

LEONILDA – Que domingo, Firmina? Que domingo? Domingo nada! Quarta-feira, quinta-feira, sexta-feira... Sábado de aleluia! Pagode nessa casa é todo dia. Você não tá vendo? Não sabe como é o Candeia? É qualquer dia, qualquer hora, por qualquer motivo.

FIRMINA – Mas e o seu trabalho, mulher?

LEONILDA – O que é que tem?

FIRMINA – Vai ficar a tarde toda na cozinha? Largou o hospital?

LEONILDA – Claro que não, Firmina. Que ideia! Vou mais tarde hoje.

FIRMINA – Presta atenção, Leonilda, que da Praça Seca a Curicica é longe, hein?

LEONILDA – E eu não sei? Nem parece que já estou acostumada. Eu estou pra ver o dia que Jacarepaguá vai ter linha de ônibus decente, minha filha!

FIRMINA – É tanta baldeação, né não? *(Fica observando a outra trabalhar)* Que horas você pega hoje?

LEONILDA – Dou plantão às 11h. Por isso que eu já estou adiantando aqui, porque amanhã vou estar ruim das pernas que só.

FIRMINA – Ih, é hoje então...

LEONILDA – É hoje então o quê?

FIRMINA – Nada, falei nada. Eu, hein, falar o quê? Depois fico com fama de vizinha faladeira... Mas que o Candeia escolheu a mulher certa, lá isso ele escolheu.

LEONILDA – Olha, vou fingir que não ouvi, tá, Firmina? Qualquer dia eu preciso de um paio aí pra botar no feijão e se eu brigar com você vou pedir pra quem?

FIRMINA – Ué, pede pra esse bando de desocupados que vem aqui no seu quintal!

LEONILDA – Firmina!

FIRMINA – Ah, Leonilda, você me desculpa, mas homem meu é no cabresto. Se deixar ele solto, depois quem fica falada sou eu. Deus que me livre!

LEONILDA – É, Deus te livre mesmo!

FIRMINA – Mas como é que você aguenta isso? Ninguém nem traz nada... Você se descabela na cozinha e o Candeia manda vir a torcida do Flamengo que ele paga o táxi! Fica todo o mundo aí no bem bom, só no feijãozinho amigo! Vocês estão podendo, mulher? Com esse bando de criança dentro de casa pra criar! Cadê a gaita pra isso?

LEONILDA – Ué, você não está sabendo, não?

FIRMINA – De quê?

LEONILDA – Candeia passou no concurso pra polícia. Ele até já largou a divisão de saneamento lá do ministério. Sabe lá o que é isso? Passar em terceiro lugar no meio de 2.700 candidatos? E pra polícia?

FIRMINA – Que ele é inteligente, a gente sabe, não é? Agora, o que não entra na minha cabeça é essa mania dos sambistas de repente quererem virar policial. Depois de tanta perseguição!

LEONILDA – Eles estão subindo na vida, Firmina, deixa eles.

FIRMINA – Sei... Foi o Bretas que inventou essa história?

LEONILDA – É, ele deu força pro Candeia fazer o concurso. E foi todo mundo, né? O Waldir, o Altair, o Casquinha... Eles todos fizeram, mas só o Candeia ficou. Sabe que eu acho bom? Se ele não tivesse ficado, acho que não dava nem pra gente ter casado... Nem pra ter passado a lua-de-mel em Teresópolis!

FIRMINA – Humm... Que romântico... Mas essa de polícia, não sei, não, Leonilda. Você não tem medo?

LEONILDA – Vou fazer o quê? Sou louca por ele, Firmina.

FIRMINA – É. A gente nota. Eu fico é boba como vocês se gostam, apesar de tudo isso.

LEONILDA – Tudo isso o quê?

FIRMINA – Ah, esses pagodes todo dia, esses horários malucos... Porque você sabe, né?, horário de policial é tão maluco quanto de enfermeira, é plantão pra cá, plantão pra lá... Filho de um com filho do outro... eu, hein!

LEONILDA – Candeia quis ficar comigo, Firmina... e eu com ele, que mal há nisso? Essas coisas a gente supera.

FIRMINA – Lembra como ele te perseguia no trem? Ficava ali, de butuca, na estação, no ponto do ônibus, esperando você descer... Descobriu o telefone da sua casa, ligava todo dia... E ainda fez um bando de música só pra você... E você fingindo que nem era contigo! Nem dava bola...

LEONILDA – Claro, né? Não sou oferecida. Também, porque se fosse, não estaria aqui casada. Homem gosta é de mulher difícil, Firmina.

FIRMINA – Difícil, né? Sei. Tão difícil que em seis meses ela já está de mala e cuia na casa do homem!

LEONILDA – Tanto ele insistiu, né?, que... É o que dizem, água mole em pedra dura...

FIRMINA – Fura!!!

Entra Candeia, no piso superior, cantando a estrofe inicial de *Me alucina (Candeia/Wilson Moreira)*.

Me alucina
Este amor que é proibido
Mas eu estou convencido
Que jamais esquecerei de ti
Triste a sina de quem ama assim
Porque sei que também gostas de mim
Vida ruim
Por que procuro esconder meu sentimento?
Por que sonho e amanheço e acordo
Só pensando em ti?
Nosso amor está na luz
Que ilumina os olhos meus
E dentro dos olhos teus

Qual uma obsessão
Ou qual uma sombra
Que acompanha o meu corpo
Sempre envolto de paixão
Verdadeiro afeto me fascina
Uma torrente de amor
Que domina

CENA 2

Casquinha, Candeia, Picolino, Leonilda, Firmina e David do Pandeiro.

A parte inferior do cenário se arma, e Candeia e seus amigos já estão a postos para o pagode, que começa imediatamente. Em coro, cantam *Samba da Antiga (Candeia).*

Vem pra roda, menina
Vem mexer com as cadeiras, vem sambar
Vem mexer com as cadeiras, vem sambar
Este samba é da antiga, tem gente amiga
Vem mexer com as cadeiras, vem sambar
Vem mexer com as cadeiras, vem sambar

A idade não importa
A cor da tua pele não me interessa
Se tem pernas tortas, se tem pernas certas
O que vale é saber se tem samba na veia

O samba veio de longe
Hoje está na cidade, hoje está nas aldeias
Nasceu no passado, e está no presente
Quem samba uma vez samba eternamente

Vem pra roda, menina...

CASQUINHA – Filho de peixe, Candeia, já diz o ditado, peixinho é...

CANDEIA – Vai dizer que não, Casquinha?

CASQUINHA – Olha, que o pagode na casa do Candeia Velho tinha lá suas diferenças... Você nem podia participar direito...

CANDEIA – Muita roda de samba, muita cachacinha boa, e eu só olhando, no canto. E era aquele terreno de terra batida, a poeira comendo, a panela de feijão fervendo e a velha cozinhando naquele fogão, o fogão se misturando com a poeira... Meu pai dizia que roda de samba era coisa pra adulto. Eu ficava uma arara...

PICOLINO – Dia de domingo tua mãe fazia uma sopinha...

LEONILDA *(Vindo da cozinha, com os pratos)* – Pois não é que o negócio ficou mais sofisticado?

Aqui não tem nem dia certo, viu só? *(Enquanto fala, vão chegando os convidados e Leonilda vai oferecendo, a cada um, um prato)*

FIRMINA *(Irônica)* – E hoje em dia não é qualquer sopinha que vai encher a barriga da rapaziada, não é não?

PICOLINO – E você tá falando o que aí, Firmina? Você vem aqui todo o dia filar a sopinha também! (*Risos)* Qual o *menu* de hoje, Leonilda?

LEONILDA – Presta atenção, hein? (*Leonilda vai ao centro do palco e faz uma "mímica" para que os outros adivinhem o prato que preparou)*

CASQUINHA – Peixe?

DAVID DO PANDEIRO – Mocotó?

FIRMINA – Coelho?

LEONILDA – Nada, hoje tem é aquele troço esquisito!

DAVID DO PANDEIRO – Não acredito? Caldo da raposa?

CANDEIA – Justamente. A Leonilda detesta, mas hoje é dia de caldo da raposa, sim senhor...

LEONILDA *(Interrompendo)* – Isso lá é prato que se apresente?

CANDEIA – ... E batida de limão com erva doce, que é a nossa vitamina C!

Todos comemoram. Leonilda começa a servir os convidados. Todos cantam um potpourri, com as músicas *Peixeiro granfino (Candeia/Mano Bretas)* e *Não tem veneno (Candeia/Wilson Moreira)*.

Peixeiro granfino

Peixeiro granfino
Vai na cozinha
Chamar mamãe, menino
E diz a ela que tem sardinha
Tem peixe-galo e cavalinha,
Peixeiro granfino
Tem xaréu
Tem xerelete, corvina e tainha
Um bom siri pra moqueca
Pescado pelo mano Zeca
Salsa, pimenta de cheiro
Faz um bom tempero, azeite de dendê
Vai depressa, correndo, menino,
Chamar mamãe
Chegou o peixeiro granfino

Não tem veneno

Pode provar
Que não tem veneno, não
Que não tem veneno, não
Pode provar

Leonilda serviu a comida em prato pequeno
Eu provei, todo mundo provou
A fome é que era o veneno

Pode provar
Que não tem veneno, não
Que não tem veneno, não
Pode provar

PICOLINO – E ainda dizem que o samba vai acabar...

LEONILDA – Quem é que disse isso, Picolino?

PICOLINO – Nunca ouviu isso não, Leonilda? *Não deixe o samba morrer, não deixe o samba acabar...* Falaram que o samba é coisa do passado. Está morto e enterrado.

CASQUINHA – É, Leonilda, é que depois dessa história de bossa nova, a gente anda muito preocupado.

LEONILDA – Bossa nova? João Gilberto, barquinho a navegar...? E isso lá vai meter medo em alguém?

DAVID – A tal da bossa nova tem uma "batida diferente", não é Casquinha? Tem influência de música estrangeira e tudo...

CASQUINHA – Pois é, David, e o pior é que é uma batida chata que só. E depois de dizerem que a nossa bossa ficou velha, agora andam dizendo por aí que "a verdadeira música do Brasil" é esse estrupício! E como é que a gente fica?

LEONILDA – Fica como vocês estão que nada disso vai acontecer.

CANDEIA – Deixa de bobagem, homem, o samba é um troço que nasceu pra ser eterno. Quem está nesse barquinho vai enjoar logo, logo. Vai por mim.

LEONILDA – Sabe o que eu acho? Ficar competindo entre vocês é que não leva a nada!

PICOLINO – Nisso você tem razão. "Agoniza, mas não morre..." Nelson Sargento!

CANDEIA – Escuta o que eu vou te dizer, Casquinha: enquanto houver samba, você sabe melhor do que eu, não vai haver tristeza. O samba liberta, o samba é a coisa mais bacana que existe no mundo! Esses "intelectuais" aí ficam decretando a morte do samba, a morte disso, a morte daquilo... mas duvido que tenham pensado nisso. Eles é que esqueceram de morrer!

CASQUINHA – O negócio é o feijão lá de casa, e se faltar?

CANDEIA – Todo mundo aqui tem outra profissão e é pra isso mesmo. Você no banco, eu e o David na polícia, Picolino de guindasteiro no cais... Ninguém é maluco de largar. Até o Zé Ketti trabalha em outra coisa, irmão!

FIRMINA – Esse daí está é com a vida ganha. Joga nas onze!

DAVID – Agora deu até pra fazer cinema "novo".

PICOLINO – Amigo do governador, não é?

CANDEIA – Pode ser. E daí, se for? O que ele faz é promover o samba. E se o samba for bom, não importa se é bossa nova, bossa velha... o que importa é se tem bossa mesmo. Nisso, a luta do Zé Ketti é a mesma que a nossa.

DAVID – Então! E se a gente bolasse alguma coisa parecida com o conjunto deles?

CASQUINHA – Olha que eu já vinha pensando nisso.

DAVID – A gente vai na trilha... consegue de se apresentar lá no Zicartola... Agora tudo que é bamba tem que estar no restaurante do Seu Cartola, Candeia.

FIRMINA – É! E dizem que dá muita gente importante lá na audiência.

O conjunto executa *Paixão segundo eu (Candeia)*. Leonilda, atarefada na cozinha, cantarola a estrofe *Vou embora/Com Deus* e *Nossa Senhora/Vou embora/Com Deus e Nossa Senhora.*

CANDEIA – É... mas então tem que batizar esse grupo direito.

DAVID – Que tal... *A Vez do Morro*?

TODOS *(Zombando dele)* – Ah, esse não serve, né?

DAVID – *Os boêmios de Oswaldo Cruz?*

CANDEIA – Também não...

DAVID – *Madureira Chorou*?

TODOS *(Idem)* – Que é isso, tá maluco??

CANDEIA – Não, gente, o nome tem que ter "samba"! Tem que ter "samba"!

PICOLINO – *O Samba tem sua Vez...*

DAVID – *O Samba tem sua Voz...*

PICOLINO – *O Samba Vivo...*

DAVID – *O Samba Vive...*

PICOLINO – *Os Amantes do Samba*

CASQUINHA – *Os Poetas do Samba!*

LEONILDA (*Vindo da cozinha)* – Mensageiros!

CANDEIA – Os mensageiros...

TODOS – *Os Mensageiros do Samba!!*

Saem cantando a estrofe de *Paixão segundo eu (Candeia).*

CENA 3

Leonilda e Firmina.
Cozinha da casa de Candeia.

LEONILDA – Você deixou o peixe no tempero por 12 horas... Depois, você monta uma bandeja com papel laminado e assa. Esfriou? Coloca tudo no congelador.

FIRMINA – No congelador?

LEONILDA – É, deixa ficar bem gelado. Quando for servir, picota o rabo e arranca a espinha toda de uma vez. Com um pãozinho e uma cerveja preta pra acompanhar. Não tem coisa melhor.

FIRMINA – Acho que eu peguei! Depois você me ensina a do mocotó?

LEONILDA – O mocotó não tem segredo nenhum, menina. O chato é ir trocando a água da panela toda hora, porque tem que ir tirando a gordura que vai formando em cima...

FIRMINA – E a quantidade, hein?

LEONILDA – Ah, aqui eu faço sempre assim: para cada 15 mocotós, 5 kg de bucho, 3 kg de paio, 5 kg de linguiça, 1 kg de azeitona, 2 kg de miúdos... é coisa muita, por que já viu como é esse povo, não é?

FIRMINA *(Rindo)* – Se for terça-feira gorda, então... Você tá perdida, né?

LEONILDA – Ih...

CENA 4

Neco, Homem 1, Homem 2, Mulher 1, Mulher 2 e Candeia.

Num bar, clima de descontração. Homens bebem e cantam numa roda de samba. As "meninas" fazem o coro das pastoras, num *potpourri* com trechos das músicas: *Vai saudade (David do Pandeiro/Candeia), Falsas juras (Casquinha/Candeia)* e *Coisas banais (Candeia/Paulinho da Viola).*

Vai saudade

Vai, saudade (2x)
Vai dizer àquela ingrata
Que a saudade quando é demais mata

Vai, saudade
Vai depressa
Não me interessa mais viver assim

Fui tão castigado
E confesso que chorei
Me arrependi do mal que lhe causei

Vai, saudade...

Falsas juras

Eu já lhe disse
Que não quero mais o teu amor porque

As falsas juras dos teus beijos
Me fizeram padecer
Não adianta aos meus pés se ajoelhar (2x)
Pode chorar, pode chorar

Coisas banais

Repare bem
Não é assim que a gente faz com o que tem
Se a gente ama de verdade
Orgulho, vaidade, desamor
São coisas banais que só têm utilidade (2x)
Pra machucar o nosso amor

NECO – É, moçada, vamos aproveitar que a barra hoje está leve... O Careca deu uma folga. Diz que não vem aqui hoje, não.

HOMEM 1 – Será, Neco?

NECO – E você já viu comerciante da Lapa abrir o bar com o Careca fazendo a ronda?

MULHER 1 – Se ele chegar aí, não dou dois tempos que todo mundo desaparece.

HOMEM 2 – Mora na do crioulo: ele já era folgado... forte... elegante... só faltava ser polícia...

MULHER 1 – Que é bonito, é. Um homem bater no peito e dizer, *sou polícia, mostra os documentos... (Gritaria geral)*

NECO – Sei não... acho estranho ele ter uma cara na hora do samba e outra na hora do batente. Pra que isso?

MULHER 2 – Analfabeto e pobre quando botam farda, meu rei, se sentem!

HOMEM 1 – Diz que ele está atrás é de promoção... gratificação... condecoração... essas coisas de corporação...

MULHER 1 – Ele é valente que só... eu deixava ele me prender toda!

HOMEM 2 – E botar o irmão de criação em cana lá é valentia? Que é que há!

MULHER 2 – Vocês não viram que na semana passada quem levou a pior foi o Neném Ruço, lá do Engenho da Rainha? Minha cunhada falou que o Careca levou o coitado lá pra delegacia da Marechal Floriano e ficou debochando o tempo todo do infeliz.

NECO – É, o homem não alivia, não...

HOMEM 1 – Mas, ô, seu Neco, o Neném Ruço a gente ainda dá um desconto, porque é marginal mesmo... está certo que não precisava humilhar... mas e o Dominguinhos do Estácio? Dar voz de prisão pro Dominguinhos do Estácio? Só porque o outro gosta de dançar na Praça Onze?

HOMEM 2 – Gosta de dançar na Praça Onze, não! Ele deu voz de prisão porque é o Dominguinhos do Estácio! Você acha que se fosse o Dominguinhos *da Portela* ele ia fazer isso? Já viu o Careca prender portelense na véspera de carnaval? Nunca! Ele ainda solta os que estão presos! Irmã Paula...

NECO – Irmã Paula pras negas dele!...

MULHER 1 – Isso é fofoca! Das brabas, gente! Deixa ele trabalhar que ele sabe o que faz.

MULHER 2 – Mas tu parou na dele mesmo, né, menina?

MULHER 1 – Eu já ouvi dizer que ele falou em largar a polícia, parece que vai prestar outro concurso aí pra oficial da justiça.

HOMEM 1 – Nem parece o Candeia que eu conheço. Um sujeito tão bacana que ele era...

HOMEM 2 – Fica dando dura em todo mundo! Não respeita nem mais quem é do samba... O Casquinha está uma arara com ele.

HOMEM 1 – O Waldir também, homem. Diz que o "sucesso" subiu a cabeça, que ele está muito diferente...

MULHER 2 – Coitada é da Leonilda, ainda fica com a sobremesa...

De repente, Candeia entra no bar. Neco observa primeiro. Faz sinal para os outros se calarem. Ao verem Candeia, todos se afastam, com medo, abrindo um espaço no centro do palco.

NECO – Ih, mas o homem não morre tão cedo.

CANDEIA – Que farra, hein, seu Neco?

NECO – Nada, Candeia, a rapaziada está se divertindo. Segunda-feira chegando... ninguém aguenta, não é?

CANDEIA – Não sei disso não... eu aguento.

HOMEM 1 – Deixa de bobagem, homem. Senta aí e bebe uma preta com a gente.

CANDEIA – Estou de serviço. Não está vendo?

HOMEM 2 – E daí? Que mal vai fazer uma gelada?

CANDEIA – Estou trabalhando, já falei.

HOMEM 1 – Qual é a do teu trabalho, Careca?

CANDEIA – Prender vagabundo, por exemplo... *(O clima fica tenso)* E vagabunda também.

MULHER 2 – Pra que isso?

MULHER 1 – Êta, que o homem está brabo hoje.

HOMEM 1 – Quer provar o que ainda?

MULHER 2 – Vocês não sabem como é? Botou o uniforme, vira homem. Parece até que tem estudo.

CANDEIA – Como é que é? Fala isso de novo.

MULHER 2 – Botou o uniforme, vira homem. Parece até que tem estudo.

CANDEIA – Eu tenho mais estudo que você. Se não, não estava do lado de cá.

MULHER 2 – Se eu estou na rua é porque quero, ouviu? Não estou em casa pilotando fogão enquanto meu marido vai dar uma de macho na rua! Vai se meter com outra!

CANDEIA – Mulher da vida não tem dono mesmo! Vai tomar uma dura se ficar com essa confiança toda...

MULHER 2 – Covarde, safado! Vai perturbar um homem do seu tamanho, seu puto! Vai pra merda! Vai ver se eu estou na zona que nem a outra!

Candeia agride a mulher. Silêncio, todos se entreolham. Alguém esboça uma reação, mas é contido pelos outros. A mulher, depois de se erguer, dirige-se aos outros:

MULHER 2 – Estão vendo, pessoal? Estão vendo esse cara? Esse é o grande Candeia de Oswaldo Cruz! O grande compositor, grande polícia, grande pai de família! *(Para ele)* Escuta aqui, ô, Careca: da minha cara tu não esquece nunca mais, porque eu não te dou um dia pra tua paga vir em dobro. Tu vai se arrepender de ter feito isso até o fim dos teus dias. Eu quero ver tu ter força pra erguer a mão pra mais alguém na porca da tua vida.

CENA 5

Leonilda, Firmina, Candeia, Waldir 59, Pequena e Motorista *(off)*.
Um ator canta *O último bloco (Candeia)*. Esta cena intercala a casa do compositor, em Jacarepaguá, onde Leonilda está com Firmina, e a saída de Candeia de um baile de despedida da polícia, em Madureira.

Quando eu ouvi passar o bloco
Eu não resisti
Peguei meu violão
Segui a multidão
Ao carnaval me entreguei
E quase me acabei
Na quarta-feira então
Vi que me enganei
Brinquei o carnaval
Mas, afinal, dancei
Dancei, afinal
Descobri esta verdade
Que em meu lar reside a felicidade

E hoje volto cantando
Me abraço ao violão
Marco o compasso
Junto do coração
São tantas as saudades
Voltei pra ser feliz
Graças a Deus (3x)
Que o nosso amor tem raiz

Leonilda, em casa, arrumando-se para sair. Vai trabalhar.

LEONILDA – Sei não, Firmina, estou sentindo algo estranho aqui...

FIRMINA – Cadê o Candeia?

LEONILDA – Está lá na festa de despedida da polícia, no Imperial. Graças a Deus, ele vai largar essa maldição...

FIRMINA – Vai mesmo?

LEONILDA – Vai. Passou noutro concurso aí.

FIRMINA – Mas por quê?

LEONILDA – Ah, a polícia fez muito mal ao Candeia. Tanta gente que ele foi deixando pra trás... criou muita desavença lá dentro... aqui fora... eu é que sei...

FIRMINA – Mas se ele está na festa de despedida... você está preocupada com o quê? Já está no fim, Leonilda!

LEONILDA – Não sei, um troço estranho... Não sei... Aqui dentro...

Na festa em Madureira. Candeia está um pouco "alto".

CANDEIA – Mas olha só que pequena gostosinha, Waldir!

WALDIR 59 – Não te mete com ela, Candeia, a pequena não é flor que se cheire.

CANDEIA – E quem disse que eu vou cheirar?

Volta para Leonilda e Firmina.

FIRMINA – Vai sair assim?

LEONILDA – Assim como?

FIRMINA – A essa hora? Nervosa desse jeito?

LEONILDA – Mas, criatura, é dia do meu plantão. O que é que eu posso fazer? Não vou faltar ao serviço.

Na festa de despedida.

PEQUENA – Vamos embora, Candeia?

CANDEIA – Pra onde, minha flor?

PEQUENA – Ué... onde seria mais?

CANDEIA – Leblon?

Leonilda e Firmina.

FIRMINA – Leonilda, você já reparou que os anos passam e Curicica fica cada vez mais longe?

LEONILDA *(Rindo, tensa)* – É, Firmina, mas Madureira é logo ali e...

FIRMINA – Ô, mulher, não fica assim. Não é a primeira vez que ele apronta uma dessas, é?

LEONILDA – Não, eu sei, mas é que hoje...

Na festa de despedida.

WALDIR 59 – Vai pegar um táxi de Madureira até o Leblon? Tá maluco?

CANDEIA – É despedida, Waldir... *O romance começa em Madureira, esquenta em Irajá e termina no Leblon*... você sabe!

PEQUENA – Vamos logo, negão, senão eu pifo! São três e pouco da manhã...

CANDEIA – Vamos. *(Saem)*

Leonilda e Firmina.

FIRMINA – Olha, não fica de caraminhola na cabeça, mulher. Reza pra Santa Luzia, que hoje é dia dela. Pede com fé, que tudo vai ficar bem. É só impressão sua.

LEONILDA – Deus te ouça.

Luz em resistência. Leonilda, em um canto do palco, termina de se arrumar e sai. Da coxia oposta, ouve-se um barulho de freada brusca e depois um estrondo de uma batida. Em seguida, ouve-se o diálogo entre Candeia, Waldir 59, a mulher e o motorista do caminhão. Estão na saída do túnel Santa Bárbara. Leonilda volta para pegar a bolsa, hesitante.

CANDEIA – Qual é, ô meu?

MOTORISTA – Qual é o quê?

CANDEIA – Amassou a lataria toda do possante, malandragem.

WALDIR 59 – Deixa quieto, Candeia. Vamos embora!

MOTORISTA – Mas quem bateu no caminhão foi você, ô, vagabundo!

WALDIR 59 – Candeia, ele está certo, Candeia. Vamos deixar isso pra lá...

CANDEIA – Vê lá como fala, irmão, que eu sou cana.

MOTORISTA – Cana bêbado, grande merda!

CANDEIA – Não te prendo agora porque eu estou com a pequena.

MOTORISTA – Menina chave de cadeia... Tirou da zona?

CANDEIA – Vê como fala.

MOTORISTA – Mas, olha, olha... até que a neguinha que o barbeiro pegou é bem ajeitadinha!

CANDEIA – Barbeiro é você, filho da puta! E deixa a menina quieta! Tu vai ver só, ô, mané!

Leonilda sai, e o palco fica nu. Ouvem-se quatro tiros secos. Candeia atingiu os pneus do caminhão. Volta-se para o motorista.

CANDEIA – Agora é tua vez!

PEQUENA – Cuidado, negão! Cuidado!

WALDIR 59 – Candeia!! Candeia!!

Black-out. Ouvem-se mais cinco tiros. Silêncio. Do lado oposto do palco, onde estava Leonilda, entra uma atriz no *fade in*. Canta a música *Pintura sem arte (Candeia*). Na última estrofe, o resto do elenco junta-se a ela, enquanto Candeia assume seu lugar na cadeira de rodas.

Me sinto igual a uma folha caída
Sou o adeus de quem parte
Pra quem a vida é pintura sem arte

A flor, esperança se acabou
O amor, vento levou
Outra flor nasceu, é a saudade

Me invade, tirando a liberdade
Meu peito arde igual verão
Mas se é pra chorar
Choro cantando pra ninguém me ver sofrendo
E dizer que estou pagando

Não, não basta ter inspiração
Não basta fazer uma linda canção
Pra cantar samba se precisa muito mais
Samba é lamento, é sofrimento, é fuga dos meus ais
Por isso agradeço a saudade em meu peito
Que vem acalentando o meu sonho desfeito
Jardins do passado, flores mortas pelo chão
Pétalas, sementes de paixão

CENA 6

Ator/Cavaquinista.

Esta cena dá início ao plano das memórias (infância e juventude) de Candeia. Um ator, acompanhado por um cavaquinho, ganha o centro do palco.

ATOR – Oswaldo Cruz... subúrbio da Central... Rio de Janeiro... Mil novecentos e quarenta e pouco... A rapaziada que sabia das coisas se reunia à noite, no muro da estação... Era a Turma do Muro... Tinha a turma do lado de cá da estação, que era cheio de coisa, e a turma do lado de lá, cheio de nada... Berço de Candeia. Berço da Portela.

A parte de baixo do cenário se ilumina e os atores entram, aos poucos. À semelhança do prólogo, iniciam, cantando à capela, o samba *Dia a dia (Candeia/Jaime R. F. Santos)*, transformando o ambiente no plano das memórias da infância de Candeia.

Não é mole, não (2x)
Acordar segunda-feira
Pra tentar ganhar o pão

Às cinco horas começa o relógio a tocar (tocar)
E as crianças começam a me preocupar
Olha o leite, olha o pão, olha o arroz, olha o feijão
Olha a hora, se você demora, o trem pode passar
Nessa vida indefinida, não consigo me encontrar

Eu só quero uma vida melhor pra poder descansar

É pau puro, minha gente (2x)
A vida do trabalhador
Osso duro no presente,
Futuro não tem, não senhor

CENA 7

D. Maria, Candeia (pai), Argemiro, Zé com Fome, Claudionor e Candeia (filho).
Domingo. D. Maria está na cozinha, preparando a sopa. Candeia (filho) fica no centro do palco, "assistindo" as cenas ainda na cadeira de rodas.

D. MARIA – Toninho! Toninho! Daqui a pouco teu pai e os amigos dele estão chegando. Você sabe que ele não gosta de ver você zanzado pela casa, Toninho. Vê se se comporta, tá, meu filho?

CANDEIA (FILHO) – Por quê?

D. MARIA – Ô, meu São Jacinto, "por quê"? Você preferia estar de castigo, é?

CANDEIA (FILHO) – Por que eu não posso ficar zanzando?

Jorge Maya e Alan Rocha

Aos poucos, chegam Candeia (pai), Claudionor, Zé Com Fome e Argemiro, e cantam a primeira estrofe de *Meu dinheiro não dá (Candeia/Catoni).*

Meu dinheiro não dá (2x)
Meu dinheiro não dá

D. MARIA – Ih! Chegaram! Não falei? Chispa, menino!

Eu trabalho como um louco
Mas eu ganho muito pouco

Meu dinheiro não dá (2x)
Meu dinheiro não dá

De tanto pedir aumento
Já estou ficando rouco

Meu dinheiro não dá (2x)
Meu dinheiro não dá

O menino foi à escola
O diretor mandou voltar

Meu dinheiro não dá (2x)
Meu dinheiro não dá

Eu já fiz tanta promessa
Segui procissão, rezei oração

Acendi uma vela
Pra São Jorge guerreiro
Mas não consegui esse tal do dinheiro

Meu dinheiro não dá (2x)
Meu dinheiro não dá

O seu Manuel da venda
O feijão, não quer fiar (por quê?)

Meu dinheiro não dá (2x)
Meu dinheiro não dá

Palmas, algazarra.

ARGEMIRO – Eita, que pra isso ficar melhor só falta a sopa da Dona Maria!

ZÉ COM FOME – Sopa é o que a minha nega faz! A da Dona Maria não é nem sopa! É um verdadeiro cozido!

CLAUDIONOR – Zé Com Fome, Zé Com Fome. Vê se não faz feio, rapaz!

ZÉ COM FOME – E eu não sei, Claudionor? Seu Candeia aqui merece, mas se não fosse a dona Maria... eu não parava nem em pé.

ARGEMIRO – Não te dão sopa lá na Mangueira, não?

CLAUDIONOR – Não provoca, Argemiro, não provoca, que o carnaval tá aí!

CANDEIA (PAI) – Pois é... Mas hoje em dia quem é que tem motivo pra folia com isso tudo que está acontecendo?

CLAUDIONOR – É, e se não fosse a nossa garra e a das outras escolas, o carnaval parava pra esperar a guerra passar.

ARGEMIRO – Graças a Deus que a Portela não se acovardou. No ano que vem a águia leva o penta, ouve só o que eu estou dizendo!

Começa uma pequena discussão. D. Maria entra com a sopa para ser servida.

D. MARIA – Olha a sopa, Zé Com Fome! Tá quentinha!

ZÉ COM FOME – É a salvação da lavoura, Maria.

D. MARIA – Não exagera, vai. *(Oferece)* Que tal?

ZÉ COM FOME – Isso é um manjar dos deuses. Você é a Maria Imaculada e não sabe!

CLAUDIONOR – Ele quer arrumar é uma cozinheira...

ARGEMIRO – E pagar com elogio!

CANDEIA (PAI) – Mas essa nega já tem dono! Sai pra lá, malandragem!

Cantam *Filosofia do samba (Candeia).*

Mora na filosofia
Morou, Maria?
Morou, Maria?
Morou, Maria?

Pra cantar samba
Não precisa de razão
Pois a razão está sempre com dois lados
Amor é tema tão falado
Mas ninguém seguiu
Nem cumpriu a grande lei
Cada qual ama a si próprio
Liberdade e igualdade, onde estão, não sei

Mora na filosofia...

Pra cantar samba
Vejo um tema na lembrança
Cego é quem vê só onde a vista alcança
Mandei meu dicionário às favas
Mudo é quem só se comunica com palavras
Se o dia nasce, renasce o samba
Se o dia morre, revive um samba

Mora na filosofia...

ARGEMIRO – Ô, troço arretado!

ZÉ COM FOME – Dá pra repetir, Maria?

CLAUDIONOR – Zé Com Fome, Zé Com Fome, não te trago mais!

CANDEIA (PAI) – Deixa ele, Claudionor. Lá dentro tem sopa pra um batalhão.

ARGEMIRO – Candeia, tô pensando em armar uma roda lá em casa também. Vou pedir pra patroa caprichar na sopa... Mas isso é só pro ano, né? Agora em dezembro não vai dar, por conta do Natal. Sabe como é que é, né, Zé? Estamos guardando pro peru.

CANDEIA (PAI) – Ih... Aqui não tem essa de separar dinheiro pro peru e dinheiro pro feijão, não! Natal pra mim é na base de feijão e samba mesmo. Nada dessas frescuras de maionese, pinheirinho, farofa, nozes... Peru?? Na rua João Vicente, não entra nem Papai Noel.

CLAUDIONOR – É mesmo, Maria?

D. MARIA – Ele não gosta, não é, Claudionor? O que eu posso fazer? Pra fazer o Toninho ver um Papai Noel só levando na Estrada do Portela, né?, que eu vou fazer? E nem aniversário ele conhece direito. No lugar do bolo, parabéns, festa... sabe o que é que tem?

ZÉ COM FOME – Feijão e samba!

D. MARIA – Samba e feijão! Limão, cachaça e partido alto! Coitadinho do Toninho. *(Candeia olha para ela de modo repressor. Ela se encolhe)* Alguém quer mais sopa? Vou lá dentro buscar. *(Sai)*

Luz em resistência. Claudionor, Candeia (Pai), Zé com Fome e Argemiro aproximam-se de Candeia (Filho), no centro do palco. Ao fim da cena, ele sai com a cadeira de rodas.

CLAUDIONOR – Foi só falar no moleque, olha ele aí.

CANDEIA (FILHO) – Pai, posso ficar aqui?

CANDEIA (PAI) – Nem pensar. Não quero você ouvindo conversa de adulto.

CLAUDIONOR – Deixa o moleque, seu Candeia! É bom pra ele aprender.

CANDEIA (PAI) – Tem nada que aprender aqui. O que ele tem pra aprender que vá aprender na escola. Lá que é o lugar.

CANDEIA (FILHO) – Eu não falo nada, fico só olhando.

CANDEIA (PAI) – Vai dormir, moleque. Daqui a pouco fica tarde, tá é na hora de criança ir pra cama.

CANDEIA (FILHO) – Tô sem sono, pai. Não posso ficar aqui?

ZÉ COM FOME – Ô, Candeia, deixa o moleque. Tá na hora de levar teu filho lá pros ensaios.

CANDEIA (PAI) – Isso é que não. Isso é que não. Preto, pobre e sambista ainda por cima! O moleque tá perdido!

Todos riem, algazarra geral. Emendam com *Não vem [Assim não dá] (Candeia)*. Durante a música, os atores vão assumindo os personagens da próxima cena.

Não vem
Que assim não dá
Mas quem é você
Pra me criticar

Não vem, não
Não vem, não
Sai pra lá

Na gafieira do Elite
Num passo cruzado
Que dei num bolero
Uma pretinha me disse, insistindo,
Candeia, te amo, te quero, te quero
Não vem...

Você só fala em trabalho
E eu me atrapalho querendo explicar
Mulher, me deixa ficar sossegado
Meu corpo cansado não quer trabalhar
Sai de mim, sai pra lá
Não vem...

A mim você não engana
Não fique pensando que sou seu capacho
Você pode ser minha fã
Mas eu não sou ogã pra carregar despacho
Não vem, não, não vem, não, sai pra lá
Não vem...

CENA 8

João Chapeleiro, Armando, Apagado e Manoel.

Em um bar, está João Chapeleiro, presidente da GRES Caprichosos de Pilares. Entra, apressado, Armando, presidente da GRES Portela.

JOÃO CHAPELEIRO – Ora, ora, se não é o Armandinho. Mas o que é que manda o ilustre presidente da Portela no meu pedaço em pleno domingo de carnaval?

ARMANDO – Eu vim aqui apanhar umas baterias.

JOÃO CHAPELEIRO – Bateria? E o que é que o mestre Betinho está fazendo lá?

ARMANDO – Não, João. É bateria de 12 placas, de automóvel. Me quebra esse galho, vai. O Lino inventou de colocar iluminação moderna nos carros, eu estou frito se não arrumar.

JOÃO CHAPELEIRO – Mas a Portela não tem baterias?

ARMANDO – Bom. O negócio é o seguinte: se aqui em Pilares tiver as baterias, você me arranja? Se não tiver... paga uma preta pra animar a coisa.

JOÃO CHAPELEIRO – Realmente, eu não tenho bateria...

ARMANDO – Ai, Jesus! É hoje que não tem desfile.

JOÃO CHAPELEIRO – Espera aí. *(Grita)* Ô, Apagado!

Entra Apagado, já trôpego, do fundo do bar.

JOÃO CHAPELEIRO – Vê se quebra o galho aqui do seu Armando.

APAGADO – Ih, é o homem! Que é que manda, chefia?

ARMANDO – Estou procurando bateria.

APAGADO – Mas e o mestre Betinho, cadê o homem? Se empirulitou?

ARMANDO – Não! É bateria de automóvel. Pra iluminar os carros. *As seis datas magnas...*

APAGADO – E por que veio tão longe? Por que não pediu no Império? É mais pertinho...

ARMANDO – Tá maluco, homem, depois da confusão que eles aprontaram no ano passado, anularam o carnaval e tudo, com que cara eu vou chegar lá e pedir bateria pra eles? Como é, Apagado? Eu quero ir embora.

APAGADO – Vai não, seu Armando. Não vai embora, não, que eu vou arranjar a bateria pra você.

JOÃO CHAPELEIRO *(De dentro do bar)* – Como é, Apagado, já arranjou as baterias?

APAGADO – Já.

JOÃO CHAPELEIRO – Quem vai arrumar?

APAGADO – Ah! Isso é problema meu. Deixa isso pra lá.

ARMANDO – Ai, Jesus! É hoje que eu não volto pra casa!

APAGADO – Me paga uma preta aí.

ARMANDO *(Raspando os bolsos)* – Ai, Jesus! Esse rapaz não vai arranjar nada. Eu estou é perdendo tempo.

APAGADO – Aguenta aí, patrão, que eu vou lá na esquina e já volto.

Volta acompanhado de Joaquim, um português de 70 anos.

APAGADO – Esse é o homem que precisa da bateria.

MANOEL – Ó, pá, e domingo de carnaval lá é dia de arranjar baterias? É o senhor?

ARMANDO – Sim.

MANOEL – Francamente, tem gente que perde o carnaval e depois não sabe por quê.

ARMANDO – É pra Portela... *As seis datas magnas...*

MANOEL – E na Portela não tem um mestre de bateria que se preze?

ARMANDO – Não... É bateria de automóvel!

MANOEL – Quantas baterias o senhor precisa?

ARMANDO – Umas doze.

MANOEL – Eu lhas arranjo.

ARMANDO – Em quanto fica o aluguel? Estou sem muito dinheiro...

APAGADO – Mas tu não é o presidente da Portela? Presidente duro?

MANOEL – Não é *pro* Portela? Se é *pro* Portela, eu quero que o senhor mas traga quarta-feira de cinzas pela manhã. *(Apontando para Apagado)* Ele é o responsável.

ARMANDO – Ai, Jesus! Agora, ninguém segura a Portela. Os senhores vão ver.

APAGADO – Tio...

ARMANDO – Que foi?

APAGADO – Paga uma preta aí pra mim!

CENA 9

Casquinha, Candeia, Homem 3, Homem 4, Mulher 3 e Mulher 4.

Um ator faz as vezes de locutor, anunciando, com a ajuda de um megafone, a apresentação da Portela no dia do desfile: *Boa noite, cidade maravilhosa. Mais uma vez a Portela traz seus cumprimentos e mais uma história. Boa noite, co-irmãs amigas. Em hospitalidade, a Portela é completa, lembra-se de todos. Pra brincar tem hora certa. A nossa finalidade desta vez é provar com nitidez o nosso valor, se Deus permitir que não chova em 53. Boa noite. Boa noite. E agora, com vocês, o Grêmio Recreativo Escola de Samba Portela, com o enredo* Seis Datas Magnas, *de Lino Reis. Os componentes da agremiação cantam o samba de Altair Prego e Candeia.*

CASQUINHA – Corre Candeia, corre que teu samba tá nas bocas!

HOMEM 3 – Até o Manacé veio elogiar. Vamos embora, que você assim vai perder a apuração, rapaz!

CANDEIA – Vou ficar por aqui, vou dar um pulo lá no bar da Santa Luzia tomar uma preta com o Armando.

MULHER 3 – Mas o homem tá que é uma pilha, olha só! Que é isso, Candeia, *As Seis Datas Magnas* vai pras cabeças.

CANDEIA – Não quero confusão com o pessoal da Serrinha. Vou não. Vão dizer o que pra anular o carnaval desse ano?

CASQUINHA – Deixa de besteira, moleque, que agora é que eles vão saber quem é Antônio Candeia Filho. Vamos embora, que a Associação já está lotada de gente. O Calça Curta e o Waldomiro estão lá te esperando.

Outro ator entra em cena, "transmitindo" a apuração dos desfiles como se fosse um locutor de rádio. Os outros atores, no palco, ouvem com apreensão e reagem à cada nota. Ele diz: *Mestre-sala e Porta-bandeira. Império Serrano – 10, nota 10. Estação Primeira de Mangueira – 10, nota 10. Portela – 10, nota 10. Melodia e Harmonia – Império Serrano – 10, nota 10. Estação Primeira de Mangueira – 9, nota 9. Portela – 10, nota 10*. Um ator fala *S ó falta um, pessoal*. Volta o narrador, entre "chiados" que aumentam a expectativa da torcida: *Letra de samba enredo. Império Serrano – 9,5, nota 9,5. Estação Primeira de Mangueira – 9,5, nota 9,5. Portela – 10, nota 10.* Os atores "explodem", comemorando o campeonato da escola. Candeia é carregado nos braços dos colegas.

CASQUINHA – É dez, Candeia, é dez!

MULHER 3 – Ai, meu coração!

HOMEM 4 – 400 pontos, Candeia, 400 pontos!

HOMEM 3 – Sabe lá o que é isso? De fio a pavio sem perder um pontinho só?

CANDEIA – Mas nunca ninguém fez isso antes, Casquinha!

CASQUINHA – Então estava na hora de acontecer! Mereceu mesmo! A Portela estava linda!

MULHERES – É campeã! É campeã!

HOMEM 3 – Quem mereceu foi você, Candeia! 10 em samba-enredo!

MULHER 4 – Eu nunca vi isso!

HOMEM 3 – É agora que o velho se rende!

CASQUINHA – Você provou que entende do riscado, rapaz! Ainda vai fazer muito samba pra Portela, ouve só!

Cantam *O ideal é competir (Candeia/Casquinha).*

Quando a Portela chegou
A plateia vibrou de emoção
Suas pastoras vaidosas
Defendiam orgulhosas
O seu pavilhão
Portela
A luta é seu ideal
O que se passou, passou
Não te podem deter
Teu destino é lutar e vencer
Oh! Minha Portela
Por ti darei minha vida
Oh! Portela querida

És tu quem levas a alegria
Para milhares de fãs
És considerada sem vaidade,
Na cidade,
Como supercampeã das campeãs
Eu quisera ter agora
A juventude de outrora
Idade de encantos mil
Pra trilhar contigo passo a passo
No sucesso ou no fracasso
Pela glória do samba no Brasil

CENA 10

Mauro, D. Benvinda, Candeia, Mazinho, Homem 5 e Mulher 5.

Entram Mauro e D. Benvinda, com algumas perucas na mão, seguidos dos outros.

MAURO – Mas não é possível! Como é que eu vou desfilar com isso?

D. BENVINDA – Seu Mauro, eu só fiz o que o homem mandou!

HOMEM 5 – E ele ia te mandar fazer o serviço desse jeito?

MAURO – Fez foi é muito mal feito, Benvinda. Uma peruca de sisal? Deus do céu!

MAZINHO – Eu falei, eu falei: o barato sai caro. Pra que é que o Mário foi entregar as perucas para essa dona fazer?

D. BENVINDA – Que é isso, seu Mazinho? Não exagera! As perucas estão ajeitadinhas. E, olha, eu sou costureira há muitos anos. Já fiz fantasia de ala e tudo. E as perucas estão aí, todinhas, no dia combinado.

MULHER 5 *(Escandalosa)* – Eu é que não saio com isso! Tem cabimento, a "corte real" vir com um bagulho desses na cabeça?

HOMEM 5 *(Irônico)* – Pronto, chegou a Maria Louca. Isso aí é corte real onde?

MAZINHO – Acho melhor mandar refazer. Chama o Mário e diz que assim a Ala dos Impossíveis está fora do desfile.

MULHER 5 – Isso é sabotagem! É sabotagem! Quem é que vai acreditar na corte de D. João VI com um ninho de cambaxirra na cabeça? *(Joga a peruca no chão, e pisa em cima)*

MAURO – Santo Cristo! Se todo mundo desistir, não vai ser dessa vez que a Portela volta pras cabeças!

CANDEIA (*Entrando, sereno*) – Calma, pessoal, calma! Que história é essa de não desfilar? Isso é que não tem cabimento! Vê lá se eu vou deixar alguém sair na ala sem peruca! Vocês estão preocupados com a escola ou com a vaidade? *(Silêncio de todos)* O Mário fez questão dessa peruca no traje. E a peruca foi a parte mais cara da fantasia. A dona Benvinda aqui fez o que ele pediu. Mal feito, mas fez, não é dona Benvinda? Agora nós temos é que arrumar um jeito de fazer isso funcionar. Somos ou não somos a Ala dos Impossíveis?

MAURO – Mas Candeia, impossível vai ser dar um jeito nisso a tempo. O desfile é amanhã!

CANDEIA – Calma! Calma! Minha linda, onde está o resto da fantasia?

MULHER 5 – Está aqui.

CANDEIA – Vamos resolver isso e é agora. Ajuda, Mauro.

Com o refrão de *Legados de D. João VI* (Candeia/Waldir 59/Picolino) – *Unidos em coros mil/ Viva o grande monarca/Regente do destino do Brasil!*, executada pelos músicos, Candeia toma a iniciativa de vestir a fantasia e, com as espadas do figurino, propõe uma coreografia, fazendo com que elas sejam cruzadas sincronicamente durante o "desfile". Os outros, a princípio desconfiados, acabam aprendendo a coreografia.

MAURO – E não é que está dando certo?

HOMEM 5 – Isso ainda vai dar o que falar.

CANDEIA – Vambora, vambora! Mazinho!

Ensaiam mais um pouco a coreografia.

D. BENVINDA – Nossa, seu Candeia, ficou foi é bom esse troço! Que ideia boa!

MAZINHO – Só assim a gente disfarça esse ninho de cambaxirra, não é, Benvinda? Chama a atenção pra outra coisa, sabe como é?

MULHER 5 – Isso vai pegar! O que vai ter de escola com ala coreografada daqui a um tempo, ouve só.

CANDEIA – Quanto a escola te deve?

D. BENVINDA – Vinte cruzeiros foi o preço combinado.

MAZINHO – Vai cobrar o preço combinado?

D. BENVINDA – Mas ficou foi tão bom que eu estou pensando até em dar um desconto. Dezenove e oitenta cada peruca e não se fala mais nisso. E olha, seu Candeia, se depender dessa coreografia, esse ano dá Portela!

CANDEIA – Eu acho mesmo, D. Benvinda. O carnaval da escola está bonito que só. Mas a gente não pode pensar em ganhar sempre.

D. BENVINDA – Sei. O ideal é competir, né não? Mas que eu vou torcer só de ver minhas perucas lá, isso eu vou!

A cena termina em um grande desfile da Portela, com direito à "rainha" de bateria. Os atores executam a coreografia com um trecho do samba-enredo.

Escola de Belas-Artes
Também o primeiro jornal
Mais tarde o povo aclamou
Esta figura de grande marca
Unidos em coros mil
Viva o grande monarca
Regente do destino do Brasil!

CENA 11

Elza Soares, Candeia, Mazinho, Waldir 59 e Diretor Artístico.

Bastidores dos estúdios da TV Tupi. Elza Soares está aguardando a sua vez de ser chamada. Entram Mazinho, Candeia e Waldir 59, alinhadíssimos, com ternos e sapatos brancos.

ELZA SOARES – Ora, ora, mas se não é a Ala dos Impossíveis nos estúdios da TV Tupi! Mazinho, mestre Candeia e Waldir 59! Estão fazendo o que aqui, negões?

CANDEIA – Vamos fazer um "trabalhinho" aí.

ELZA SOARES – Nessa beca toda? Que história é essa?

MAZINHO – É reclame de ar refrigerado. Alinhado é pouco, né não?

WALDIR 59 – Uma firma estrangeira vai abrir representação no Brasil e chamaram os crioulos aqui pra divulgar o produto.

MAZINHO – A essa hora, tá todo mundo lá grudado no televisor do Nozinho esperando a gente aparecer.

ELZA SOARES – Vieram cheios de moral os negos!

CANDEIA – Já não era sem tempo, não é, Elza?

ELZA SOARES – Ainda estão tirando um troco lá no musical do Carlos Machado?

CANDEIA – Só o troco mesmo. Mal dá pro leite das crianças.

MAZINHO – O *Night and Day* nem paga tanto, mas, depois de seis meses, serve pro pessoal ficar conhecendo a gente. Sabe como é.

WALDIR 59 – O pessoal da TV viu a gente foi lá. E pagaram até adiantado.

Entra o diretor artístico da emissora. Olha para os três com desprezo.

DIRETOR ARTÍSTICO – Elza, você é a próxima. Seu Candeia, seu Waldir e seu Mazinho...? O camarim é desse lado de cá, certo? Mas o que é isso? Essas roupas aí não têm nada a ver com o produto, certo? O que vocês vão usar é isso aqui. *(Oferece três sumários trajes indígenas)* Cinco minutos, todos prontos, certo? (*Sai)*

Os três ficam mudos durante um tempo, assimilando o "golpe".

CANDEIA – Ah, não, isso é humilhação demais! A essa altura da vida me vestir de índio?

WALDIR 59 – Se você acha que não pode mais passar por isso, imagine eu, meu filho!

CANDEIA – Não vou é fazer mais nada. Tanto trabalho pra isso!

MAZINHO – Mano, já gastamos o cachê. Vocês têm o dinheiro pra devolver? Então, não há saída. Vamos fazer o comercial.

CANDEIA – Então está certo. Com a condição de você fazer o cacique.

ELZA SOARES – Quando a esmola é demais o santo desconfia, né não, malandragem? Agora deixa eu ir. Boa sorte, Mazinho. (*Debochada)* Ensaiem direitinho essa história aí de tribo de índios pretos, que se sair legal eu até compro esse ar refrigerado pro meu cafofo!

MAZINHO *(Repetindo, a contragosto, o texto do comercial) – Na cidade é muito melhor. A cidade é fresquinha. Lá se dorme bem. Aqui na selva tudo quente.*

WALDIR 59 – Faz de novo que não está muito bom.

CANDEIA – Isso ainda vai ter troco! *(Imitam índios numa dança da chuva estilizada)*

CENA 12

Ator e atriz.

Fim das memórias de Candeia. Volta ao tempo presente.

ATOR – O homem não era mole não. Fazia tudo bem. Era jongo, era partido alto, era samba-enredo... Samba de terreiro... Samba-canção...

Uma atriz canta *Profecia (Candeia)*

Mais cedo ou mais tarde
Você vai voltar
Pedindo, implorando
Para lhe perdoar
Confesso que na hora
Sorri e zombei da sua profecia
Nos braços de Orfeu
Me perdi na orgia
Andei por aí
Muitos sambas cantei
Só mais tarde me lembrei

Fiz do meu canto
O melhor dos meus versos
Sua profecia
Mas o meu pranto correu
Quando nasceu o dia
Confesso que chorei
Pelas ruas da desilusão
Vagando com amor
Em meu coração
Pelas ruas da desilusão
Vagando com amor
Em meu coração

Dos amigos nem sequer
Me despedi
E a boemia deixar, resolvi
Guardei viola no saco
Subi o morro pro nosso barraco

Bati na janela
Chamei amorzinho
A vida é tão bela
Então vamos viver

Hoje é coisa rara
Alguém gostar tanto
Como gosto de você
Assim falei
Meu amor abriu a porta
Voltaste?
Voltei.

CENA 13

Candeia e Leonilda.

Ao fim da música anterior, Candeia entra na cadeira de rodas. Fica um tempo sozinho, pensativo. Sem ser vista, Leonilda entra e observa o marido. Só depois de um tempo é que Candeia percebe sua presença. Olham-se, mas ele, instintivamente, se vira, com vergonha de encarar a mulher.

LEONILDA – Eu vim te buscar, Candeia. *(Candeia não reage)* Chegou a hora. Você vai voltar pra casa...

CANDEIA – E se eu disser que quero ficar?

LEONILDA – Não acha que ficou bastante por aqui? Natal, Ano Novo, carnaval... Foram três meses. Já não é o suficiente?

CANDEIA – Eu não queria ir pra lugar nenhum...

LEONILDA – Mas você vai para casa, Candeia, pra casa! Todo mundo te esperando... A Natalina está que não se aguenta de saudades... E a Selminha e o Jairo então? Estão loucos pra te ver...

CANDEIA – E como é que eu vou sair assim?

LEONILDA – Você vai sair vivo, é o que importa. Basta um tiro para derrubar uma pessoa, Candeia. Você levou cinco! Chegou aqui desenganado, e está aí pra contar a história, melhor do que muita gente.

CANDEIA – Não quero que me vejam desse jeito.

LEONILDA – Como? Por que não? Vão até armar uma festa pra você lá em casa...

CANDEIA – Não quero ver ninguém! Que graça tem eu ir assim?

LEONILDA – Tem muita! Tem muita! Eu fiz tanta promessa, tanta oração... Fiz até as tais oferendas que teu irmão mandou... Fiz tudo o que podia e o que não podia, meu amor... Eu não queria te ver assim... *(Ficam em silêncio um tempo)* Vamos pra casa, você vai se sentir melhor.

CANDEIA – Eu vou ficar bom, não vou?

LEONILDA *(Hesitando)* – Vai, meu amor, vai... Mas você tem que ter paciência, a recuperação vai ser um pouco demorada... Você vai ter que se dobrar, fazer tudo que o médico mandar, direitinho... fazer fisioterapia...

CANDEIA – Ele falou se... se eu vou conseguir... ? *(Não consegue completar a frase)*

LEONILDA *(Sorrindo, constrangida)* – Você tem chance, sim. Daqui a um tempo, você volta aqui, faz uns exames e ele te opera de novo... até você ficar bom. Até você voltar a ser o meu Candeia de sempre.

Candeia emudece mais uma vez.

CANDEIA – Leonilda... eu...

LEONILDA – Ô, meu amor, meu amor... se você tivesse ido pra casa pra ver a gatona, nada disso teria acontecido. Mas você foi levar a gatinha em casa...

CANDEIA – Perdão, minha flor, perdão. Você é a minha rainha, você sabe disso.

LEONILDA – Eu sei, eu sei.

CANDEIA – Isso não vai acontecer nunca mais. Te juro. A partir de agora, eu vou te levar pra todos os lugares. Só você, ninguém mais. *(Beijam-se com ternura)*

LEONILDA – Confia em mim. Em tudo que você precisar, eu vou te ajudar. Em tudo, ouviu?

Leonilda sai, empurrando Candeia em sua cadeira de rodas. Uma atriz canta *Regresso (Candeia)*. Durante a música, Leonilda e Candeia chegam em casa, no plano inferior do cenário. Ele hesita um pouco antes de entrar, estranha o ambiente. Leonilda deixa-o sozinho. Ele ensaia, com dificuldade, alguns deslocamentos com sua cadeira pelo ambiente. Aprende a "andar" novamente.

Canto, canto com alegria
Hoje a nostalgia está triste,
Sentindo o cantar
Que em meu coração bate
Tão forte, contente,
Dizendo a toda gente
Que voltaste ao meu lar

Não sabia que voltavas tão meiga assim
Parte, amor, já é noite, mas traga de novo
O calor dos seus beijos pra mim
Que eu sei dar valor ao regresso
Juro, jamais te peço
Pra ficares, amor (3x)

CENA 14

Candeia.

Ao término da música, a campainha toca. Candeia está em casa, na cadeira de rodas. Dirige-se a uma mesa, pega alguns papéis para fazer umas anotações. A campainha toca novamente. Candeia faz menção de se dirigir para a porta. Arrepende-se, desiste. A campainha toca mais algumas vezes, insistente. Candeia não atende. Começa a ler o que escreveu. Durante a fala, a voz vai passando para *off*.

CANDEIA – Início de um Ano Novo, a derrota me apavora: começo a perder a fé em minhas possibilidades de recuperação. Estou morrendo de dentro pra fora. Perco gradativamente o interesse pelo presente e pelo futuro. Após mais um ano decorrido, sou obrigado a reconhecer que não tive nenhuma melhora digna de registro. Eis a razão do atual desabafo. Mas, apesar de todas as adversidades, resolvi que continuarei lutando, praticando os exercícios e tomando os medicamentos. Em momento algum me entregarei ao desânimo ou ao desespero. Okê! Arô, Oxóssi!

Candeia canta *Preciso me Encontrar (Candeia).*

Deixe-me ir, preciso andar
Vou por aí, a procurar
Sorrir pra não chorar

Quero assistir ao sol nascer
Ver as águas dos rios correr
Ouvir os pássaros cantar
Eu quero nascer, quero viver
Deixe-me ir, preciso andar
Vou por aí, a procurar
Rir pra não chorar

Se alguém
Por mim perguntar
Diga que eu só vou voltar
Quando eu me encontrar
Depois que eu me encontrar

CENA 15

Bretas, Mazinho, Casquinha, Candeia, outros.

Jacarepaguá Tênis Clube. O clube está lotado. É a primeira aparição pública de Candeia depois do acidente. Ele não sabe que irá cantar para uma multidão. Bretas, Mazinho, Casquinha e Jorge conversam antes dele entrar.

BRETAS – Acho sujeira isso, Mazinho. O homem é enfezado, vai ficar uma fera quando souber que a "casa de um amigo" é simplesmente o Jacarepaguá Tênis Clube.

MAZINHO – Mas se não for assim, no tranco, ele não pega mais, Bretas. Tem que voltar a cantar pro público. Vai dar certo. A gente já não combinou tudo com o pessoal do clube?

BRETAS – Já.

MAZINHO – Então! Tem gente aí saindo pelo ladrão. E gente que está aí com a maior boa vontade, veio só pra ver o Candeia. Ele não vai decepcionar ninguém, ouve só.

BRETAS – Sei não... acho arriscado. Mas eu confio na tua ideia. Como é que tu conseguiu isso? Arrastar o homem pra cá?

CASQUINHA – Que papo bom o teu, hein, Mazinho?

MAZINHO – Não interessa. Eu falei que era a casa de um amigo, vão dar um jeito lá atrás para ele não perceber. Falei que eu ia trazer vocês dois, o Osmar do Cavaquinho, o Joãozinho da Pecadora e disse que ele tinha que vir também, de qualquer jeito.

CASQUINHA – Assim, tão fácil?

MAZINHO – Não... Ele perguntou se eu ia trazer a Wilma.

BRETAS – Safado!

MAZINHO – Quis saber se tinha batida de limão com erva-doce, caldo de mocotó e... escada.

CASQUINHA – E o que vocês disseram?

MAZINHO – Eu disse que não, né, Casquinha? É claro. Aqui é tudo plano.

BRETAS – Shhhh... O homem está chegando. Silêncio. Se ele perceber alguma coisa, ele nem entra.

Candeia aparece no centro do palco, que se ilumina completamente, junto com a plateia. Ele percebe que caiu numa cilada. Não lhe agrada a princípio estar no centro das atenções, mas ele resiste. Os amigos, num canto do palco, ficam na expectativa. Candeia, na cadeira de rodas, está com o violão. Alguém ensaia bater palmas para ele. Todos, de repente, começam a aplaudi-lo. Candeia, resignado, começa a arranhar algumas notas e todos silenciam. Canta *De qualquer maneira (Candeia)*, e aos poucos os outros se juntam a ele.

De qualquer maneira
Meu amor eu canto
De qualquer maneira
Meu encanto eu vou sambar

Com os olhos rasos d'água
Ou com sorriso na boca
Com o peito cheio de mágoa
Ou sendo a mágoa tão pouca
Quem é bamba
Não bambeia
Falo por convicção
Enquanto houver samba na veia
Empunharei meu violão

Sentado em trono de rei
Ou aqui nesta cadeira
Eu já disse e já falei
Que seja qual for a maneira
Quem é bamba
Não bambeia
Falo por convicção
Enquanto houver samba na veia
Empunharei meu violão

CENA 16

Leonilda, Firmina, Bretas, Edgar, Mazinho e Candeia.

O Jacarepaguá Tênis Clube se "transforma" na casa de Candeia. Leonilda vem da cozinha, tensa.

LEONILDA – Ai, meu Deus, e a Firmina que não chega!

FIRMINA (*Entra, esbaforida*) – Cheguei! Cheguei!

LEONILDA – Se eu dependesse de você, hein?

Os amigos cantam um trecho de *Sinhá dona da casa (Candeia)*, e entram na casa.

> *Sinhá dona da casa, me dê permissão (2x)*
> *Mas só vim aqui pra te ver, crioula (2x)*

MAZINHO – Nessa casa, agora, tudo é motivo de pagode, né não?

CANDEIA – Um samba novo, um samba velho, uma entrevista que eu vou dar, um programa na televisão pra fazer, um ensaio... qualquer coisa.

LEONILDA – E a qualquer hora! E a cozinheira é que não para mais!

EDGAR – Então, Leonilda, não esquece de botar as pretas pra gelar!

LEONILDA – As pretas e as loiras, né, Edgar, que eu não sou boba!

CANDEIA – Pois, é, meus irmãos... Ser um homem com saúde e com dinheiro no bolso é fácil. O negócio é mostrar que tem colhão na hora de ter uma doença ou de tirar cadeia. Na hora da adversidade é que a gente tem que mostrar que tem axé. *(Leonilda se aproxima, Candeia a abraça)* Eu hoje estou bem e estou feliz porque aprendi que ser feliz é ter consciência de que ninguém tem a felicidade completa. Todo mundo carrega a sua cruzinha. Por isso, não adianta se lamentar...

LEONILDA – Vocês não sabem como eu fico feliz vendo meu Candeia de novo desse jeito! Se ele voltou a ser o mesmo, foi graças a vocês.

BRETAS – Que é que vai ser hoje, Leonilda?

FIRMINA – Eu sei! Eu sei!...

LEONILDA – Fica quieta aí, Firmina! Tô assando é aquele coelho...

EDGAR – O coelho em vinha d'alhos??

LEONILDA – É, esse mesmo. A Clara mandou esperar por ela, daqui a pouco ela está chegando.

CANDEIA – Ai, que fome.

MAZINHO – Se ela não chegar agora, eu mando buscar!

LEONILDA – Vamos lá dentro ver em que pé está a coisa, Firmina? *(Vão saindo)*

FIRMINA – Ah, aproveita e me passa essa receita aí desse coelho também, Leonilda!

Leonilda sai com Firmina. A conversa continua no quintal.

BRETAS – Fala a verdade, hein, Candeia, que se também não fosse a Leonilda, você não estaria aqui hoje.

CANDEIA – É, Bretas. A Leonilda foi minha salvação mesmo. Lutou com todas as forças para que eu não me entregasse. E eu não me entreguei. Estou aí pro que der e vier.

EDGAR – E aí? Tomou coragem? Vai defender uma música no Festival da Canção, Candeia?

CANDEIA – Sei não, Edgar, sei não. Não confio muito nessa de festival.

MAZINHO – Por quê? É a chance de você aparecer, ficar mais conhecido, gravar seu disco, homem. Não é isso que você quer?

BRETAS – Também acho. O Mazinho tem razão. Você devia tentar, Candeia. Que é que tem de mais? Só porque é festival?

CANDEIA – Eu... eu acho é o seguinte: o país está num clima de tanta frustração... que o lance dos festivais até é positivo para dar vazão a essa moçada. Mas é uma moçada da classe média, universitários, filhinhos de papai... E só... Nada a ver com a nossa praia. Lá só tem macaca de auditório.

EDGAR – É verdade. E a maioria dos compositores é farinha do mesmo saco.

CANDEIA – Eu não me engano: o samba não tem vez nesses festivais. Entra, participa, brilha, mas ninguém jamais deixou nem vai deixar um samba ganhar.

BRETAS – Mas a Record não inventou a Bienal do Samba? Quem sabe isso muda...

CANDEIA – Bienal, Bretas, o nome diz: bi-e-nal. Não é anual, como os outros. E vocês querem apostar quanto como a segunda edição não sai?

EDGAR – Ô, Candeia, você não está muito pessimista, não? Inscreve o seu samba nesse festival aqui do Rio mesmo então, fica até mais fácil.

CANDEIA – Sei não... Hoje em dia, todo mundo só querendo saber de iê-iê-iê, ritmos estrangeiros... Fazer sucesso no meio disso tudo não é pra qualquer um não. É por isso que eu digo: eu quero ver quanto tempo esse público de festival aguenta uma apresentação sem pandeiro furado e violão que dá choque. *(Todos riem)*

MAZINHO – O negócio vai esquentar, Candeia. Não pensa duas vezes, parceiro. Inscreve logo no Festival. Maracanãzinho também não é pra qualquer um, não. Muita gente boa: Monsueto, Jorge Ben... aquela moça nova, Beth Carvalho...

EDGAR – Se eu fosse você escrevia e levava pro Martinho. Ele defende samba como ninguém.

Cantam *A Flor e o Samba (Candeia)*. Todos participam.

Vem sambar, iaiá
Vem sambar, ioiô
Iaiá, ioiô

Não tenho dinheiro
Só tenho pandeiro e viola

Mas vem depressa pro meu samba
Que ele consola, viu
Menina, pra que desamor?
Veja quanta beleza
O samba, assim como a flor,
Também é natureza.

Vem sambar, iaiá
Vem sambar, ioiô
Iaiá, ioiô

Só vive pior
Quem não vai sambar na avenida
O samba é o tesouro maior
Que se deixa na vida
O samba é a liberdade
Sem sangue e sem guerra
Quem samba de boa vontade
Tem paz nessa terra

CENA 17

Clara Nunes, Candeia, Mazinho, Edgar e Bretas. Mesmo ambiente da cena 16

BRETAS – Ih, gente, ela chegou!

CLARA NUNES *(Entrando)* – Salve, mestre Candeia!

CANDEIA – Salve, Clara, eparrei! *(Todos a cumprimentam)*

CLARA NUNES – O coelho da Leonilda não saiu ainda não, né?

CANDEIA – Não, mas está pra sair. Você sabe que esse coelho da Leonilda é de lei quando você aparece, né?

CLARA NUNES – Hmmm... É pra comer rezando!

CANDEIA – Rezando e sem talher, que isso é frescura! *(Todos riem)*

CLARA NUNES – Ai, me segura, que o cheiro tá vindo aqui!

CANDEIA – É, mas enquanto não chega, bora usar esses pratos aí, Edgar?

EDGAR – Bora...

Eles pegam os pratos, transformando-os em instrumentos de percussão. Iniciam uma roda de partido alto com o cavaquinho.

CANDEIA – Você lembra, Mazinho, daquele partido que se fazia antigamente lá na Portela?

MAZINHO – Acho que não fazem mais não...

CANDEIA – É, tenho a impressão que não se faz mais, não. Tinha o som do cavaquinho... o som de um prato... e se formava uma roda de samba sem refrão, era somente o cavaquinho fazendo aquela sonorização e mais os outros ritmos que iam aderindo ao espírito do trabalho.

CLARA NUNES – Mas não tinha partido com versos?

CANDEIA – Tinha, também. Que nem a música nordestina. Na base da improvisação.

BRETAS – Isso ainda tá igual até hoje...

CANDEIA – Mas os versos iam variando, né? Versos de quadra... versos duplos... Existem diversas formas de partido alto... Também tinha os passos... O miudinho, por exemplo, era mais ou menos assim *(Eles executam, e um dos atores entra na roda e mostra)* Nós tínhamos também uma maneira de dançar um partido em que a moça entrava na roda, rebolando, se requebrando toda com as mãos nas cadeiras. *(Clara entra na roda)* Nós tivemos também no partido um outro tipo de passo, chamado amoladinho. Faz aí, Edgar. *(O ator entra na roda. O partido chega ao auge. Todos aplaudem)*

CLARA NUNES – É isso aí, rapaziada: Candeia que vai à frente... *(Deixando os outros completarem)*

TODOS – Alumia duas vezes!!

CLARA NUNES – Vamos cantar, mestre Candeia?

CANDEIA – Simbora!

Clara Nunes canta *O mar serenou (Candeia).*

O mar serenou quando ela pisou na areia
Quem samba na beira do mar é sereia

O pescador não tem medo
É segredo se volta ou se fica no fundo do mar
Ao ver a morena bonita, sambando se explica
Que não vai pescar (deixa o mar serenar)

O mar serenou quando ela pisou na areia
Quem samba na beira do mar é sereia

A lua brilhava vaidosa de si,
Orgulhosa e prosa com o que Deus lhe deu
Ao ver a morena sambando
Foi se acabrunhando e então adormeceu
(o sol apareceu)

O mar serenou quando ela pisou na areia
Quem samba na beira do mar é sereia

Um frio danado que vinha do lado gelado
Que o povo até se intimidou
Morena aceitou o desafio, sambou
E o frio sentiu seu calor (e o samba se esquentou)

O mar serenou quando ela pisou na areia
Quem samba na beira do mar é sereia

A estrela que estava escondida
Sentiu-se atraída e depois então apareceu
Mas ficou tão enternecida
E indagou a si mesmo:
A estrela, afinal, será ela ou sou eu?

O mar serenou quando ela pisou na areia
Quem samba na beira do mar é sereia

Leonilda voltando da cozinha, grita.

LEONILDA – O coelho tá pronto!!

Todos saem correndo. Candeia é deixado sozinho. Dedilha *O sonho não acabou (Luiz Carlos da Vila)* em seu violão.

CENA 18

Jorge Coutinho, Irany, Casquinha e Candeia.

Casa de Candeia. Candeia (na cadeira de rodas), Jorge Coutinho, Irany e Casquinha estão entrando, cabisbaixos, retornando da apuração das escolas de samba. A Portela ficou em 4º lugar.

JORGE COUTINHO – É... Não deu pra nós. De novo.

IRANY – Quarto lugar! Nem parece a Portela dos velhos tempos...

CASQUINHA – Lembra, Candeia? Sete anos de glória! Sete anos seguidos, campeã. A Portela, com a sua "Tabajara", não perdia pra ninguém.

CANDEIA – Eu lembro bem... Era criança ainda. E agora, tô com quase 40 e aí? Cadê? Estamos no maior jejum.

JORGE COUTINHO – É. E isso pra mim é culpa do Carlinhos.

CASQUINHA – Nada, Jorge. Ele também está perdido, também está querendo saber o que é que está acontecendo. Pediu até pra avisar que quem tiver sugestões pro desfile do ano que vem, é só fazer um documento por escrito, bonitinho, e levar lá.

CANDEIA – Bom, se ele pediu, agora vou peitar... A Portela está se descaracterizando, tá muito influenciada. Só esse ano, vê só: seis mil pessoas desfilando! De onde é que apareceu tanta gente?

CASQUINHA – Isso é verdade. Eu nunca vi a Portela tão grande assim! Depois foi um tal de todo mundo correr na avenida pra acabar o desfile no tempo certo...

IRANY – Agora inventaram isso de "tempo certo"... coisa estranha! Como é que deixaram passar isso?

CANDEIA – Primeiro veio aquela história de pagar o trabalho de alegorias no barracão... sei não... Desde que o samba é samba, o artista popular, popular mesmo, sempre foi amador, quer dizer, fazia o trabalho por amor. O lucro maior era o título de campeã na avenida. Agora ainda vem esse negócio de cronometrar...

CASQUINHA – Com essa gente toda né...

CANDEIA – É muita gente! Muito destaque que não sabe nem cantar o samba, muito artista de televisão, muito componente que não sabe se comportar na armação... gente que nem sabe onde fica Oswaldo Cruz. E o pior é o seguinte:

o sambista, quando viu essa gente toda, achou que estava saindo por cima, que agora iam dar o valor que ele sempre mereceu.

JORGE COUTINHO – Faz sentido, Candeia.

CANDEIA – Mas a verdade, meu amigo, é que essas pessoas não vieram pra escola pra prestigiar o samba! E o que foi que aconteceu? Todo ano, esse pessoal quer "novidade". Novidade em cima de novidade.

CASQUINHA – E nós começamos a desfilar mostrando o que os outros queriam ver, e não o que deveria ser mostrado...

CANDEIA – Alegoria em cima de alegoria, luxo em cima de luxo.

IRANY – Tem até um rapaz por aí dizendo que pobre gosta mesmo é de luxo. Que quem gosta de pobreza e miséria é intelectual.

CANDEIA – Ô, Irany, como é que o pobre vai gostar de alguma coisa que ele nunca viu nem nunca teve? *(Risos)* Isso aí é papo de carnavalesco metido à besta.

CASQUINHA – Carnavalesco... no nosso tempo nem essa palavra tinha!

CANDEIA – É isso que eu digo: nada mais é autêntico no desfile. Hoje em dia, o sambista, de repente, está concorrendo com artistas plásticos, escultores, cenógrafos, figurinistas, com curso superior, todo mundo apresentando *curriculum vitae*! É só você ver... antigamente sambista tinha nome de passarinho: Bem-Te-Vi, Andorinha, Periquito... hoje quem manda nas quadras é tudo "doutor", "coronel", "capitão"... *(Os outros concordam)* Sem o suor do sambista não haveria ensaio, não haveria dinheiro... Só que esses componentes estão ficando sem nada, a não ser o prazer e o direito de desfilar, que aos poucos estão lhe tirando também. Nem os compositores estão mais à vontade. Têm que fazer samba curto e com rima fácil porque é isso que "funciona"! Está funcionando lá? Então vamos fazer aqui também.

CASQUINHA – Candeia tem razão. A águia da Portela foi escolhida porque era o símbolo do que voa mais alto, do que está acima de todos. A Portela nunca precisou imitar nada de ninguém.

CANDEIA – Olha, quem acha que é impossível recuperar os valores antigos, que fizeram a glória da Portela no passado, está enganado. Todo mundo aguardava a nossa escola para ver alguma coisa original. Vamos voltar a ser originais, então, minha gente. Mas original mesmo, quer dizer: vamos é ser fiéis às origens. A Portela não pode esquecer que é mais uma árvore, e árvore que se preza tem raiz.

Os atores cantam à capela o segundo e o terceiro trecho da estrofe inicial de *O sonho não acabou (Luiz Carlos da Vila)*.

O tempo que o samba viver
O sonho não vai acabar
E ninguém irá esquecer
Candeia

CENA 19

Leonilda e Firmina.

Firmina na porta da casa de Leonilda. Bate palmas.

FIRMINA – Leonilda! Leonilda! (*Leonilda não responde)* Ô, mulher enrolada, gente! Ô, Leonilda, abre aí!

LEONILDA *(Entrando, sem muita paciência)* – Ô, meu pai, que é que você quer agora?

FIRMINA – Leonilda, me ajuda? Meu coelho desandou, menina!

LEONILDA – Ah, Firmina, você faz tudo com pressa, isso é que dá.

FIRMINA – Puxa, Leonilda...

LEONILDA – Ah, sinto muito, mas hoje não dá, não. Você que se vire. Candeia tá uma pilha, tô sem cabeça pra nada.

FIRMINA – O que é que foi?

LEONILDA – Aquele documento lá que eles fizeram pra Portela... Fizeram tanta sugestão bacana... O protótipo das fantasias no barracão pro diretor de ala não fazer besteira, um concurso interno de samba de terreiro, um ensaio geral para os componentes... Parece que ficou na gaveta até hoje. Ninguém nem leu.

FIRMINA – Ih, isso vai feder...

LEONILDA – Que é que vai feder, Firmina?

FIRMINA – O Candeia não vai deixar barato, né? Até parece que tu não conhece a peça!

LEONILDA – É... Eu só não queria que ele arrumasse confusão com ninguém... Já chega, né?

FIRMINA – Mas escola de samba, e em Oswaldo Cruz, tu sabe como é que é... Muito cacique pra pouco índio! Sempre foi assim. E ainda mais agora, né? Candeia ficando famoso... não sei, não. *(Tempo)* Leonilda... posso te pedir uma coisa?

LEONILDA *(No auge da impaciência)* – Que que é, Firmina? É receita?

FIRMINA – Né, não...

LEONILDA – Fala logo, mulher, que eu tô cheia de serviço.

FIRMINA – Tu não vai esquecer da gente não, né?

LEONILDA – Como assim, Firmina?

FIRMINA – Ah, sei lá, né... Com esse negócio todo... Programa da Bibi Ferreira na televisão, gravação de disco, show pra lá, show pra cá... show até com o seu Cartola... A Clara vendendo que nem água... daqui a pouco vocês saem daqui da rua Mapendi, né? Como é que eu vou ficar?

LEONILDA – Firmina, fica sossegada, mulher, que do Tanque a gente não passa! *(Risos)*

FIRMINA – Hmm.. Falando em tanque, deixa eu voltar pro meu batente, então... Já que você não quer me ajudar, né? *(Vai saindo. Volta)* Ah, Leonilda...

LEONILDA – Que é, Firmina?

FIRMINA – Tu pode me passar aquela receita do camarão?

LEONILDA – Eu sabia!...

LEONILDA – Anota aí, anda. São 2 vidros grandes de maionese, 8 garrafas de cerveja e 12 limões grandes. Você tem que deixar o camarão uns 15 minutos no caldo do limão e depois cozinhar na cerveja. Aí, você seca tudo num paninho... coloca a maionese pra derreter e...

FIRMINA – E de camarão, vai quantos quilos?

LEONILDA – Vinte e cinco.

FIRMINA *(Assustando-se com a quantidade)* – Vinte e cinco?! Vinte e cinco quilos de camarão?

LEONILDA – E do graúdo!

FIRMINA – Do graúdo? Ai, Virgem Maria!... Ah, não sei não, menina, acho que eu nem vou anotar. Se ainda fosse daquele camarão cinzinha, miudinho, sem cabeça... Camarão tá caro pra chuchu, né, Leonilda?

LEONILDA – Então não anota, faz o que você quiser.

FIRMINA – Acho que eu vou é continuar comendo o camarão na rua e o chuchu em casa. Fica mais em conta, né?

LEONILDA – Cara de pau! A tua rua é aqui na minha casa, né? Vai simbora, Firmina...

FIRMINA – Não sei porque tudo que tem camarão é tão caro nesse país! Eu fico boba de ver! Com esse litoral todo? Tem mais camarão que mulher feia de maiô!

CENA 20

Candeia, Homem 6, Homem 7, Mulher 6 e Mulher 7.

Atores cantam *Dia de Graça (Candeia)*.

Hoje é manhã de carnaval
Há o esplendor
As escolas vão desfilar (garbosamente)
Aquela gente de cor, com a imponência de um rei
Vai pisar na passarela
Vamos esquecer os desenganos (que passamos)
Viver a alegria que sonhamos (durante o ano)

Damos o nosso coração, alegria e amor
A todos, sem distinção de cor

Mas depois da ilusão, coitado (2x)
Negro volta ao humilde barracão

Negro, acorda, é hora de acordar
Não negue a raça
Torne toda manhã dia de graça
Negro, não humilhe nem se humilhe a ninguém
Todas as raças já foram escravas também
Deixa de ser rei só na folia
Faça da tua Maria uma rainha todos os dias
E cante um samba na universidade
E verá que teu filho será príncipe de verdade

Aí então (2x)
Jamais tu voltarás ao barracão

Enquanto cantam, arma-se a festa de inauguração da Quilombo, na sede do Esporte Clube Vega, em Coelho Neto. Entram os integrantes da escola, sambistas e curiosos, formando uma roda em torno do cadeirante Candeia, que assume, indiscutivelmente, a liderança do grupo. Ele fala para o povo como se estivesse num comício. Enquanto isso, os atores distribuem o "manifesto" da GRANES Quilombo, com o texto: *Estou chegando... Venho com fé. Respeito mitos e tradições. Trago um canto negro. Busco a liberdade. Não admito moldes. As forças contrárias são muitas. Não faz mal... Meus pés estão no chão. Tenho certeza da vitória. Minhas portas estão abertas. Entre com cuidado. Aqui, todos podem colaborar. Ninguém pode imperar. Teorias, deixo de lado. Dou razão à riqueza de um mundo ideal. A sabedoria é meu sustentáculo. O amor é meu princípio. A imaginação é minha bandeira. Não sou radical. Pretendo, apenas, salvaguardar o que resta de uma cultura. Gritarei bem alto explicando um sistema que cala vozes importantes e permite que outras totalmente alheias falem quando bem entendem. Sou franco-atirador. Não almejo glórias. Faço questão de não virar academia. Tampouco palácio. Não atribua a meu nome o desgastado sufixo -ão. Nada de forjadas e malfeitas especulações literárias. Deixo os complexos temas à observação dos verdadeiros intelectuais. Eu sou povo. Basta de complicações. Extraio o belo das coisas simples que me seduzem. Quero sair pelas ruas dos subúrbios com minhas baianas rendadas sambando sem parar. Com minha comissão de frente digna de respeito. Intimamente ligado às minhas origens. Artistas plásticos, figurinistas, cenógrafos, departamentos culturais, profissionais: não me incomodem, por favor. Sintetizo um mundo mágico. Estou chegando...*. O folheto contém, ainda, a cobertura da imprensa: *Aguardada por muitos com ansiosa curiosidade, a inauguração do Grêmio Recreativo de Arte Negra e Escola de Samba Quilombo foi realizada sábado, na sede do Esporte Clube Vega, em Coelho Neto, subúrbio do Rio de Janeiro. Um dos primeiros elementos a comparecer foi Paulinho da Viola. Não eram ainda 14 horas e o autor de* Tá Legal *já se encontrava no clube. Enquanto os fundadores da Quilombo entregavam o manifesto aos presentes, sambistas de outras agremiações, como Império, Portela, Lucas, Mangueira, iam chegando. Não tardou muito e os instrumentos entravam em ação. Nas dependências do clube, tudo foi improvisado. Um bar atendia aos presentes. Algumas mesas conseguidas por empréstimo foram dispostas à margem de uma quadra de cimento. Nela se instalaram umas cem pessoas, sambistas e curiosos, especulando sobre como será a coisa.*

CANDEIA – O acontecimento de hoje é apenas para aproximar os fundadores da Quilombo daqueles que desejam participar do movimento. Na minha residência já não era mais possível acolher essa moçada. Por isso viemos pra cá, pra sede do Esporte Clube. É bom que todos vejam de perto o planejamento do trabalho e sintam claramente o que pretendemos fazer, para não ficarem pensando que queremos inventar folclore.

HOMEM 6 – E o que é a Quilombo, Candeia?

CANDEIA – Quilombo é uma greve de sambistas contra a poluição no meio.

MULHER 7 – Como assim?

CANDEIA – Aqui é rua de terra batida, filha. Não tem uma multidão se espremendo pra cantar qualquer sambinha de embalo. Não tem "olelê" nem "obabá". Nossa bateria foi doada. Ninguém aqui está preocupado com bilheteria, com imprensa "escrita, falada e televisionada", com autoridades civis e militares, com concurso de fantasia e com alegoria de isopor. Em outras palavras: a Quilombo não pretende chamar atenção do consumo.

HOMEM 7 – Mas não dava pra fazer isso sem fundar uma escola?

CANDEIA – No momento, não. A criação da Quilombo foi uma necessidade, uma coisa urgente. Foi por amor ao sambista e à nossa gente. Foi para conscientizar, pra preservar nossa cultura, em defesa do que representa Rufino, Santana, Lonato... Presta atenção: a Quilombo não quer dividir, mas somar forças em torno das coisas autênticas.

MULHER 6 – E como é que a gente faz para aderir a essa "greve"?

CANDEIA – O primeiro passo é assumir a sua cor. O negro precisa saber que pode ter um papel transformador sobre a realidade imediata que está aí. O negro tem que se organizar, sem ódio nem ressentimento, para ocupar o lugar que ele tem direito.

HOMEM 7 – Mas contrariar isso que está aí não é arriscado, não?

CANDEIA – E o que é que não é arriscado, rapaz? O negro está correndo risco desde o dia que nasceu! Se uma sociedade justa é possível, então a participação do negro tem que ser uma realidade, e em todos os altos graus do poder, para que nossos filhos não sintam vergonha de ser brasileiros. *(Enquanto Candeia fala, todos se juntam à sua volta, magnetizados por sua figura)* É o que eu digo sempre: aqui no Brasil houve a libertação da escravatura, mas o negro ficou escravizado por outro meio, sem o chicote. Ele ficou excluído do processo de desenvolvimento social. Então eu acho que a gente deveria era fundar uma comunidade negra, de estudos afro-brasileiros. O pessoal fala muito do negro americano... Mas o negro americano já está por fora de tudo, já sofreu uma lavagem cerebral, já não está mais ligado às suas origens. É o negro brasileiro que tem que fazer isso, porque ele é o maior herdeiro cultural africano, o maior herdeiro da nossa cultura mãe! *(Burburinho)* Eu sei que o assunto é carne de pescoço. Quando a gente toca nele, parece que nós é que somos radicais. Mas, se ser radical é defender as coisas nossas, então eu sou radical. O negócio é assumir uma posição. *(Mais burburinho, Candeia pede a atenção de todos)*

MULHER 6 – Você não tem medo de ser acusado de racista, Candeia?

CANDEIA – Eu não me incomodo. Não me incomodo e aviso a vocês para não aceitarem essa pecha de racista, porque essa é outra tática de intimidação. O nosso movimento é um movimento de resistência, sim. Mas não é uma resistência contra os muitos brancos que estão entrando nas escolas. A resistência é para evitar que daqui a algum tempo ninguém saiba exatamente o que era uma escola de samba. Se continuar do jeito que vai, não está longe o dia que não vai ter mais ala de baianas, mestre-sala e porta-bandeira, passistas, compositores... As escolas vão desfilar todas em cima de carros alegóricos! O samba não pode ser afastado de suas raízes culturais.

MULHER 7 – Mas isso não parece muito romântico, não?

CANDEIA – Romântico? Não. Não é romântico porque não estamos presos à fantasia nem a sentimentalismos. Só pode ser considerado romântico na medida em que possa apaixonar. E só. *(A partir daqui, o conjunto executa* "Cabocla Jurema", de Alvarenga e Candeia. *Durante o restante dessa fala, Candeia vai dando menos atenção aos outros e se dirigindo mais à plateia. Atrás dele, os que estavam presentes na cena anterior se transformaram em integrantes da Quilombo dos Palmares. Surgem os passistas, o mestre-sala e a porta-bandeira, que traz o pavilhão com as cores branco, dourado e lilás. A fala de Candeia, que já está em primeiro plano, é entrecortada pelos refrões da música)* Enquanto a Quilombo existir, vai por mim, vai ser a melhor referência para quem quiser conhecer uma escola de samba comandada e formada por verdadeiros sambistas. Uma escola com letra maiúscula. Escola como a escola de samba deveria ser: pra ensinar mesmo. E pra todos que amam o samba, os mangueirenses, os portelenses, todos os que amam o Brasil e a nossa cultura, eu quero dizer uma coisa: ajudem a preservar o que é nosso. Um país que deixa a cultura do povo se perder nunca será uma nação.

Os integrantes da Quilombo dos Palmares, cantam *Cabocla Jurema (Alvarenga/Candeia)*.

Essa história começou assim
Todos queriam seu coração

A cabocla olhou para mim
Mas o seu amor não percebi

Jurema, Jurema
A mais linda flor do meu sertão
Jurema, Jurema
Violeiro quer seu coração

E o chefe dos violeiros então lhe perguntou
Entre tantos violeiros de quem mais gostou
Ela então sorrindo respondeu
Ele vai saber melhor que eu

E desapareceu
Linda cabocla
Desapareceu
O amor que não foi meu
Desapareceu
Ai, ai, desapareceu
Ai, ai, desapareceu

Ô, ô, ô, ô, ô, ô, ô, (2x)
Ainda não voltou

Sonhei que tava na mata
E vi uma linda cabocla
Que há pouco tempo morreu
E o culpado fui eu
Assim ela dizia
Que gostava tanto de mim (2x)
E eu não sabia

Jurema, Jurema
A mais linda flor do meu sertão
Jurema, Jurema
Violeiro quer seu coração

E o lamento dentro da noite ecoou
Ô, ô, ô, ô, ô, ô, ô,
Ainda não voltou

E o lamento dentro da noite continuou
Ô, ô, ô, ô, ô, ô, ô,
Ainda não voltou

E o lamento dentro da noite acabou
Ô, ô, ô, ô, ô, ô, ô,
Ainda não voltou

Black-out.

CENA 21

Médico, Leonilda, Edgar, Firmina, Casquinha, Bretas e Candeia.

Hospital. Sala de espera, na parte superior do cenário. Leonilda e os outros, à espera. Entra o médico.

MÉDICO – Dona Leonilda, quem é?...

LEONILDA – Sou eu.

EDGAR – E então, doutor?

FIRMINA – Conseguiram alguma coisa?

CASQUINHA – Como é que está o Candeia?

BRETAS – Ele está bem?

MÉDICO – Calma, calma, está tudo em ordem. *(Um pouco constrangido)* Pediu para dizer que domingo ele está em casa. *(Chama Leonilda num canto)* Eu queria conversar com a senhora... A cirurgia foi um pouco mais complicada do que nós imaginávamos. Seu Candeia andou descuidando da saúde?

LEONILDA – Um pouco, talvez... A gente nem sabia direito que ele não estava se sentindo muito bem. Quando vimos... Mas o que foi que aconteceu? Como ele está?

MÉDICO – Acho melhor a senhora entrar. Ele quer ver a senhora.

Enquanto o médico conduz Leonilda para o quarto, os amigos comemoram: *Eu não disse?, Eu sabia, Que foi que eu te falei?, O crioulo é forte..., Candeia que vai à frente, não é, Bretas?*

Você já sabe... Saem. Leonilda entra no quarto. Candeia, bastante abatido, está à espera da mulher. Neste diálogo com a esposa, ele mistura, de modo desconexo, vários trechos de suas músicas.

CANDEIA – Vem cá, meu bem... Meu amorzinho...

LEONILDA – Antônio...

CANDEIA – Vem, porque só eu te quero bem...

LEONILDA – Candeia...

CANDEIA – Não fala nada. Meu querubim... meu anjinho moreno...

LEONILDA – Candeia...

CANDEIA – Quero encontrar em vão o que perdi...

LEONILDA – Você não perdeu nada, eu estou aqui.

CANDEIA – Esses teus lindos olhos... Calados, serenos...

LEONILDA – Neguinho...

CANDEIA – Fica assim, me olhando? Quero levar isso comigo... Amanhã será tarde... Meu peito arde...

LEONILDA – Deixa de bobagem...

CANDEIA – A minha prece já não tem esperança...

LEONILDA – Não fala assim, Candeia.

CANDEIA – Te dedico o meu apreço...

LEONILDA – Eu sei...

CANDEIA – O teu nome eu não esqueço...

LEONILDA – Por favor...

CANDEIA – Ao abrir a porta, eu abri meu coração...

LEONILDA – Não faz isso...

CANDEIA – Hoje é coisa rara alguém gostar tanto como eu gosto de você.

LEONILDA – Eu...

CANDEIA – A vida é tão curta, enquanto se luta... se samba também...

LEONILDA – Isso... Eu vou lutar com você...

CANDEIA – Vou te dar um diamante pra comigo se casar...

LEONILDA *(Cantando, com esforço, o refrão de Vem menina moça, de Candeia)* – *Mas papai não quer deixar/Mas papai não quer deixar...*

CANDEIA – Vou te ensinar a amar...

LEONILDA – *Vem menina moça/Vem menina moça/Vem menina moça...*

CANDEIA – Vou te dar muito beijinho, muito carinho te dar...

CANDEIA e LEONILDA – *Mas papai não quer deixar/Mas papai não quer deixar...*

CANDEIA – Hoje, fitando o espelho, eu vi meus olhos vermelhos...

LEONILDA – Você vai ficar bom. Você vai ficar bom!

CANDEIA – Saudades do chorinho e dos chorões...

LEONILDA *(Tentando reagir)* – A Selma, Candeia, ela...

CANDEIA – Ai, se eu pudesse voltar alguns anos atrás...

LEONILDA – E o Jairo...

CANDEIA – Aos meus tempos de rapaz que... não voltam mais...

LEONILDA – Tá todo mundo te esperando...

CANDEIA – Era minha mãe que me acalentava...

LEONILDA *(Decidida)* – Onde estão as suas coisas?

CANDEIA – Me disseram que o céu é harmonia e paz...

LEONILDA – Vou arrumar...

CANDEIA – Sinhá dona da casa, me dê permissão...

LEONILDA – Já chega de hospital.

CANDEIA – Quem é bamba não bambeia... Sarauê, sarauê...

LEONILDA – Eu levo você hoje!

CANDEIA – Falo por convicção... Manfé, fé, sarauê, odé...

LEONILDA – Tanta coisa pra resolver ainda...

CANDEIA – Vem o tempo e destrói a obra do criador...

LEONILDA – Antônio...

CANDEIA – Essa casa é de Deus, meu amor é de Deus, e se o branco é de Deus, se o mulato é de Deus, preto é filho de Deus, nossa gente é de Deus... este som é de Deus, o batuque é de Deus, minha dança é de Deus, nossa cor é de Deus, nosso samba é de Deus, nosso sangue é de Deus, meu barraco é de Deus... meu suor é de Deus, meu dinheiro é de Deus, meu pandeiro é de Deus, eu sou escravo de Deus, meu trabalho é de Deus, nossa fé é de Deus, e só de Deus... e louva Deus... e é de Deus... mas só de Deus... é de Deus, é de Deus... salve, Deus... *(O conjunto pode acompanhar estes versos de Sinhá dona da casa, de Candeia e Netinho).*

LEONILDA – Candeia, chega!

CANDEIA – Enquanto houver samba na veia... Bambarerê, bambarerê...

Candeia fecha os olhos. A cena se apaga lentamente. Leonilda abraçada ao marido, chora. Um surdo seco marca o ritmo do luto. Os amigos entram, vagarosamente, na parte inferior do cenário, cantando *Silêncio de um Bamba (Wilson Moreira/Nei Lopes)*. A luz vai subindo aos poucos.

A emoção foi geral:
Faltava pouco para o carnaval
No meio de toda a euforia
Nossa escola chorava
Obedecendo à harmonia
A batucada calava:
Instrumentos em funeral
Enrolavam a bandeira do samba...
Era silêncio de um bamba!

Foi poeta e foi guerreiro!
Foi um negro verdadeiro!
Assentado em seu trono de rei
Fez do samba a sua lei

Agora está na eternidade,
Na avenida da saudade,
Esperando a comissão do astral
Pro julgamento final

CENA 22

Candeia; depois, todos.

O último verso da primeira estrofe da música anterior (*Era silêncio de um bamba*) é repetido algumas vezes, até que todos os atores estejam no proscênio. Viram-se de costas para o público, ao mesmo tempo em que, no painel de fundo, no plano superior do cenário, surge Candeia.

CANDEIA – Em vida, o meu amigo Padeiro dizia: *Véio, um dia Oxalá vai reunir todos os partideiros*. E o crioulo aqui sorria: *Padeiro! Você só pode contar com o seu tempero*. Mas hoje eu sei que vamos dar as mãos ao mundo inteiro. Hoje, a vida me mostra um samba diferente. Se um dia eu puder, novamente farei um samba-enredo para contar ao povo alegre, brincalhão e amoroso, que a vida após a morte vai dar samba de novo. Viva o povo de Angola! Do amigo, Candeia.

Epílogo

Todos.

Coreografia final de agradecimento. No plano inferior, os atores entram, um a um, cantando os versos de *Testamento de partideiro (Candeia)*. Aos poucos, Candeia junta-se a eles. Os atores podem "ensinar" o partido ao público e convidá-los a participar.

Pra minha mulher deixo amor e sentimento
Na paz do senhor
E para meus filhos deixo bom exemplo
Na paz do senhor

Deixo como herança a força de vontade
Na paz do senhor

Quem semeia amor deixa sempre saudade
Na paz do senhor

Pros meus amigos deixo meu pandeiro
Na paz do senhor
Honrei os meus pais e amei meus irmãos
Na paz do senhor

Mas aos fariseus não deixarei dinheiro
Na paz do senhor
Pros falsos amigos deixo meu perdão
Na paz do senhor

Porque um sambista
Não precisa ser membro de Academia
Ao ser natural
Com sua poesia
O povo lhe faz imortal

Se houver tristeza que seja bonita
Na paz do senhor
De tristeza feia o poeta não gosta
Na paz do senhor

Um surdo marcando um choro de cuíca
Na paz do senhor
Que chora mansinho por não ter resposta
Na paz do senhor

Quem rezar por mim que o faça sambando
Na paz do senhor
Porque um bom samba é forma de oração
Na paz do senhor

Um bom partideiro só chora versando
Na paz do senhor
Tomando com amor batida de limão
Na paz do senhor

Porque um sambista
Não precisa ser membro de Academia
Ao ser natural
Com sua poesia
O povo lhe faz imortal

FIM

Observação: Como sugestão de encenação, o samba-enredo da Unidos do Jacarezinho, campeã do carnaval de 1986 – Grupo 1B – *Candeia, luz da inspiração (Bené do Feitiço/Pedrinho Total/Zé Leitão/Vilmar/Marquinhos)* poderá ser usado para a saída do público.

O tempo que passou
Nos traz recordação (la laia la laia)
Vamos lembrar na Avenida
Candeia, luz da inspiração

(Ao som)

Ao som da viola e pandeiro
Sou mais o samba brasileiro
Assim ele nos dizia
Portela sua escola de coração
Que emoção ao desfilar
Com sambas que ele fazia
Fundou Quilombo que aos pobres ajudou
E a linda arte negra também mostrou

Olha o jongo, boi-bumbá (2x)
Olha o maculelê
Capoeira vou jogar

Ele inovou revivemos sua raça
Tornando todos os dias
Em um dia de graça

Bate palmas para mim (plá plá plá) (2x)
O patrão o ano inteiro
Vive a me torturar

(Cantar)

Cantar é a maneira de desabafar
É sorrir para não chorar
Igualdade, liberdade é natural
Pro negro não mais voltar
Ao humilde barracão

Para toda humilhação acabar afinal
Agora canta, meu povo canta
Esquece as mágoas porque hoje é carnaval
Agora canta, meu povo canta
Em homenagem ao sambista imortal

Oui, Oui... A França É Aqui!
A Revista do Ano

Revista em um prólogo, dois atos, nove quadros
e duas apoteoses

Marya Bravo e Gustavo Gasparani

Histórico

Prêmio Shell de Melhor Texto. Indicado ao Prêmio Shell de Melhor Atriz (Solange Badim), Melhor Direção e Melhor Direção Musical. Indicado ao Prêmio APTR de Melhor Atriz Coadjuvante (Solange Badim) e Melhor Ator Coadjuvante (Cristiano Gualda).

Teatro Maison de France (out. 2009/abr. 2010) e Teatro Fashion Mall (jul./ago. 2010). Participações no Festival de Curitiba (mar. 2010) e no Festival de Inverno SESC-RJ (jul. 2010).

Gustavo Gasparani, Ester Elias, Gottsha, Solange Badim e César Augusto

Solange Badim e Gustavo Gasparani

Apresentação

Como contar quase 500 anos de influência francesa em apenas uma peça? Dá-lhe poder de síntese! Optamos, então, por adaptar a comédia *O Tipo Brasileiro*, de França Jr., para o universo *revisteiro* e fazer dela o nosso fio condutor, visto que o estrangeirismo era tema recorrente em diversas peças do século XIX e o teatro francês exercia grande influência em nossos palcos. A essa comédia, juntam-se clássicos da canção francesa, Mano Chao, rap e versões inusitadas de sucessos dos dois países. Em nossa revista, abusamos da liberdade de tempo para incluir personagens e fatos históricos, curiosidades, moda e costumes de épocas díspares em um mesmo enredo. Enfim, formamos uma autêntica salada *franco-carioca,* irresponsável e brejeira, como uma revista deve ser. Seguimos os preceitos de Stanislaw Ponte Preta e da antropofagia oswaldiana.

Após escrever este novo texto para musical, percebo que minha maior inspiração é mesmo a cidade do Rio de Janeiro. Sigo numa busca obstinada por um teatro musical carioca. Em *Otelo da Mangueira,* fui a Shakespeare para retratar o Rio dos poetas mangueirenses da década de 40. Em *Opereta Carioca,* através de sambas de todos os estilos e épocas, narrei as peripécias de um casal mítico da nossa cidade – a cabrocha e o malandro. E agora, com *Oui, oui... a França é Aqui!*, vou à França para ser o mais carioca possível! Desta vez, em parceria com o meu querido e talentosíssimo amigo, Eduardo Rieche.

Gustavo Gasparani
Rio de Janeiro, outubro de 2009

Com *Oui, oui... A França é Aqui!*, dizemos novamente "sim" ao país que por quase cinco séculos exerceu sobre nós uma ascendência hegemônica. Que esta influência tenha sido atenuada a partir de meados do século XX e substituída pelo predomínio norte-americano, não impediu que nós, brasileiros, continuássemos a admirar o país que nos deu Rimbaud, Sartre, Piaf e tantos outros.

Nossa peça conta a história de algumas destas múltiplas influências sobre a cidade do Rio de Janeiro – desde a invasão de nosso território pelos corsários franceses, passando pelos pintores encarregados de retratar nosso cotidiano, pelo higienismo, e, naturalmente, pela música. Fatos curiosos, como a possibilidade de que o francês se tornasse o idioma oficial do Império do Brasil; a criação de nossa bandeira pelo pintor Debret; a construção do Cristo Redentor; a alcunha de "cidade maravilhosa", dada por uma poetisa francesa, e a própria nacionalidade de nosso santo padroeiro serviram como mote para este passeio francófilo e generoso por ambas as culturas.

Fazer isso em clima de uma revista musical – gênero que, originário da França, foi sendo deliciosamente aproximado de nosso temperamento, encontrando sua maior expressão na dupla formada por Arthur Azevedo e Moreira Sampaio – representou um desafio e um privilégio ainda maior. No ano da França no Brasil, esperamos que esta seja uma homenagem significativa a estes dois países que tanto amamos. *Et voilà! Amusez-vous bien!*

Eduardo Rieche

Rio de Janeiro, outubro de 2009

Cristiano Gualda e Ester Elias

Solange Badim, Gottsha, César Augusto e Marya Bravo

Ficha Técnica

Texto: Gustavo Gasparani e Eduardo Rieche
Direção: João Fonseca
Direção musical: João Callado e Nando Duarte
Cenário: Nello Marrese
Figurino: Marcelo Olinto
Iluminação: Paulo César Medeiros
Coreografias: Sueli Guerra
Programação visual: Paula Jooury
Visagismo: Beto Carramanhos
Preparação vocal: Pedro Lima
Produção executiva: Alice Cavalcante e Renato Oliveira
Assessoria de imprensa: Will Comunicação e Marcelo Rocha
Realização: Gustavo Gasparani e PAN Eventos

Elenco

Gottsha
Marya Bravo/Ester Elias
Solange Badim
César Augusto/André Dias
Cristiano Gualda
Gustavo Gasparani

Solange Badim e Gustavo Gasparani

Músicos

Fabiano Salek (bateria e percussão), João Bittencourt (teclado e acordeon) e Nando Duarte (violão e baixo)

Críticas

Apoiado em um roteiro com dezenas de canções maravilhosas, o musical faculta ao espectador uma visão ao mesmo tempo séria (no sentido histórico) e completamente desvairada da (...) influência francesa na cultura carioca. Contendo tipos hilariantes, diálogos engraçadíssimos, tiradas saborosas e situações que oscilam entre o real e o delirante, Oui, oui... A França é Aqui! *merece ser considerado um entretenimento de altíssimo nível, que diverte e emociona simultaneamente em graus superlativos – na saída do teatro, uma senhora virou-se para mim e como se me conhecesse de longa data, afirmou:* Por mim, ficaria aqui a noite inteira!. *Acho que eu também. (...) Sem dúvida, um dos mais significativos espetáculos atualmente em cartaz e que esperamos que permaneça em cena por muito tempo. O Rio de Janeiro, já tão combalido por suas habituais misérias, merece esse inesquecível momento de lazer e mais do que merecida alegria.*

Lionel Fischer

http://lionel-fischer.blogspot.com

O espírito da cidade está em cena, para rir de tudo e lançar o melhor olhar zombeteiro ao redor. Com a proteção do padroeiro São Sebastião, a ode em homenagem à história afrancesada da Cidade Maravilhosa é um verdadeiro milagre – apenas seis atores e um orçamento tímido, alheio aos padrões feéricos do gênero outrora, provam que o Rio está mais vivo do que nunca. A montagem parte de um texto esperto, revisteiro no mais completo sentido do termo. (...) Há um resultado estético curioso, que parte da liberdade alegórica da revista, brinda com o desvario da lógica dos trópicos, sintoniza com o carnaval e a modernidade. (...) Trata-se de mais um marco histórico na busca de uma nova era para o musical carioca.

Tania Brandão
O Globo

Com humor e irreverência, a perfeita ilustração da França que mora aqui. (...) O Rio, bem pouco privilegiado pelas comemorações francesas, deixa, com essa revista de ano, *bem claro o quanto a cultura francesa sempre esteve presente aqui, provavelmente mais do que em qualquer outro ponto do país. (...) As músicas desde o início falam por si, e ilustram bem o fato de que o humor carioca é sempre carinhoso, mesmo quando irreverente.* (...) Oui, oui... *é alegre, traz algumas descobertas musicais deliciosas, e, sem dúvida, mostra como os cariocas souberam aproveitar bem a influência francesa em sua cultura.*

Barbara Heliodora
O Globo

A diversão é garantida pela atualidade sem pretensão do texto e pelo jogo vivo dos atores. (...) Uma seleção cuidadosa de músicas francesas que muitas vezes são invadidas pelo ritmo malicioso brasileiro. E é justamente nessa miscelânea que a peça transita. A França invade o Brasil, e o Brasil antropofagiza a cultura francesa.

Christiane Jatahy
O Globo

A proposta de Gustavo Gasparani e Eduardo Rieche em Oui, oui... A França é Aqui! *é utilizar o formato da 'revista de ano' para garimpar traços da cultura francesa na vida carioca. (...) A estrutura da revista de ano reforça a seleção de músicas, de marchinhas carnavalescas a* Je suis la femme (Melô do piripipi), *de* Cidade maravilhosa *a* Marselhesa, *numa mistura bem divertida das influências de uma cultura deglutida pela irreverência de outra.*

Macksen Luiz
Jornal do Brasil

Uma empolgante e despretensiosa aula de história.

Letícia Pimenta
Veja Rio

Oui, oui... A França é Aqui! A Revista do Ano *é um daqueles espetáculos que nos dá prazer em ir ao teatro. Você ri, se emociona, interage, canta, bate palmas e também aprende. Porque mais do que uma peça construída no formato de teatro de revista, conta a história da influência francesa no Rio de Janeiro e, consequentemente, no Brasil, usando como fio condutor um 'romance impossível'. (...) Musicalmente,* Oui, oui... *é fantástica. (...) No final, com todos em pé, os atores foram muito aplaudidos.*

Vitor Gero
Gazeta do Povo (Curitiba)

De todas as homenagens que a França ganhou este ano, esta é a mais criativa, divertida e encantadora. Contar a história da 'invasão' da França no Rio de Janeiro, ninguém tinha contado em teatro. E ainda mais misturando gêneros musicais muito cariocas, como samba de breque, marchinhas e até baião, passando por Gretchen (Je suis la femme!). E ainda por cima misturar uma história de amor onde o Cristo Redentor,

São Sebastião e a própria Torre Eiffel são os protagonistas. Surreal? Não, Teatro. E dos bons. O texto de Gustavo Gasparani e Eduardo Rieche, no quesito história, na pesquisa, brinda a plateia com pérolas de humor super atual. (...) Sim, sim. Oui, oui, a França, realmente, é aqui.

Marcelo Aouila
http://aouilanoteatro.blogspot.com

Gustavo Gasparani e Cristiano Gualda

PERSONAGENS *(por ordem de entrada)*:

São Sebastião
Henriqueta
Henrique
Teodoro
Zeus
Torre De Pisa
Estátua Da Liberdade
Torre Eiffel
Cristo Redentor
Big Ben
Le Clérc Le Compte Safadô
Curumim Tamoio
Pau-Brasil
Estácio De Sá
Tupinambá Catequizado
Índios Tamoios
Taunay
Debret
Negra Tomásia
Rei Do Creoléu
Mulatinha
Croissant
Baguette
Brioche
Pão Francês
Éclair
Rosquinha
John

Vedetes
Lei Rouanet
Vaudeville
Opereta
Carteirinha De Estudante
Dr. Pasteur
Cortiço
Povo
Bota-Abaixo
Favela
Tenores Pagodeiros
Mademoiselle Josephine Aimée

Solange Badim, Ester Elias e Gottsha

Roteiro Musical

1. *Paris* (Alberto Ribeiro e Alcyr Pires Vermelho) *Potpourri*: *Habanera* (George Bizet) / *Padam, Padam* (Henri Contet/Glanzbergl) / *Alouette* (Canção popular) / *Les bruits de vagues* (Romuald) / *Hey ho* (Silky Shai/Tizy Bone) / *Dominique* (Soeur Sourire)
2. *Fascinação* (F.D.Marchetti/M. de Feraudy. Versão: Armando Louzada)
3. *Dueto*
Sob o céu de Paris (Hubert Giraud/Jean Dréjac. Versão: O. Quirino)
Valsa de uma cidade (Antônio Maria/Ismael Neto)

4. *Catarina de Médicis na corte dos Tupinambás e Tabajères* (Márcio André/Alvinho/Aranha/Alexandre Imperatriz)
5. *Si tu vas à Rio* (Júlio Monteiro/Carvalhinho. Versão: Jules Broussolle)
6. *Roda de Samba*
Sarambá (J. Thomas/Antônio Amorim)
O rei do creoléu (ou Grand monde do creoléu) (Ari Barroso)
Aula de samba francês (Monsueto Menezes)
Tem francesa no morro (Assis Valente)
7. *Desfile*
Feuilles mortes (Jacques Prévert/Joseph Kosma) / *Milord* (Georges Moustaki/Margueritte Monnot) / *Que reste-t-il des nos amours?* (Charles

Trenet) / *Que c'est triste Venise* (Charles Aznavour) / *Les moulins de mon coeur* (Michel Legrand/Eddy Marnay)
8. *Cabelo no pão careca* (Barbeirinho do Jacarezinho/Rodi do Jacarezinho)
9. *Canção para inglês ver* (Lamartine Babo)
10. *Lady Marmelade* (Bob Crewe/Kenny Nolan)
11. *Can can* (João de Barro)
12. *Garota Saint-Tropez* (João de Barro)
13. *La choupetta* (Vicente Paiva/Jararaca. Versão: Maurice Chevalier)
14. *La vie en rose* (Edith Piaf/Louiguy)
15. *Non, je ne regrette rien* (Michel Voucaire/ Charles Dumont)
16. *For me, formidable* (Charles Aznavour)
17. *Clandestino* (Manu Chao. Versão: Roman/ Egypcio/Leo/Baia/Pg)
18. *Os Três Tenores*
Votre toast: je peux vous le rendre (Georges Bizet)
Os três pagodeiros do Rio (Wilsinho Saravá/ Dicró)
19. *Um malandro em Paris* (Denis Brean/Blota Júnior)
20. *Menina fricote* (Marília Batista/Henrique Batista)
21. *Je suis la femme (Melô do piripipi)* (Mister Sam)
22. *Douce France* (Charles Trenet)

23. *O baião em Paris* (Humberto Teixeira)
24. *Frère Jacques* (Canção popular)
25. *Hymne à l'amour/Hino ao amor* (Marguerite Monot/Edith Piaf. Versão: Odair Marzano)
26. *Joujoux e balagandãs* (Lamartine Babo)
La Marseillaise (Claude Joseph Rouget de Lisle)
Cidade maravilhosa (André Filho)
Citações à Capela
27. *La fille d'Ipanema* (Antônio Carlos Jobim/ Vinícius de Moraes. Versão: Sacha Distel)
28. *Can Can no Carnaval* (Haroldo Barbosa/ Carlos Cruz)

Gustavo Gasparani e Marya Bravo

Prólogo

CENA 1

São Sebastião.

Cortina fechada. São Sebastião, padroeiro da cidade do Rio de Janeiro, distribui santinhos pela plateia, se apresentando e introduzindo a revista do ano França-Brasil.

SÃO SEBASTIÃO – Oi, pessoal... Boa noite. Pra quem não me conhece, eu sou São Sebastião. Nasci no ano de 256, em Narbonne, na França. Quando jovem, me alistei no exército romano, levei muita porrada, flui flechado e virei santo. E hoje, sou conhecido como padroeiro da cidade do Rio de Janeiro.

Os autores me puseram aqui nesse momento para eu dar uma breve explicação sobre o que vocês vão assistir. Nosso espetáculo é uma revista de ano, gênero teatral de origem francesa criado por Lesage no século dezoito, e difundido no Rio de Janeiro pela dupla Arthur Azevedo e Moreira Sampaio.

Nossa revista, na verdade, não é bem uma revista "de ano", e sim de quase 500 anos, contando a influência da França na cidade do Rio de Janeiro. Tudo ao estilo do bom samba do crioulo doido, de Stanislaw Ponte Preta, em um prólogo, dois atos, nove quadros, duas apoteoses e... seis atores (*Foco nos atores)* Maestro, *Oui, oui... A França é Aqui!*

Abre-se o pano e o elenco canta Paris (Alberto Ribeiro/Alcyr Pires Vermelho).

E eu também quis ir um dia a Paris
pra conhecer o que havia lá
E ao ver o metrô a saudade apertou
e vim correndo para cá

SÃO SEBASTIÃO – *Ai, meu Rio de Janeiro!*

Paris! Paris! Teu rio é o Rio Sena
Paris! Paris! Tens loura mas não tens morena
Que lindas mulheres de olhos azuis!
Tu és a Cidade Luz...
Paris! Paris! Je t'aime
Mas eu gosto muito mais do Leme
Quando cheguei de alegria chorei
E achei o Rio lindo como quê!
Disquei 43-0023:
– Amor, como é que vai você?
Paris! Paris! Teu rio é o Rio Sena
Paris! Paris! Tens loura mas não tens morena
Que lindas mulheres de olhos azuis!
Tu és a Cidade Luz...

Paris! Paris! Je t'aime
Mas eu gosto muito mais...

Os atores solam pequenos trechos de: *Habanera* (Georges Bizet) – *L'amour est enfant de Bohème, / Il n'a jamais, jamais connu de loi; Padam, Padam* (Henri Contet/Glanzbergl) – *Padam, Padam, Padam / Il arrive en courant derrière moi; Alouette* (Canção popular) – *Alouette, gentille alouette, / Alouette, je te plumerai; Les bruits de vagues* (Romuald) – *Fenêtre ouverte / On écoutait les bruits des vagues; Hey ho* (Silky Shai/Tizy Bone) – *Est-ce que tu m'entends? Hey ho! / Est-ce que tu me sens? Hey ho!; Dominique* (Soeur Sourire) – *Dominique, nique, nique / S'en allait tout simplement.*
Mas eu gosto muito mais do Leme!
Oui, oui!

SÃO SEBASTIÃO – Nossa revista começa no Rio de Janeiro, na casa de Henriqueta! *(Tempo)* Bem, eu agradeço a atenção e peço mais um minutinho da paciência de vocês para aproveitar a oportunidade e dizer que, nas horas vagas, dou consulta na Igreja de São Sebastião, lá na Tijuca, estação Affonso Pena. Também atendo em domicílio ou pelo site www.tiaosalvesantidade.com.br.
Boa noite, obrigado! Ah... se vocês quiserem as minhas camisetas, temos tamanhos P, M, G, GG

e *baby look*, nas cores preta e branco. É só pegar com a mocinha lá fora no intervalo. Tchau!

Quadro 1

Casa de Henriqueta.

CENA 1

Henriqueta e Henrique.

Henriqueta está sentada em uma espécie de récamier, à direita, bordando um bastidor. Canta *Hymne à l'amour* em bocca chiusa.

HENRIQUE *(Entrando)* – Bravo! Bravo! Muito bem!

HENRIQUETA *(Levantando-se)* – Quem é?!

HENRIQUE – Não te assustes, sou eu. Teu pai não está em casa?

HENRIQUETA – Saiu, mas não deve tardar. O que vieste aqui fazer?

HENRIQUE – O que vim aqui fazer? É que te amo, Henriqueta.

HENRIQUETA – Mas não vês, Henrique, que esse amor é impossível.

HENRIQUE – Não repitas esta palavra.

HENRIQUETA – Conheces a mania de meu pai e sabes perfeitamente que desde o dia em que esse inglês...

HENRIQUE *(Com raiva)* – Esse inglês... Quando penso naquele maldito *roast-beef*, sinto ímpetos de empunhar um facão e reduzi-lo a roupa velha. Olha, Henriqueta, está me parecendo que vamos ter um fim muito trágico.

HENRIQUETA – Tu me assustas.

HENRIQUE – Eu não sou ainda teu marido, mas juro-te como bom carioca, nascido na antiga rua do Piolho e batizado na freguesia de São José, que esse inglês não há de alcançar o teu amor.

HENRIQUETA – O meu amor, nunca, dizes muito bem, porque o meu coração só pulsa por ti; mas infelizmente não sou senhora de meus atos e a vontade de meu pai vai-se cumprir.

HENRIQUE – Não se há de cumprir. A mania de teu pai pelo estrangeirismo não subirá ao ponto de comprometer a tua felicidade futura.

HENRIQUETA – O que queres? Para ele o estrangeiro é tudo; em sua opinião um brasileiro não presta para nada. Diz-me constantemente que os nossos compatriotas são indolentes, fúteis, sem educação; que esbanjam a fortuna dos pais, e que agarram-se a um casamento rico como o náufrago à tábua de salvação.

HENRIQUE – Mas isto é uma infâmia! Sou brasileiro, tenho vivido até aqui sob o aguaceiro da desgraça, é verdade, mas minha alma jamais se deixou fascinar pela fortuna de tua família.

HENRIQUETA – Eu te conheço, mas ele não consegue te compreender.

CENA 2

Os mesmos, mais Teodoro.

TEODORO *(Pelo fundo, com alegria)* – Já abracei o homem; acaba de chegar neste instante! *(Deparando com Henrique, à parte)* Este pelintra em minha casa!

HENRIQUE – Como tem passado, Senhor Teodoro?

TEODORO – Vai-se vivendo.

HENRIQUE – Vem muito alegre, Senhor Paixão!

TEODORO – Como veio gordo, bonito, faces rosadas! Olha, Henriqueta, ao descer do navio perguntou-me logo em sua meia língua – como vai a sua excelentíssima filha! Se fosse um brasileiro, antes de informar-se da saúde da família...

HENRIQUE *(Com intenção)* – E ele é da família?!

TEODORO – Sim, da família... havia de perguntar qual era o espetáculo da noite no Alcazar, que colarinhos se usavam, se já tínhamos companhia lírica e outras tantas futilidades.

HENRIQUE – Não sei de quem se trata, Senhor Teodoro; mas posso assegurar-lhe que nós brasileiros não somos tão maus como pensa.

TEODORO – Falo de Mr. John Read, engenheiro distinto, que acaba de chegar de uma viagem que foi fazer ao Norte a fim de melhor conhecer este país.

HENRIQUE – Dou-lhe os meu parabéns por tão distinto hóspede.

TEODORO – É um inglês às direitas, sangue azul puríssimo e homem de vistas largas. Um empreendimento importante o trouxe ao Brasil!

HENRIQUE – Ah! E de que se trata?

TEODORO – Mr. John Read pretende obter do governo uma permissão para encanar cajuadas em toda a cidade. Em três meses compromete-se ele a fazer esguichar caldo de caju de centenas de bicas, colocadas nos pontos principais desta capital.

HENRIQUE – Assombroso!

TEODORO – O homem ainda não obteve a permissão e, no entanto, já começam a fazer-lhe uma guerra de morte todos os comerciantes da cidade. Que país! Não se pode ser estrangeiro aqui!

HENRIQUE – Engana-se, Senhor Paixão, brasileiro é que aqui não se pode ser.

TEODORO – Aposto que vem já com o lugar comum favorito: tudo está monopolizado!

HENRIQUE – Ainda não disse nada.

TEODORO – Se tudo está monopolizado pelos estrangeiros é por inteligências superiores às nossas, que nunca havemos de ter.

HENRIQUE – E pelos inúmeros charlatães que cá vêm engodar-nos com cajuadas.

TEODORO – Observo-lhe, Senhor Henrique, que está em minha casa.

HENRIQUE – O Senhor Teodoro é o tipo do brasileiro. Não há país nenhum do mundo que não tenha orgulho de suas glórias, de suas instituições e de suas coisas. Já o brasileiro desprestigia-se a si próprio, em todos os lugares, a cada momento, nas coisas mais insignificantes da vida e nos maiores acontecimentos dela. Peço-lhe que...

TEODORO *(Levanta-se)* – Discursos! Discursos! *(Baixo, a Henriqueta)* Despeça-me este sujeito: não quero ver mais este patife aqui.

HENRIQUETA *(Baixo)* – Mas meu pai...

TEODORO *(Para Henrique)* – Sinto não poder ouvi-lo mais, tenho que fazer. Ah! É verdade, aproveito a ocasião para dizer-lhe que minha filha vai casar com Mr. John Read. *(Sai)*

CENA 3

Henrique e Henriqueta.

HENRIQUE – Chama-se isto em bom português pôr-me no olho da rua.

HENRIQUETA – Tu mesmo és o culpado; por que falas-lhe sempre deste modo?

HENRIQUE – Porque sinto a bílis ferver-me nas faces quando vejo esta estúpida mania do brasileiro encarnada em teu pai. *(Tempo)* Mas tratemos de nós, só de nós. O que nos resta agora fazer?

HENRIQUETA – Esquece-me; és moço e inteligente e ainda podes ser muito feliz.

HENRIQUE – Esquecer-te? Tu não me amas!

HENRIQUETA – Já não te disse que o meu coração só pulsa por ti?

HENRIQUE – Então é necessário que esse inglês desapareça.

HENRIQUETA – Como?!

HENRIQUE – Diante de uma pistola, de um cólera-morbus, de uma febre amarela, de um tifo.

HENRIQUETA – Estás louco?!

HENRIQUE – É preciso que se levante uma barreira entre ti e o filho da Coroa Inglesa. Vê se achas um meio, anda, inspira-me.

TEODORO *(Grita, de fora)* – Henriqueta! O pelintra já se foi?

HENRIQUETA – Papai está me chamando!

HENRIQUE – Vê como me despreza teu pai. Mas eu hei de mudar este jogo! *(Sai correndo)*

HENRIQUETA – Henrique! Henrique! O que irá ele fazer, meu Deus?!

Henriqueta fica só e canta *Fascinação (F. D. Marchetti / M.de Feraudy. Versão: Armando Louzada).*

Os sonhos mais lindos sonhei
De quimeras mil um castelo ergui
E no teu olhar
Tonto de emoção
Com sofreguidão
Mil venturas previ
O teu corpo é luz, sedução
Poema divino cheio de esplendor
Teu sorriso prende, inebria, entontece
És fascinação, amor

No fim da música, faz-se a transição para a cena 4.

CENA 4

Henrique e, depois, São Sebastião.

HENRIQUE – Salve, São Sebastião do meu Rio de Janeiro. Tenho tanta devoção ao meu santo padroeiro... Todo vinte de janeiro, bem cedo eu vou à missa para pagar promessa e agradecer a Deus. Comprar a fita pro bem de quermesse, renovar a prece para fortalecer. Eu vou. Vou na fé do Meu Senhor.

São Sebastião surge à frente de Henrique.

SÃO SEBASTIÃO – Mas o que é rapaz, o que tanto te aflige? O que você quer de mim?

HENRIQUE – Mas... o senhor se materializou na minha frente?

SÃO SEBASTIÃO – Em carne, osso e flecha. Que é que tá pegando?

HENRIQUE – Amo muito a uma moça e o pai dela não me aceita porque eu sou brasileiro. Ele quer casá-la com um estrangeiro.

SÃO SEBASTIÃO – Ah, meu filho, orou pro santo errado. Casamento é com Santo Antônio, não sou eu não. Eu me especializei em pestes, flechas e contágio de doenças!

HENRIQUE – Pois é, mas meu coração foi flechado, está em chagas, sangrando de amor. Por favor, meu santinho, ajuda esse carioca devoto, que depõe tanta fé no senhor, a conquistar o apreço de meu sogro.

SÃO SEBASTIÃO – Peraí... isso está muito confuso. Me explica essa história melhor.

HENRIQUE – O senhor Teodoro, meu sogro, como bom brasileiro, não reconhece nenhuma de nossas virtudes. Só dá valor ao que vem de fora. Vai de dia em dia perdendo a brasilidade nos hábitos, nos costumes, e finalmente até já começa a prostituir a própria língua que falamos! É um tal de *waffle* pra cá, *bombonière* pra lá, de *choucrute* acolá... Enfim, um vexame.

SÃO SEBASTIÃO – Calma, rapaz. Nem tanto ao mar, nem tanto à terra. Nem tudo que vem de fora é ruim. Uma das maiores qualidades do brasileiro é, justamente, a diversidade cultural. Nós, brasileiros, somos o próprio sincretismo!

HENRIQUE – Ah, não, o senhor me desculpe, mas que papo brabo! Tô com vinte minutos de oração pra ouvir um troço desses...

SÃO SEBASTIÃO – Meu filho, me escute. Eu, por exemplo: sou francês. Para os cristãos, sou São Sebastião, pro pessoal da umbanda sou Oxóssi e ainda sou padroeiro do Rio de Janeiro... Eu me considero brasileiro. Nós somos um coletivo de coisas, uma mistura saudável... Garoto! Acorda! Deleta essa caretice e faz um *upgrade* nessa vida.

HENRIQUE – *Up* quem?

SÃO SEBASTIÃO – *Speed*! *Speed*!

HENRIQUE – Ah, então o senhor acha que o meu sogro está certo em conceder a mão de Henriqueta a um inglês, mesmo contra a vontade dela?

SÃO SEBASTIÃO – Claro que não, Henrique! Isto é burrice, é preconceito! Sou a favor do amor livre, independentemente de raça, credo, idade, opção sexual... Cada qual com seu cada qual! Vai da pessoa!

HENRIQUE – Com todo o respeito, mas o senhor fala umas coisas muito puxadas para mim. Eu sou de outro tempo!

SÃO SEBASTIÃO – Peraí. Precisamos fazer com que Teodoro seja pego pelo seu próprio veneno. Eu vou botar esse cara no Google e ver o que eu descubro.

HENRIQUE – Como assim? Não entendi nada do que o senhor falou. O senhor é moderno demais.

SÃO SEBASTIÃO – Moderno não: contemporâneo e antenado. Confia em mim que eu vou te dar uma força *(Sai)*.

HENRIQUE *(Olha desconfiado e faz o sinal da cruz)* – Por que eu não rezei a Ave Maria? *(Sai)*

Quadro 2

Comitê Olímpico – COB.

CENA 1

Estátua de Zeus e, depois, Torre de Pisa, Estátua da Liberdade, Torre Eiffel, Cristo Redentor e Big Ben.
As ninfas fazem uma coreografia.

SÃO SEBASTIÃO *(Voltando)* – Enquanto isso, no Olimpo... *(Sai)*

ZEUS – Rompendo auroras, gloriosa ela surge deslumbrante! É a Terra, senhora de um mistério tão profundo que os homens enfeitaram com as sete maravilhas deste mundo! E a muralha de longe fascina... Quem tem olho grande não entra na China. Mas agora é hora de escolhermos as sete novas maravilhas modernas. Quero deixar claro aqui nesta assembleia que não observaremos razões de ordem sentimental. Vamos, então, à primeira candidata. A senhora Torre de Pisa.

TORRE DE PISA *(Animadíssima, em italiano)* – *Ciao, Zeus! Ciao, amici! Sono un'altra volta nel finale, giusto? Guarda ... il becco di pappagallo e migliorato. Lo stesso con lo "sporone" dell'ultima volta. La scolisi, purtropo, non mi lascia mai. Ma adesso faccio la "idro" ed il Pilates. Sono anche più magra, vedi!*

ZEUS – Próxima candidata. A Estátua da Liberdade.

ESTÁTUA DA LIBERDADE *(Em inglês) – Good night, ladies and gentlemen. I think you guys know what... I'm so sorry... (Muito emocionada)*

ZEUS – *I'm so sorry* digo eu, minha filha. Isso aqui é Brasil! Se cada um de vocês entrar aqui falando na língua pátria, ninguém vai entender nada. Já tem estrangeiro demais nessa peça. Tratem de apertar a tecla SAP, e começar tudo de novo. Em por-tu-guês.

As candidatas às 7 maravilhas saem correndo. A Torre de Pisa recomeça a cena.

TORRE DE PISA *(Animadíssima, em português)* – Oi, Zeus! Oi, gente! Mais uma vez tô na reta final, né? Ó... o bico de papagaio melhorou, e o esporão da vez passada, curei. Agora, o que não me abandona é a escoliose. Mas eu tô na hidro, e ralando no Pilates. Tô até mais magra.

ZEUS – Próxima candidata. A Estátua da Liberdade.

ESTÁTUA DA LIBERDADE – Boa noite, gente... Desculpem... *(Muito emocionada)* Vocês sabem da fase difícil que eu tô passando... Eu tô muito emocionada por essa indicação... Desculpem... Pra piorar, perdi minha bolsa... caiu no aeroporto, não consigo recuperar... Mas agora que o negão tá lá, vai dar tudo certo! Obrigada, gente, só de estar aqui já é um prêmio para mim! Zeus, eu tô com o apoio de um psicólogo.

ZEUS – Próximo candidato. Big Ben. *(Mal-estar na sala. Tempo)* Próximo candidato. Big Ben. Vamos chamar, então, a candidata seguinte, a senhora Torre Eiffel.

TORRE EIFFEL *(Entra fumando, causando mal-estar)* – Boa noite! Estou absolutamente encantada. Estar no Olimpo é ma-ravilhoso!

A Torre de Pisa tem uma crise alérgica, tossindo sem parar.

ZEUS – Senhora Eiffel, não sei se é do conhecimento da senhora, mas no Olimpo não admitimos fumantes.

TORRE EIFFEL – Desculpe, senhor, não foi minha intenção. *(Ela apaga o cigarro)* Eu quero dizer que é ma-ravilhoso estar aqui, e quero dizer também aos organizadores deste concurso que é ma-ravilhoso eu ter aceitado participar. *Enchantée,* Zeus querido!

ZEUS – Vamos então chamar novamente o candidato Big Ben. *(Mal-estar. Tempo)* Big Ben? Bem... o próximo candidato vem da América Latina. *(Os candidatos comentam entre si:* Que exótico *etc)* Por favor, senhor Cristo Redentor.

CRISTO REDENTOR *(Entra como um hippie fashion, de chinelão e bolsa de carteiro)* – Vocês, monumentos de fé, meu Zeus camarada, amigos de tantos caminhos, de tantas jornadas, é um imenso prazer estar aqui, representando meus irmãos latino-americanos. *Yo quiero tener un millón de amigos y bien más fuerte poder cantar.* Que Deus nosso pai abençoe a todos, e que vença o melhor.

ZEUS – Bem, estamos encerrando as inscrições nesse momento. Gostaria de chamar mais uma vez o candidato retardatário, Big Ben. Última chamada. Big Ben! *(Tempo. Comentado para si)* Fez *forfait*! Bem, e assim, senhoras e senhores, dou por encerrada esta etapa...

O Big Ben entra correndo, esbaforido, com a ficha de inscrição nas mãos.

BIG BEN – Peraí, peraí... desculpe o atraso. Aconteceu um problema de fuso!

ZEUS – Um problema difuso?

BIG BEN – Não! Um problema com o fuso!

ZEUS – Um problema confuso?

BIG BEN – Não! Um problema com o fuso! Não eram três horas de diferença de Londres pro Olimpo?

ZEUS – Bem, Big Ben, nós estamos no horário de verão. Você deveria ter adiantado seus ponteiros. Quem sabe numa outra oportunidade, não é mesmo? *(Big Ben fica cabisbaixo)* Vamos ao resultado desta etapa. *(Alguém lhe entrega o envelope com os resultados)* E os aprovados são... *(Abrindo o envelope)* a Torre Eiffel e o Cristo Redentor! Parabéns, Eiffel!

TORRE EIFFEL – Mas é ma-ravilhoso!

ZEUS – Parabéns, Redentor!

CRISTO REDENTOR – Valeu, bicho. *(A Torre de Pisa e a Estátua da Liberdade saem reclamando, xingando em seus respectivos idiomas).*

ZEUS – Conforme determina o nosso regulamento, as cidades concorrentes devem visitar uma à outra para cultivar o espírito olímpico, onde o mais importante é competir. Sugiro ao Cristo, como bom cavalheiro, que convide primeiramente a senhora Eiffel a conhecer o Rio de Janeiro. Parabéns aos aprovados desta eliminatória. Nos veremos novamente na grande final, em Cambuqui, no Hotel Fazenda Riacho Doce. Até lá. Fiquem agora com *A Valsa das Maravilhas*.

A Torre Eiffel e o Cristo Redentor cantam *Sob o céu de Paris (Hubert Giraud/Jean Dréjac. Versão: O. Quirino)* e *Valsa da cidade (Antônio Maria/ Ismael Neto)*.

TORRE EIFFEL – *Sob este céu azul*
Paira uma canção
Hum, hum
Amargurada e triste
A buscar solidão

Mesmo estando só
Eu me sinto feliz
Lalalalá
Cantando a canção
Que embala Paris

CRISTO REDENTOR – *Rio de Janeiro, gosto de você*
Gosto de quem gosta

Deste céu, deste mar
Dessa gente feliz

CRISTO REDENTOR – Vamos, Eiffel! Vou te levar ao Arpoador! Ao Norteshopping!

TORRE EIFFEL – *Mulheres que passam*
Fazendo um sinal
Mulheres que abraçam
Tudo isto é banal

É um mundo que acorda,
Chora, canta, sente, sonha, ama, vive
E grita feliz:
Ó céu de Paris!

Instrumental. Os dois dançam a valsa.

CRISTO REDENTOR – *Vento do mar no meu rosto*
E o sol a queimar, queimar
Calçada cheia de gente a passar
E a me ver passar
Rio de Janeiro, gosto de você
Gosto de quem gosta
Deste céu, deste mar
Dessa gente feliz
Bem que eu quis

Escrever um poema de amor
E o amor
Estava em tudo o que eu vi
Em tudo quanto eu amei
E no poema que eu fiz
Tinha alguém mais feliz
Que eu

TORRE EIFFEL e CRISTO REDENTOR – *O meu amor*
Que não me
quis
Que não me
quis

CRISTO REDENTOR – Eiffel, vou te mostrar o início de tudo, antes mesmo da fundação da cidade, quando estas terras eram conhecidas como Guanabarã, paraíso dos tupinambás, tamoios, tupiniquins, tabajaras e caetés, época em que toda a Europa vinha atrás do pau-brasil.

Primeiro Ato

Quadro 3

Guanabarã, o paraíso tropical.

CENA 1

Corsário francês, Curumim Tamoio e Pau-brasil. Sons de floresta, araras gritando etc.

LE CLÉRC LE COMPTE SAFADÔ *(Entrando em cena às pressas e gritando para a coxia oposta)* – Ei, curumim! Curumim iê-iê! Chega aqui, colega. *(Entra um índio curumim tamoio)* Fica de butuca pra ver se não pinta nenhum português do mal na parada. *(O índio não reage)* Auê, auê, auê, auê, auê, auê! *(O índio está impassível).* Ô, tamoio, não embaça, vai. *(O índio continua imóvel)* Já sei. Quer um presentinho, né? *(Ele abre a algibeira e dá vários vidros de perfume pro índio).* Toma, é tudo coisa fina! Galleries Lafayettes! Ah, leva um Chanel número 5 pra Jupira, a tua cabocla! Mas não é pra beber, não, viu? É para dar um cheiro! *(O índio pega os "presentes" e sai)* Ô raça de gente mais pidona, essa! Quanto mais tem, mais quer... *(Ele percebe uma árvore)* Ô, pau-brasil, você tá aí? Tu viu o que eu passo, né? Vê se pode! Eu sou francês! Sou um pirata famoso! Todos os mares do mundo já ouviram falar de Le Clérc Le Compte Safadô! Pode não parecer, mas eu fui educado nos salões... Eu sou fino! *(Rápido)* E esse meu chefe, o capitão Villegaigon? É um bipolar! Mandou trazer a francesada toda para invadir o Brasil, e agora voltou pra lá. Deixou a gente na maior pindaíba. Que mané França Antártica? Aqui não tem nada de França! Essa mosquitada, esse calor dos infernos! E que calor! Alá, *là-haut*! Alá, *là-haut*! A verdade é uma só, pau-brasil: o antropólogo Claude Levi-Strauss detestou a Baía de Guanabara: parecia uma boca banguela *(Tempo)* Nossa, pau-brasil... Você tá vermelho! Vai pegar uma insolação, hein? Vou te passar um protetor solar. É francês, protege mesmo! *(Passando o protetor no pau-brasil)* Que vida mais desgraçada a sua, né? A Europa inteira vindo pra cá te roubar. Mas deixa estar que essa lagoa há de secar. *(Tempo)* Te achei o maior sangue-bom. Vou te deixar dois presentinhos. Tá aqui, ó: *Escritos*, de Lacan, e *O ser e o nada*, do Sartre. Vou fazer um *resumé* pra você. O que o Lacan fala aqui, basicamente, é que *em casa de ferreiro, o espeto é de pau*. E o Sartre, no fundo, no fundo, quer dizer o seguinte: *É pau, é pedra, é o fim do caminho*.

CENA 2

Os mesmos, mais Estácio de Sá e Tupinambá Catequizado.

ESTACIO DE SÁ – Perdeu, francês, perdeu!! *(Pega o pau-brasil e grita exaltado)* O pau-brasil é nosso!! O pau-brasil é nosso!!

TUPINAMBÁ CATEQUIZADO – Pirata do mal! Sangue de Jesus tem poder!

ESTÁCIO DE SÁ *(Para o índio)* – Levem este corsário larápio pro xadrez, e termina aqui a invasão francesa!!

TUPINAMBÁ CATEQUIZADO – Xô, Satanás! Xô, Satanás!

ESTÁCIO DE SÁ – E viva Dom Sebastião, rei de Portugal!! E para defender nossa colônia desta pirataria, eu, Estácio de Sá, sobrinho de Mem de Sá, irmão de Salvador de Sá e tataravô de Sá e Guarabira, quero registrar neste 1° de março de 1565, entre os morros Cara de Cão e Pão de Açúcar, a fundação da cidade de São Sebastião do Rio de Janeiro. Seria ingrato de minha parte se eu não dividisse a glória deste momento com meus companheiros de batalha e agradecesse em especial... *(tirando um papiro da algibeira)* a Deus, que me abençoou, à Rainha D. Catarina, que me indicou, e aos amigos jesuítas que fizeram a cabeça dos tupinambás contra os franceses... *(Neste momento, é interrompido por um grupo de tamoios; um deles o flecha no olho)*

TAMOIOS – Vive la France!!

ESTACIO DE SÁ – Ah!! Tamoio traiçoeiro... saio da vida caolho, mas entro para história como Universidade e Escola de Samba do Grupo de Acesso... Ah! *(Morre)*

Entram e cantam o refrão do samba-enredo do GRES Imperatriz Leopoldinense de 1994 *Catarina de Médicis na corte dos Tupinambás e Tabajères (Márcio André/Alvinho/Aranha/ Alexandre da Imperatriz)* em um ritual canibalístico indígena.

Sou índio, sou forte
Sou filho da sorte
Sou natural
Sou guerreiro, sou a luz da liberdade
Canibal

TAMOIO – *Mon amour, c'est si bon*
Este jogo, esta dança,
Tabajères, tupinambôs.

CENA 3

A Torre Eiffel e o Cristo Redentor chegam à praia, com barraca e cadeiras. Instalam-se.

TORRE EIFFEL – Eu não sabia que nós tínhamos sido o motivo da fundação da cidade!

CRISTO REDENTOR – Pois é, nossa relação começou com essas brigas que você viu aí, mas agora... somos amigos. *(Rindo)* Imagine você que foi um padre francês que sugeriu a construção de uma imagem minha no alto do Corcovado.

TORRE EIFFEL – Mas isso é ma-ravilhoso!! Quer dizer então que existe um dedinho francês na sua criação?

CRISTO REDENTOR – Dedinho, não, as mãos inteiras e a cabeça! Eu fui todo calculado na engenharia francesa... eu sou praticamente franco-brasileiro. *(Ajeitando a cadeira)* Ah... estou um bagaço! Você não está cansada desta viagem?

TORRE EIFFEL *(Acendendo um cigarro)* – Eu estou com 120 anos, mas tô enxuta, *mon cher!* Pra quem nasceu pra ser desmontada, eu tô no lucro! Você sabe, né?, que me construíram só para comemorar o centenário da Revolução Francesa. Mas aí eu arrasei, abalei Paris e ninguém teve coragem de me desmontar.

CRISTO REDENTOR *(Sedutor)* – Olha, Eiffel, você tem todas as coisas que um dia eu sonhei para mim! Só o que me entristece é esse seu vício.

TORRE EIFFEL – Redentor, e o *glamour*, onde fica? Você nunca fumou, sempre foi assim, natureba?

CRISTO REDENTOR – Seria uma heresia! Eu vivo no meio da Mata Atlântica! Com todo aquele ar puro em volta, eu tenho que dar o exemplo aos meus fiéis.

TORRE EIFFEL – Por isso que você está com esse corpo ótimo! Você está realmente deslumbrante para um octogenário!

CRISTO REDENTOR – Ah, mas eu me cuido... Quer uma água benta?

TORRE EIFFEL – Não, obrigada! Eu não posso com água! Ferro, né, você sabe...

CRISTO REDENTOR – E o que você faz pra se manter em forma?

TORRE EIFFEL – Centelha asiática! Centelha asiática! Melhora a circulação que é uma beleza! E olha que eu preciso, né? Com esse sobe-e-desce de gente a toda hora! 7 milhões de pessoas por ano! Sabe lá o que é isso?

CRISTO REDENTOR – Deus que me perdoe... mas turista é uma gentalha, né? Ô gente porca, sem educação...

TORRE EIFFEL – É... mas você dá sorte de não ter ninguém subindo por dentro de você, isso vai dando uma coceira, uma aflição...

CRISTO REDENTOR – Mas e o entorno? É um tal de papel de hambúrguer, garrafa pet... E quando jogam *iogrute* na tua roupa?

TORRE EIFFEL – Jogam o quê?

CRISTO REDENTOR – *Iogrute*.

TORRE EIFFEL – Ahhhh... Io-gour-te.

CRISTO REDENTOR *(Pega na mão dela)* – Você me perdoe esta falha.

TORRE EIFFEL – Você é sempre tão fofo... *(Aproxima-se dele, carinhosa, e sente um cheio desagradável)* Hmmm... que cheiro é esse?

CRISTO REDENTOR – Não olha pra mim, não. Sou todo asseadinho. Tá sempre batendo uma brisa, um ventinho no Sovaco de Cristo. *(Pigarreia)* Já vocês, né...

TORRE EIFFEL *(Constrangida, assumindo que o cheiro é dela)* – A culpa não é minha... É essa gente que vem de todo o lugar. Bate perna o dia inteiro, chega no fim do dia e vem me visitar. Aí não tem *déodorant* que resolva.

CRISTO REDENTOR – Pois eu acho bom você tratar de resolver, porque a higiene é o primeiro quesito de desempate do concurso das sete maravilhas. Machu Picchu perdeu ponto no chulé.

O Cristo Redentor recebe uma ligação de São Sebastião.

CRISTO REDENTOR – São Sebastião! Como vai? Ah, não... *(Para a Torre)* Deu problema no trenzinho. Tião, venha imediatamente até aqui. Estamos na praia da Barra, em frente à barraca do Pepê.

CENA 4

Os mesmos, mais São Sebastião.

SÃO SEBASTIÃO *(Surgindo antes do Cristo terminar de falar)* – Redentor! Redentor!

CRISTO REDENTOR *(Para a Torre Eiffel)* – Graças a Deus que santo não pega trânsito! Tião, quero que você conheça a minha mais nova amiga, a Torre Eiffel.

SÃO SEBASTIÃO – Satisfação, madame.

TORRE EIFFEL – Encantada.

CRISTO REDENTOR – Tião, estou com um probleminha... Você se importaria de apresentar à Eiffel as belezas da nossa cidade?

SÃO SEBASTIÃO – Tá comigo, tá com Deus, Redentor! Aliás, podemos começar nosso *sightseeing,* pela gente boa do subúrbio.

TORRE EIFFEL – Que excitante! Que excitante! Que excitante!

SÃO SEBASTIÃO – Tem um devoto meu, o Henrique, que está precisando de uma força e eu fiquei de passar por lá. Se a madame não se incomodar...

CRISTO REDENTOR – Bem, isto posto, vou voltar para o meu posto!

TORRE EIFFEL – Não, não, não, Redentor! Não vá! Fique conosco!

CRISTO REDENTOR – Eu adoraria, mas preciso voltar ao Corcovado. Eiffel! *Si tu vas à Rio, n'oublie pas de monter là-haut.* Você vai adorar os morros cariocas! *(Sai)*

São Sebastião e a Torre Eiffel cantam a música *Si tu vas à Rio (Júlio Monteiro/Carvalhinho. Versão: Jules Broussolle)*.

SÃO SEBASTIÃO – *Si tu vas à Rio*
N'oublie pas de monter là-haut
Dans un petit village
Caché sous les fleurs sauvages
Sur le versant d'un côteau

C'est à Madureira
Tu verras les cariocas
Sortir des maisonnettes
Pour s'en aller à la fête
A la fête des sambas.

Você verá
Por toda a madrugada
Uma gente animada
Que leva a vida a sambar
Gente modesta
Que deixa de lado a tristeza
Canta e dança com nobreza
Até o dia clarear

TORRE EIFFEL e SÃO SEBASTIÃO – *Si tu vas à Rio*
N'oublie pas

de monter là-haut
Dans un petit village
Caché sous les fleurs sauvages
Sur le versant d'un côteau

SÃO SEBASTIÃO – Madame Eiffel, estou com um pouco de pressa. O Henrique está me esperando. *(Olha a sujeira à sua volta)* Mas que sujeira é essa?

TORRE EIFFEL – Quem será que sujou, hein? Que coisa!

SÃO SEBASTIÃO – Vou precisar fazer um milagre para limpar isso! *(Após catar o lixo)* Madame Eiffel, parece brincadeira, mas eu admiro tanto a sua beleza que eu tenho uma foto da senhora no meu celular!

TORRE EIFFEL – Mas que graça! É ma-ravilhoso!

CENA 5

Henriqueta, Teodoro, o pintor Taunay e, depois, Debret.
Henriqueta está sendo pintada por Taunay. O quadro que antes servia como floresta tropical

para as cenas anteriores, é utilizado, neste momento, como paisagem de fundo do portrait de Henriqueta. Taunay ajeita Henriqueta.

TEODORO – Olha para cá, menina. Nada de muxoxos! Precisamos terminar este *portrait* que causará efeito a teu noivo.

HENRIQUETA – Ai, papai! Tudo isso me dá um fastio!...

TEODORO – Menina, respeite o trabalho do artista! Estuda um ar senhoril e compenetra-te da ideia de que vais ser a mulher de um inglês! Miss Henriqueta Paixão Read! Que nome! Tem o diabo do Paixão que desconcerta-lhe a harmonia estrangeira, mas enfim, se quiseres, podes tirá-lo.

HENRIQUETA – Não renego o nome de meus pais.

TEODORO – Não digo isso, mas esta maldita língua portuguesa é tão cheia de ãos, ãos, ãos, que nos assemelham, quando conversamos, a uma matilha de cães a ladrar.

HENRIQUETA – Ora, papai, *cada terra com seu uso, cada roca com seu fuso*.

TAUNAY – Eu pediria para a pequena se calar. / Ora falas como um brucutu, ora puxas uma tromba de tamanduá. / Assim não há jeito do meu pincel se inspirar. *Voilá!*

TEODORO – Perdão, seu *Tuné*. *(Para Henriqueta)* Estamos atrapalhando a concentração do artista, filha. *(Tentando falar* Be quiet) *Bi cuít. Bi cuít! Shhhh*... Sublime foi o ato de nosso D. João VI ao trazer a Missão Artística Francesa para dar um banho de cultura em nossas terras.

TAUNAY – Eu bem que me esforço, mas a luminosidade é demais! / As cores da cidade são saturadas, e por todo o canto há animais. *(Recitando)* Brasil, estas suas verdes matas, / cachoeiras e cascatas / de colorido sutil, / e este lindo céu azul de anil / eu só suporto à base de Rivotril. "Lá lá lá iá..." o cacete! Desde quando este colorido é sutil? Todo este excesso de luz me incomoda. Desde o verde berrante ao azul do céu, / eu preferiria mesmo o tempo nublado e um bom tom pastel. Minha palheta queria um bege, um cinza, *bois-de-rose*, / sei lá, *quelque chose*...

HENRIQUETA – Mas que sujeito arrogante! Não consegue ver além do próprio umbigo!

TAUNAY – O senhor se incomodaria se eu trocasse a jaguatirica e o sagui desta natureza / por um puro-sangue inglês ou mesmo por uma vaca holandesa? / Daria mais nobreza.

HENRIQUETA – Que patife!

TEODORO – Claro! Animais de melhor *catiguria*. Brasileiro adora zebu, tatu e urubu. O senhor pinte como quiser, pois nesta terra só tem ralé... *(Ri de si mesmo)* Ah... estou versando como ele!

HENRIQUETA *(Saindo da pose)* – Menos, papai...

TAUNAY – Te aquieta, menina! Assim é impossível trabalhar! / Agora me irritei, e a verdade eu vou contar. / Estávamos na França, de calça arriada, com a queda de Napoleão. / Vir para o Brasil foi a nossa tábua de salvação.

HENRIQUETA *(Saindo novamente da pose)* – Viu, papai? Em toda a casa há roupa suja.

TAUNAY – Para de se mexer, criatura! / Assim não posso terminar a pintura! / Que ideia infeliz! / Chega, vou voltar pro meu país! *(Sai)*

TEODORO – Seu *Tuné*! Volte aqui! E agora, o que fazemos?

Entra Debret.

HENRIQUETA – Quem é este senhor, papai?

DEBRET – Com licença, me chamo Debret. Perdoem o meu colega de ofício. Ele é muito intempestivo. Viemos juntos da França, mas eu me adaptei melhor aos trópicos. Fiquem tranquilos, eu vou terminar o *portrait* da mademoiselle e com esta palheta retratarei para sempre os hábitos e costumes de vossa cidade.

TEODORO – Tanto melhor, minha filha! Este homem virtuoso e sábio é a mais digna representação da Missão Francesa. Foi ele quem criou a bandeira do Império! Como diz D. Maria, *se o Brasil não vai à Europa, a Europa vem ao Brasil*.

HENRIQUETA – Ela disse isso, papai?

TEODORO – Acho que sim. Ela não é louca? *(Olhando o relógio)* Ih... Estamos em cima da hora, senhor *Debréte*. Marquei com um inglês às cinco em ponto para tomarmos um chá na Confeitaria Imperial, na rua do Ouvidor, e apresentar minha filha.

DEBRET – Um toque final, e *voilá*!

Teodoro e Henriqueta saem. Debret mostra para o público a tela de Henriqueta que acabou de ser pintada, e a surpresa é que vemos um portrait de uma "moleca" de Debret, com traços de Henriqueta. Henriqueta sai indignada, acompanhada do pai. Mutação para o quadro IV.

DEBRET – E agora? Esse quadro vai encalhar e eu vou morrer à míngua!

Quadro 4

Grand monde do creoléu. O novo painel deve fazer referências ao cortiço e ao morro, com figuras de Debret à la Lan.

CENA 1

Debret e Nega Tomásia.
Entra Negra Tomásia.

NEGRA TOMÁSIA *(Entrando)* – Seu Debret!

DEBRET – A senhora tem uma oferta?

NEGRA TOMÁSIA – Ih, sai fora, eu tô mais dura do que coco! Eu quero é bater uma chapa contigo! Olha, eu sô loca no teu trabalho. Tu é meu fã!

DEBRET – Eu? Mas o que foi que eu fiz?

NEGRA TOMÁSIA – Pintou os criolo todo! Graças ao senhor eu conheço a minha família todinha: Escrava Anastácia, Xica da Silva, Chico Rei, Pelé, Benedita, Preta Gil! *(Para a coxia)* Dirley! Vem cá batê essa chapa logo, minino!

Entra Dirley, o *moleque de Debret* para fotografar. Debret fica incomodado com o flash.

DEBRET – Mas o que é isso?

NEGRA TOMÁSIA – Pega, Dirley, pega essa tela! Vambora, vambora! Tá a cara da Margareth, minha minina do meio! *(Pegam a tela e saem correndo)*

DEBRET *(Correndo atrás dos dois)* – Voltem aqui! Voltem aqui!

CENA 2

Negra Tomásia, Rei do Creoléu, Margareth (a Mulatinha), Henrique, depois Torre Eiffel e São Sebastião.
Número musical – Roda de samba "francesa".

NEGRA TOMÁSIA – Ô, Margareth!

MARGARETH – Oi! O que foi?

NEGRA TOMÁSIA – Cadê o Henrique?

MARGARETH – Ainda não chegou, não senhora!

NEGRA TOMÁSIA – Esses branquelos, vou te falar, hein! Já to ficano sem paciência, minha filha!

HENRIQUE *(Chegando apressado)* – Desculpem, me atrasei! Perdi o bonde!

NEGRA TOMÁSIA – Ah, bom! Achei que tu num vinha sarambá hoje.

HENRIQUE – Que é isso, Tomásia? Logo eu?

Henrique dá início à roda de samba.

Sarambá (J.Thomas/Antonio Amorim)

HENRIQUE – *Olha o sarambá, olha o sarambá*
Olha o sarambá, ô nega, olha o sarambá

O rei do creoléu (ou grand monde do creoléu) (Ari Barroso)

NEGRA TOMÁSIA – *Aquele que passa por ali, senhores*
Com ar de granfino e pose de "doutores"
De calça apertada, estrangulando as canelas
E uma bruta flor vermelha, na lapela
Chapéu "copa norte", todo bacana
Paletó cintado, estilo americano

É o ornamento do "grand monde" do crioléu
Oba! Vive no morro, perto do céu

Deu de presente à Marion um vison
Deu de presente à Dagmar um renard
Mas, a polícia desconfiou e investigou
E o ornamento do "grand monde" do crioléu
Oba! Tá no xadrez, longe do céu

Aula de samba francês (Monsueto Menezes)

TODOS – *Plier...*
Batiment...
Attitude...
Pas de bourer...

HENRIQUE – *Mas o francês tem que aprender meu samba*
De qualquer maneira
Porque não posso transferir para Montmartre
Minha querida Mangueira

TODOS – *Olha o sarambá, olha o sarambá*
Olha o sarambá, ô nega, olha o sarambá

Tem francesa no morro (Assis Valente)

MARGARETH, A MULATINHA – Donê muá si vu plé
lonér de dancê
aveque muá
Dance loiô
Dance laiá

A Torre Eiffel e São Sebastião chegam à roda.

Si vu frequenté macumbe entrê na virada e fini por sambá

Dance loiô
Dance laiá

Vian
Petite francesa
Dancê le classique
Em cime de mesa

Quand la dance comece on dance ici on dance aculá
Dance loiô
Dance laiá

Si vu nê vê pá dancê, pardon mon cherri, adie, je me vá

Dance loiô
Dance laiá

TODOS – *Olha o sarambá, olha o sarambá*
Olha o sarambá, ô nega, olha o sarambá

CENA 3

Henrique, Torre Eiffel e São Sebastião.

TORRE EIFFEL – Ah, eu estou adorando esta imersão na cultura tupiniquim!

SÃO SEBASTIÃO – Este é só o começo, senhora Eiffel. Resolvi começar por aqui logo de uma vez pra *épater les burgeois.*

TORRE EIFFEL – Mas é ma-ravilhoso!... Que ritmos tão brejeiros... e eu não tinha noção desse som... a única coisa que eu conhecia era o hino nacional de vocês: *Grande et mince / belle et douce / La fille d'Ipanema se pousse*. Nossa, que levada gostosa desse hino, né?

HENRIQUE *(Exaltadíssimo)* – Esse não é o hino nacional, minha senhora!! Isso é bossa nova!

TORRE EIFFEL *(Continua, deslumbrada)* – Mas isso é muito natural! É tudo tão exótico, tão quente, tão *charmant! (Repara em Henrique)* Quem é esse rapazinho, São Sebastião?

SÃO SEBASTIÃO – Ah, é o jovem Henrique, de quem lhe falei. Peço desculpas em nome dele. Henrique, esta é a madame Eiffel.

TORRE EIFFEL – Encantada.

HENRIQUE *(Mal-humorado)* – Como vai?

TORRE EIFFEL – Mas o que aconteceu?

SÃO SEBASTIÃO – Ele está de namorico com uma jovem, mas o pai dela prometeu a mão da filha a um inglês.

TORRE EIFFEL – Ah, o amor, *toujours l'amour!* Já vi tantas histórias assim!

SÃO SEBASTIÃO – Bem, senhora Eiffel, quem sabe a senhora não pode ajudá-lo, ensinando-lhe um pouco de francês para impressionar o sogro turrão?

HENRIQUE – Qual é, Sebá? Eu me recuso a receber ajuda de uma gringa! A mim já basta meu sogro e suas esquisitices.

SÃO SEBASTIÃO – O que é isso, Henrique? Não seja deselegante com a madame Eiffel. Ela pode lhe ser útil.

TORRE EIFFEL – Ah, São Sebastião. Não se incomode. Sabe que eu até me afeiçoei a esse rapazinho... Ele é um romântico!

SÃO SEBASTIÃO – São os arroubos da juventude! Henrique anda nesta fase de nacionalismo ufanista...

HENRIQUE – Ora, e eu não tenho razão? O imperador agora quer transformar o francês em língua oficial do Brasil. É o cúmulo! Na rua do Ouvidor, só se ouve francês. É um tal de Garnier, de Chevalier, de prêt-à-porter... O francês está se tornando a segunda língua nacional. Uma Aliança Francesa em cada esquina! Onde é que nós vamos parar?

TORRE EIFFEL – Mas, chuchu, o francês é um dos principais idiomas do mundo.

HENRIQUE – Mas, em número de falantes, ele perde para o português! Perde até para o espanhol!

TORRE EIFFEL – Não seja injusto. Além do mais, o francês é uma língua muito simples... pra vocês então, que têm base latina, fica muito fácil. Quer ver? "*Les chaussettes de l'archiduchesse sont-elles sèches, archi-sèches?*". Quer tentar?

HENRIQUE – Não tem um mais facilzinha, não?

TORRE EIFFEL – "*Ton thé t'a-t-il ôté ta toux?*".

HENRIQUE – Não tem pra mim, sobrou pra tu? Acertei?

TORRE EIFFEL – Outra, outra, outra! "*Si six scies scient six cyprès, six cent six scies scient six cent six cyprès*". *(Henrique repete os sons, com a ajuda da Torre Eiffel. São Sebastião dá um basta nos dois)*

SÃO SEBASTIÃO – Pelo amor de Deus, o rapaz vai ficar gago!

HENRIQUE – Eu não consigo, não senhora.

TORRE EIFFEL – Mas é muito simples, *mon cher*. Henrique, essa sua resistência não vai levar a nada. E olha que de resistência eu entendo bem, hein?

SÃO SEBASTIÃO – Desapega, criatura! Repete com ela...

TORRE EIFFEL – Vamos começar pelo biquinho. *(Em francês)* "U".

HENRIQUE *(Em português)* – "U"

TORRE EIFFEL *(Em francês)* –"U".

HENRIQUE *(Em português)* – "I".

TORRE EIFFEL *(Em francês)* – "U".

HENRIQUE *(Desistindo)* – Ihhh....

TORRE EIFFEL – Muito bem!

HENRIQUE *(Sem entender)* – Ããh?

TORRE EIFFEL *(Completando)* – ... deux, trois, quatre. Você leva muito jeito!

HENRIQUE *(Tendo uma ideia)* – Já sei!

TORRE EIFFEL – Mas o que foi?

HENRIQUE – Segura as pontas aí, Sebá! Vem comigo. Só a senhora pode me ajudar. *(Saem)*

SÃO SEBASTIÃO – Estão vendo? Ser santo padroeiro não é mole, não. Ainda mais com um devotinho complicado como esse! *(Para a coxia)* Henrique! Aonde vocês vão?

Quadro 5

Rua do Ouvidor, Confeitaria Imperial.
Moda, costumes, lampiões a gás. A Rua do Ouvidor era considerada a rua mais francesa do Rio de Janeiro.

CENA 1

Croissant, Baguette, Brioche, Éclair, Pão francês e Rosquinha.
A cena reproduz um desfile de haute couture na Confeitaria Imperial. Cada *top model* cantará uma estrofe famosa do cancioneiro francês.

APRESENTADOR – Boa noite, *mesdames et monsieurs*. Com vocês, na passarela do Ouvidor, Baguette nos deslumbra com mais um modelo Chanel. *(Tempo. Ele para e canta um trecho de* Les feuilles mortes, de Jacques Prévert e Joseph Kosma*: C'est une chanson qui nous ressemble / Toi, tu m'amais et je t'amais / Nous vivions tous les deux ensembles / Toi qui me m'amais, moi qui t'aimais)* Croissant veste Yves Saint-Laurent. *(Tempo. Ela para e canta um trecho de* Milord, de Georges Moustaki e Margueritte Monnot*: Milord / Allez, venez, Milord! / Vous asseoir à ma table; / Il fait si froid, dehors, / Ici c'est confortable. / Laissez-vous faire, Milord / Et prenez bien vos aises, / Vos peines sur mon coeur / Et vos pieds sur une chaise)* Brioche nos encanta com La Croix. *(Tempo. Ele para e canta um trecho de* Que c'est triste Venise, de Charles Aznavour*: Que c'est triste Venise / Au temps des amours mortes / Que c'est triste Venise / Quand on ne s'aime plus / On cherche encore des mots / Mais l'ennui les emporte / On voudrait bien pleurer /*

Mais on ne le peut plus) O tradicional pão francês veste Christian Dior. *(Tempo. Ele para e canta um trecho de* Que reste-t-il de nos amours?, de Charles Trenet*: Que reste-t-il de nos amours? / Que reste-t-il de ces beaux jours? / Une photo, vieille photo de ma jeunesse / Que reste-t-il des billets doux / Des mois d'avril, des rendez-vous? / Un souvenir qui me poursuit sans cesse)* Éclair tem suas curvas ressaltadas por Jean-Paul Gaultier. *(Tempo. Ela para e canta um trecho de* Les moulins de mon coeur, de Eddy Marnay e Michel Legrand*: "Comme une pierre que l'on jette / Dans l'eau vive d'un ruisseau / Et qui laisse derrière elle / Des milliers de ronds dans l'eau / Comme un manège de lune / Avec ses chevaux d'étoiles / Comme un anneau de Saturne / Un ballon de carnaval)* E, para encerrar nosso desfile, a nossa convidada especial, Rosquinha, da ONG Copa Roca, da Rocinha, que vem toda trabalhada no fuxico. *(Tempo. Ela inicia a primeira estrofe de* Cabelo no pão careca, de Barbeirinho do Jacarezinho e Rodi do Jacarezinho. *Depois, todos a acompanham)*

ROSQUINHA – Bolo na confeitaria, baguette pulava igual perereca
Brioches e broas viraram peteca
O tal confeiteiro levou um sapeca

TODOS – *porque encontraram cabelo no pão careca*
porque encontraram cabelo no pão careca

Sonho virou pesadelo, brigadeiro perdeu a patente
Confeitaram o croissant com a massa de pão para
cachorro-quente
Deixaram o gerente, um tal de Clemente, sem uns cinco dentes e
só de cueca
porque encontraram cabelo no pão careca,
porque encontraram cabelo no pão careca

E o pão francês que passava quis se inteirar no assunto
escorregou na manteiga e tropeçou no presunto
Saiu com a cara cheia de éclair, iogurte, coalhada
e ficou todo jeca
porque encontraram cabelo no pão careca,
porque encontraram cabelo no pão careca

O camburão foi chamado para acabar com
o racha
enquadraram a rosquinha porque era pobre e baixa
jogaram farinha no fuxico dela, que acabou no buteco
comendo panqueca
porque encontraram cabelo no pão careca,
porque encontraram cabelo no pão careca,
porque encontraram cabelo no pão careca.

CENA 2

Henriqueta, Teodoro e John.
John entra na confeitaria e avista Teodoro e Henriqueta.

TEODORO *(Com alegria)* – Ei-lo, finalmente.

JOHN *(Apertando com força a mão de Teodoro)* – *How do you do, sir?*

TEODORO *(À parte)* – Irra.

JOHN *(Apertando com força a mão de Henriqueta)* – *Coma passa? Mim estar com muites saudades de voucê.*

HENRIQUETA *(À parte)* – Que brutalidade!

JOHN – Mim pode senta?

TEODORO – Naturalmente.

JOHN – Henriquieta, minha coraçáu estar muite comprimida. Tres meses sem vê voucê, passa aborrecida, não pode viver dirreita.

TEODORO – Eu imagino; por toda a parte a imagem do objeto amado, nos raios da lua, na estrela que brilha no firmamento, nas flores.

JOHN – *Oh! Yes. Very well.*

TEODORO – Avalio o quanto terá sofrido.

JOHN – Muite, mas mim estar bastante contente por ter viaja país de voucê.

TEODORO – É muita bondade. Um país bárbaro, atrasado. O senhor está com fome? Gostaria de pedir alguma coisa?

JOHN – *Oh! Certainly!* Mim vai olhar menu para estar pedindo algum coise. (Olhando o cardápio) Hmm... voucês pode me explica o que ser frango passarinho?

HENRIQUETA – Hmm... É...

TEODORO – É... Hmm...

HENRIQUETA – Frango à passarinho é... é...

TEODORO – Frango!

JOHN – *Oh, I see.* Frango passarinho ser iguau frango?

HENRIQUETA *(Aborrecida)* – Isso.

JOHN – *Hmm... (Tempo)* E o que ser frango?

HENRIQUETA *(Imitando o sotaque dele)* – Car-ne.

JOHN – Oh, carne! Carne? Então frango ser iguau carne?

HENRIQUETA *(Imitando novamente o sotaque)* – Carne de galinha!

JOHN – Oh!! Galinha? Galinha carne? Co-co-ro-có galinha? Frango ser iguau galinha? Galinha passarinho galinha co-co-ro-có? Oh! Mim prefere vaca! Carne de vaca!

HENRIQUETA *(Com nojo)* – Com licença, papai. Preciso ir ao toalete.

Henriqueta sai pela direita.

CENA 3

Os mesmos, mais Eiffel disfarçada de garçonete. A Torre Eiffel entra pela esquerda, disfarçada de garçonete.

TEODORO – Ah, a garçonete!

TORRE EIFFEL – Os senhores já escolheram?

TEODORO – Traga-me um *vísque*.

JOHN *(Corrigindo a pronúncia de Teodoro)* – Este senhor vai estar bebendo um *whisky*; e mim vai estar querendo qualquer coise.

TORRE EIFFEL *(Com nojo dele)* – Qualquer coisa?

JOHN – *Yes, please. (Observando-a)* Eu não estar conhece voucê de algum lugar?

TORRE EIFFEL *(Disfarçando)* – Não, senhor. Eu já volto *(Sai)*

TEODORO – O que achou do Norte?

JOHN – Oh, Norte ser show! Mas não tem passa lá muite bem. Falta confortável de vida, que este terra não conhece. Estar gosta um pouco de Pernambiúco. Mim estar muite contenta, por exempla, de Bahia. Muitas moulatines, muitas creoulines... Trio elétrico de Bahia faz bole com perna, vira cabeça, beiça treme e fica caída, arrepia cabela daqui. (Mostra a nuca) Oh! Goste muite de Pará. *Pará is very fine*. Eu compra lá muite borracha, e leva uma carregamenta para Liverpool.

Entra a Torre Eiffel disfarçada de garçonete novamente.

TORRE EIFFEL – Eis aqui o seu uísque senhor! E para o senhor eu trouxe qualquer coisa *(Coloca um frango assado sobre a mesa)*

JOHN *(Mal-estar) – Oh... Thank you very much, indeed!*

TORRE EIFFEL – O senhor é o senhor Teodoro, pois não?

TEODORO – Perfeitamente.

TORRE EIFFEL *(Tira um cartão do bolso e entrega a Teodoro)* – Um senhor estrangeiro deseja falar-lhe.

TEODORO – Um estrangeiro?!

TORRE EIFFEL – Sim, é um empresário francês, dono do teatro de variedades Alcazar, que está fazendo sua *avant-première* na cidade. Ele tem interesse em conhecê-lo para discutir negócios.

TEODORO – Mas que interessante!

TORRE EIFFEL *(Olhando para John)* – Ele também pede que o seu amigo o visite. Com licença *(Sai).*

JOHN – Alcazar? Teatro de vareidades francês? Hmmm... Mim non estar gosta.

CENA 4

Os mesmos com Henriqueta.
Henriqueta volta do toalete.

HENRIQUETA *(Sentando-se)* – Com licença.

JOHN – Oh, Henriquieta, mim querer estar recita uma coisa de William Shakespeare para voucê. Henriquieta Rigby… (Recitando a primeira estrofe de *All my loving*, de Paul McCartney e John Lennon) *Close your eyes and I'll kiss you…*

TEODORO – Ih, quer te beijar…

JOHN – *Tomorrow I'll miss you*

TEODORO – Vai ser amanhã mesmo…

JOHN – *Remember I'll always be true*

TEODORO – Ele está falando a verdade, minha filha...

JOHN – *And then while I'm away*

TEODORO *(Tempo)* – Essa eu não pesquei.

JOHN – *I'll write home everyday*

TEODORO – Ele te quer pra toda a vida!

JOHN – *And I'll send all my loving to you*

TEODORO – Este homem te ama! Vai, Henriqueta, não perca esta oportunidade! *(Empurra a filha)*

Henriqueta "responde", de má vontade, com a música *Canção para inglês ver (Lamartine Babo).*

Ai loviu
Forguétiscleine meini itapirú
Forguetifaive anda u dai xeu
No bonde silva manuel

Ai loviu tchu revi istiven via catchumbai
Independence la do paraguai
Estudibeiquer jaceguai

O inglês, encantado com a "declaração de amor", faz um contracanto com ela.

Ies mai glasses
Salada de alface
Flay tox mail til
Istende i love u
Forguet not mi

Ai love u
Abacaxi uisqui of xuxu
Malacacheta independancin dei
Istrit flexi me estrepei

Enquanto a música cresce, Henriqueta debocha mais ainda de John, e ele, sem entender, vai respondendo em contracanto aos versos da música. A Torre Eiffel, ainda disfarçada de garçonete, entra ao fundo para observar a cena. Animada, ela chama Henrique para observar também. Os dois cochicham, e Henrique sai.

elixir de inhame reclaime de andaime
mon Paris je t'aime sorvete de creme
ou ies mai veri gudi naiti
dubli faiti isso parece uma canção do oeste
coisas horríveis lá do faroeste do Tomas Veiga com manteiga

Mai sanduíche eu nunca fui paulo iscrish
Meu nome é laski enen claudi jony felipe canal
Laiti endepauer companhia limitada
Zé boi iscoti avequi boi zebu
Lawrencecom feijão tchu tchu
Trem de cozinha não é trem azul

JOHN – Vamos, Henriquieta! *(Saem os dois)*

CENA 5

Teodoro e Torre Eiffel.
A Torre Eiffel entra no fim do número.

TORRE EIFFEL *(Para Teodoro, que está saindo com John e Henriqueta)* – Senhor! Senhor! Não se esqueça do encontro no Alcazar, hein? *(Teodoro sai)* Ai, que susto! Achei que aquele inglês fosse me reconhecer! E eu arrumei esse disfarce ma-ravilhoso! O que foi? Vocês também não estão me reconhecendo? Sou eu, gente, a Torre Eiffel! Aguardem as emoções do próximo ato!

Cai o pano

Gottsha, Cristiano Gualda, Solange Badim, Gustavo Gasparani, Marya Bravo e César Augusto

Segundo Ato

Abertura

Entra São Sebastião.

SÃO SEBASTIÃO – Oi, gente! Vamos desligando os celulares... E atenção! As camisetas estão tendo uma saída incrível... a *baby look* já esgotou! O próximo ato começa no famoso Teatro Alcazar Lírico, o primeiro teatro de variedades do Rio de Janeiro, que causou *frisson* nas noites cariocas com suas famosas *cocottes.* E, claro, administrado por um francês!!! *(Efeito sonoro)* Quer dizer, na nossa revista ele não era exatamente fr... *(Interrompe-se)* Bem, vamos ver como os autores resolveram esta história! Com vocês, o segundo ato de *Oui,oui... A França é aqui!*

Quadro 6

Alcazar – a Boemia.

CENA 1

As vedetes fazem o número musical de abertura.

> ***Lady Marmalade*** *(Bob Crewe/Kenny Nolan)*
>
> *Voulez-vous coucher avec moi ce soir?*
> *Voulez-vous coucher avec moi?*

Can can (João de Barro)

Vamos, vamos
Vamos dançar o can can
Vamos, vamos
Vamos até de manhã

O can can chegou da França
Lá das bandas de Paris
Todo mundo dança
Todo mundo pede bis

Vamos, vamos
Vamos dançar o can can
Vamos, vamos
Vamos até de manhã

O can can que coisa louca
Não há quem não enlouqueça
Ao tentar botar a perna
Lá por cima da cabeça

Voulez-vous coucher avec moi ce soir?
Voulez-vous coucher avec moi?

Garota Saint-Tropez (João de Barro)

Oh, la la
Oh, la la
Você é mais você
Com o umbiguinho de fora
Garota de Saint-Tropez

Laranja da Bahia, tem o umbiguinho de fora
Por que é que você, Maria,
Escondeu o seu até agora?

Voulez-vous coucher avec moi ce soir?
Voulez-vous coucher avec moi?

La choupetta *(Vicente Paiva/Jararaca. Versão: Maurice Chevalier)*

Mama ô mama ô mama mama
Mama, c'est bon une choupetta
Ah ! La choupetta. Ah ! La choupetta
Ah ! C'est bon, la chou la chou la choupetta

Voulez-vous coucher avec moi ce soir?
Voulez-vous coucher avec moi?

La vie en rose *(Edith Piaf/Louiguy)*

Des yeux qui font baisser les miens
Un rire qui se perd sur sa bouche
Voilà le portrait sans retouche
De l'homme auquel j'appartiens

Quand il me prend dans ses bras,
Il me parle tout bas
Je vois la vie en rose,
Il me dit des mots d'amour
Des mots de tous les jours,
Et ça me fait quelque chose
Il est entré dans mon coeur,

Une part de bonheur
Dont je connais la cause,
C'est lui pour moi,
Moi pour lui dans la vie
Il me l'a dit, l'a juré
Pour la vie
Et dès que je l'aperçois
Alors je sens en moi
Mon coeur qui bat

CENA 2

Henrique (disfarçado de francês), Torre Eiffel, Teodoro, John e Lei Rouanet.

HENRIQUE *(Brincando com a pronúncia francesa)* – Bienvenus, mesdames et monsieurs, au Thêâtre Alcazar! (Cumprimenta as vedetes) Boa noite, Danete! Boa noite, Chacrete! Enchanté, Joanete!

Entram Teodoro e John.

TEODORO – Eu gostaria de falar com o dono do estabelecimento.

TORRE EIFFEL *(Disfarçada de vedete)* – O dono do estabelecimento? É aquele senhor ali.

HENRIQUE – Meninas, vocês estavam ma-ravilho-sas. Boa noite, Croquete! Boa noite, Charrete!

Boa noite, Boquete! (As vedetes saem) Qual dos senhorrês é o monsieur Teodore Passion?

TEODORO – Um seu criado.

HENRIQUE – Eu o convidei a mi case noturne porque me disseron que monsieur protege todos os estrangeiros que vêm ô Brésil. Por toda a parte ouvi falar no nome de vossa senhorrie.

TEODORO – Oh, meu caro senhor, é muita bondade.

HENRIQUE – Eu vem agora directamente de Lisboá pour arranjé um negocio com o governo e pede que vossa senhorie me concede sa valieuse protection. Je suis nasci à Paris, monsieur, dans la rue du Chateau Margot n. 100, fui baptisade no freguezie du Chateau La Rose, e ma famille morá actuelmente dans la travesse du Chateau de Bonsuces. Je suis un français de fine societé.

TEODORO – Está-se vendo, meu caro senhor, as suas maneiras, o seu todo... Poderei saber qual o negócio que o trouxe ao Brasil? Ah! É verdade, tinha-me esquecido de apresentá-los. Mr. John Read, uma das glórias da velha Inglaterra.

HENRIQUE – Tem muite satisfaction de faire o seu conhecimento, senhor. *(Henrique dá uma "bengalada" em John)* Pardon, pardon. Monsieur Teodore, como vosmicê deve sabê, sou um grand empresariô das artes et cultures françaises. E como os artistes brasilére son muito talenteuse *(dá outra bengalada em John)*, eu tive a ideia de montar aqui *(nova bengalada)* a ultime novidade de teatre na Europá. Eu tem esperance de ganhar muito dindin, mufunfe, neste pais.

TEODORO – Parece magnífico!

HENRIQUE – Eu me compromete, eu solezinhe, a criar um teatre instatane que em apenas uma noite apresenta de 4 a 5 pieces de uma só vez! Este generô de teatrô é muito conhecide na Europá como teatro *fast food*!

JOHN – *Oh! It's English!! Fast-food!*

HENRIQUE – Non, c'est Français! Feste fudê!! Já tem meus calcules todos feito. Se eu arranjo o apoio du seu gouvernement, eu consegue melhorar a qualidade dos espetacles do Brésil.

TEODORO – Hei de fazer todo o possível para que toda a imprensa se ocupe de um hóspede tão ilustre. *(Lembrando-se)* Minha filha Henriqueta adoraria participar desta conversa, pois é *enchantada* pelas artes dramáticas.

HENRIQUE *(Implicando com John)* – Oh! Eu terei imense prazer em conhece-lá. Et como forma agradece-lô vou apresenta-lá aux artistes. Tu gostô? Se amarrô? É isso aí!

TEODORO – Mas é preciso ter cuidado, pois toda ideia grandiosa é recebida neste país à ponta de baioneta. Tem o senhor a prova eloquente disto em Mr. John Read.

HENRIQUE – Ah! Este senhor também tem um ideia?

TEODORO – É um ideão! Encanar cajuadas em toda a cidade e dar-nos um excelente suco dessa deliciosa fruta a dois vinténs o copo.

HENRIQUE – Ulalá! Mais c'est difficile de encanar cajuades por toda cidade! Deve ser un mecanisme três complicade!

JOHN – Machinisma muito fácil. Mim coloca...

HENRIQUE – Agorra você non vai colocar nadica de nade em lugar nenhum porque vamos assistir a minha maior vedete, Maria Marion.

Entra a vedete Maria Marion e canta *Non, je ne regrette rien (Michel Voucaire/Charles Dumont).*

Non, rien de rien,
non, je ne regrette rien.
Ni le bien qu'on m'a fait,
ni le mal, tout ça m'est bien égal.
Non, rien de rien,
non, je ne regrette rien,
C'est payé, balayé, oublié,
je me fous du passé.
Avec mes souvenirs,
j'ai allumé le feu.
Mes chagrins mes plaisirs,
je n'ai plus besoin d'eux.
Balayés mes amours,
avec leurs trémolos.
Balayés pour toujours
je repars à zéro...
Non, rien de rien,
non, je ne regrette rien.
Ni le bien qu'on m'a fait,
ni le mal, tout ça m'est bien égal.
Non, rien de rien,
non, je ne regrette rien.
Car ma vie, car mes joies,
Pour aujourd'hui
ça commence avec toi

Henrique e Teodoro comentam entusiasmadamente o número. John tenta retomar o assunto sem muito sucesso.

JOHN – Como mim dizia...

HENRIQUE *(Cortando John)* – Bravo! Bravo!

TEODORO – Mr. John está querendo nos dizer algo.

HENRIQUE – Bravo! *For me, for me, formidable! Parrô* por quê? Por que *parrô*?

JOHN – Como mim dizia, mim coloca aparelha no ponta de caju. Caju então é espremida perfeitamente, sai todos os porcarias de caju, e o suco é distribuída em encanamentas de barro...

HENRIQUE – *C'est superb!!*

JOHN – Já tem minhas cálculos tudo feito...

Entra a Lei Rouanet, disfarçadíssima, e o interrompe.

LEI ROUANET – *Monsieur* empresariô!

HENRIQUE – Quer falar comigue?

LEI ROUANET – Por favor, venha cá.

HENRIQUE *(Para John e Teodoro)* – Un momã...

TEODORO – Um mamão?

HENRIQUE – Non... Un mômô...

TEODORO – Uma vaca?

HENRIQUE *(Esforçando-se)* – Un... moment...

TEODORO – Ah! Um momento!

HENRIQUE – É isse aí! *(Para a Lei Rouanet)* Que é que tu quer?

LEI ROUANET – Sou a *mademoiselle* Lei Rouanet.

HENRIQUE – Ah... a senhorra é francesa também?

LEI ROUANET – Não, não! Sou de Brasília. Gostaria de encontrá-lo a sós para traçarmos novas diretrizes para mim. Estão todos à minha caça, pedindo e exigindo liberações, aprovações... Eu sou muito polêmica, reconheço. Desde a minha criação sempre tive muitas limitações.

TEODORO – Traga a sua amiga para estar conosco!

LEI ROUANET – Oh, preciso ir! Querem acabar comigo! Me ajude, por favor! *(Sai)*

HENRIQUE – Infelizmente, ela não pôde ficar. Só veio me trazer um recado da divina Sarah Bernhardt.

TEODORO – Oh... O senhor a conhece?

HENRIQUE – Somos colegues.

JOHN *(Retomando)* – Como mim dizia...

HENRIQUE – O seu projeto é realmente maravilhoso! Eu tem também autre projeto, senhor, que ainda me há de tornar celébre em tout le Brésil. Vou inaugurar na semana que vem o Theatro Municipal do Rio de Janeiro. Parece uma joia française! Uma coisa mais lindá que jamais se viu aqui!! E que é que eu fasse? Hein? Qu'est-ce que tu pense que eu fasse?

JOHN – *I don't know, sir.*

HENRIQUE – Je suis le directeur artistique. Eu sou importante pra cacete, eu mando pra dedéu.

TEODORO – Só o Brasil nada inventa, nada descobre! Nada se compara a esses dois gênios estrangeiros!

JOHN – Mr. Teodoro...

HENRIQUE *(Cortando)* – Eu vai convidar os senhorrês para a inauguracion. E o convite também é parra su fia!

TEODORO – Sofia?! Quem é Sofia?!

HENRIQUE – Su fiiá, Henriete!

TEODORO – Ah! *Pardon, mon françois é terrivle*!

JOHN – Non póde! Non póde! Este lugar é muito dispersa para os negoucius.

HENRIQUE – Non é precise se zangar, senhor.

JOHN *(Baixo, a Teodoro)* – Mim precisa fala em particular com voucê sobre permissão de caju. Mas naun aqui!! O negócio precisa ser decedida este semana!

HENRIQUE – Si eu encomode Vossas Senhorries eu pego as minhas coisinhas e vai me embora.

TEODORO *(A Henrique) – Monsiú,* esta casa é sua! Já está em nossa hora mesmo. Nos vemos na inauguração do Teatro Municipal! *(Sai com John)*

HENRIQUE – Au revoir, Monsieur Mijon!! Foi um prazer conhecer você. Paiáce! Safade! Bundon*!* *(Rindo, saindo do personagem)* Vou desmascarar este inglês!

CENA 3

Henrique, Opereta e Vaudeville.
Entram a Opereta e o Vaudeville.

OPERETA *(Cantando liricamente) – Senhor empresariô! Preciso falar com o senhor!*

HENRIQUE – De que se trate?

OPERETA *(Ainda cantando) – Senhor empresariô! É um prazer conhecer o senhor!*

HENRIQUE – Já entendi, já escutei, corazón.

VAUDEVILLE – O senhor lembra da gente? O senhor lembra da gente, né?

HENRIQUE *(Confuso)* – Lembro? Lembro... lembro...

OPERETA *(Cantando ainda) – Senhor empresariô! Viemos da França para representar no teatro do senhor!*

VAUDEVILLE – Eu, o Vaudeville, e minha prima Opereta fazemos muito sucesso nos palcos brasileiros e queremos uma chance no Alcazar!

OPERETA *(Cantando) – Senhor empresariô! Senhor empresariô! Vamos lotar o teatro do senhor!*

VAUDEVILLE *(Para a Opereta)* – Ai, que carma! O que eu fiz para merecer isso? Salguei a Santa Ceia! *(Saem)*

HENRIQUE *(Cantando a mesma melodia da Opereta) – Vão se catar! Vão se estrepar! Essa Opereta é chata pra danar!*

Mudança de cenário.

CENA 4

Henrique, Henriqueta e Carteirinha de Estudante. Uma rua próxima ao Teatro Alcazar. Entra Henriqueta, acompanhada da Carteirinha de Estudante.

HENRIQUETA – Com licença, senhor empresariô. Eu me chamo Henriqueta e esta é minha amiga, a Carteirinha de Estudante. Eu vou ter que ser breve, pois meu pai não pode saber que eu estou pela rua uma hora dessas. Eu adoro teatro e...

CARTEIRINHA DE ESTUDANTE – Deixa que eu falo, amiga. Olha, eu sei que tem muita carteirinha por aí falsificada, tá? Mas eu sou uma carteirinha de estudante tipo assim... autêntica. E estou aqui para pedir pelos jovens amantes das artes deste país, valeu?

HENRIQUE – Tá bom, tá bom. Já entendi. Pode ir, Carteirinhá. *(Elas vão saindo)* Mas antes, eu precise conversar a sós com sua amiga Henriette.

HENRIQUETA *(Espantada)* – Mas eu não posso ficar a sós com um senhor desconhecido! Eu sou uma moça de família!

HENRIQUE *(Desvencilhando-se da Carteirinha)* – Façamos o seguinte. Carteirinhá, vá esperar sua coleguinha lá na esquine, que daqui a pouco ela aparece. Mas presta atencion: si tu voltá aqui, eu corto a meia entrada de todos os estudants do Teatro Nacional!

CARTEIRINHA – Que homem estúpido! Depois dizem que francês é chique! Ahh... *(Sai)*

CENA 5

Henrique, Henriqueta e, depois, São Sebastião.

HENRIQUE *(Recita os versos de* Hymne à l'amour*)* – *Se o azul do céu escurecer / E a alegria na terra fenecer, / Não importa, chuchu, /* Je t'aime moi non plus!

HENRIQUETA *(À parte)* – O que hei de dizer a este abusado? *(Henrique vai pé ante pé examinar os passantes)* O que é isto, senhor?

HENRIQUE – *Shh!*

HENRIQUETA *(Assustada)* – Eu grito.

HENRIQUE – *Shh! (Segura na cintura de Henriqueta)*

HENRIQUETA – Deixe-me.

HENRIQUE – Não te assustes, sou eu. *(Tira a peruca)*

HENRIQUETA – Henrique!

HENRIQUE – Sim, sou eu, o teu Henrique, disfarçado em francês *empresariô* de las artes. Teu pai recebeu-me de braços abertos, porque disse-lhe que tinha nascido na rua Chateau Margot. Vendi-lhe um projeto cultural, convidei a ele e ao inglês para a inauguração do Municipal, e ele ainda ficou de me apresentar a você! Tudo isso sem perguntar-me sequer o nome. *(Ri)*

HENRIQUETA – O que pretendes fazer agora?

HENRIQUE – Não sei em que acabará esta comédia; mas tenho fé que a minha ideia há de ser bem-sucedida. Olha, Henriqueta, e se eu te pedisse a mão na qualidade de francês?

HENRIQUETA – Nada conseguirias.

HENRIQUE – Pois bem, mas consigo, em todo o caso uma coisa.

HENRIQUETA – O que é?

HENRIQUE – Provocar o meu rival.

HENRIQUETA – Henrique, tu deliras!

HENRIQUE – Não, Henriqueta, estou em perfeito uso da razão. O inglês saiu daqui meio atravessado com a ideia de nos conhecermos, e eu aumentei ainda mais a aflição ao aflito, dizendo a teu pai que eu era muito importante nas *Oropa*. *(Ri)*

HENRIQUETA – Tu és louco!!

HENRIQUE – Louco de amor por ti!

HENRIQUETA – E desde quando falas francês?!

HENRIQUE – Isso é uma longa história que depois eu conto. Mas quer ver como estou mudado?! Meu amor por ti ultrapassa qualquer fronteira! *(Canta For me, formidable, de Charles Aznavour)*

You are the one for me
For me, for me, formidable
You are my love very
Very, very, véritable
Et je voudrais pouvoir un jour enfin te le dire,

Te l'écrire,
Dans la langue de Shakespeare
My Daisy, Daisy,
Daisy, désirable
Je suis malheureux
D'avoir si peu
De mots à
T'offrir en cadeau
Darling I love you, love you
Darling I want you
Et puis c'est à peu près tout
You are the one for me
For me, for me, formidable
You are the one for me
For me, for me, formidable
But how can you see me,
See me, see me, si minable
Je ferais mieux d'aller choisir mon vocabulaire
Pour te plaire
Dans la langue de Molière
Toi, tes eyes, ton nose,
Tes lips adorables
Tu n'as pas compris
Tant pis
Ne t'en fais pas et
Viens tombe dans mes bras
Darling I love you, love you
Darling I want you

Et puis le reste on s'en fout
You are the one for me
For me, for me, formidable
Je me demande même
Pourquoi je t'aime
Toi qui te moque de moi et de tout
Avec ton air canaille,
Canaille, canaille,
How can I love you

HENRIQUETA – Henrique, eu te amo! *(Beijam-se. São Sebastião e a Torre Eiffel observam a cena)*

HENRIQUE – Agora, volta para casa, meu amor, antes que teu pai desconfie de algo. *Je t'aime mon petit-pois!*

Henriqueta sai.

TORRE EIFFEL – Hmmm... Quem te viu, quem te vê!

SÃO SEBASTIÃO – Para quem só amava em português! Agora é um tal de *I love you, Je t'aime...*

HENRIQUE – Qual é, Sebá, *give me a break*! Também tô ficando contemporâneo e antenado. Agora, *speed, speed,* que eu tenho mais o que fazer!

TORRE EIFFEL – Tem mesmo! Tem que voltar para sua aula de francês! Repete comigo: "*Si six scies scient six cyprès, six cent six scies scient six cent six cyprès*" *(Saem)*

CENA 6

São Sebastião e a Negra Tomásia, com um bebê no colo.

NEGRA TOMÁSIA *(Entrando aflita, ao ver São Sebastião sozinho)* – Ai, meu São Sebastião, acode a Nega Tomásia, meu São Sebastião!

SÃO SEBASTIÃO – O que foi?

NEGRA TOMÁSIA – Esse meu menor aqui tá com febre desde antionti. Já fui no posto de saúde e tudo, mas me mandaru vortá pra casa. Acode a Nega Tomásia, meu São Sebastião, acode a Nega, por caridade!

SÃO SEBASTIÃO – Ah, minha filha, se isso aí for surto de dengue, tá orando pro santo errado. O das causas impossíveis é o Santo Expedito. Toma aqui o cartãozinho com o *site* dele.

NEGRA TOMÁSIA – Ah, meu pai Oxóssi, faz isso com a Nega Tomásia, não. Eu sô anarfabética, uma excruída social! Catorze boca em casa, e os hómi tudo na cachaça!

SÃO SEBASTIÃO – E só porque eu sou santo, eu tenho que fazer um milagre por dia? Que é que há! Se liga, nega! A lei do ventre livre não era isso, não! Catorze filhos? Tenha a santa paciência! *(Entra, do outro lado do palco, o Dr. Pasteur, com um volume embaixo do braço, coberto por um pano)* O teu assunto é com ele ali, ó. O Dr. Pasteur. Agora, você vai me dar licença, que eu vou sair à francesa. Eu preciso voltar lá pra Tijuca, porque hoje é domingo, tem jogo no Maracanã, aquilo fica um inferno! *(Sai)*

NEGRA TOMÁSIA *(Correndo na direção do Dr. Pasteur)* – Dr. Pastel, Dr. Pastel, acode a Nega Tomásia, Dr. Pastel! O meu menor tá cheio de febre!

DR. PASTEL – É dengue?

NEGRA TOMÁSIA – Não sei, não sei. Tu não é o hómi das vacina?

DR. PASTEL – Dengue não tem vacina, não, minha filha.

NEGRA TOMÁSIA – Ai, meu pai Oxóssi... E mata?

DR. PASTEL *(Exaltadíssimo)* – Mata! Mata! Mata! É claro que mata! Essa cidade é o bicho. É raiva, é varíola, é febre amarela, é peste bubônica. Estou excitadíssimo! Isso aqui é um paraíso para os sanitaristas!

NEGRA TOMÁSIA *(Reparando no volume que ele traz nos braços)* – Ele tá com febre também?

DR. PASTEL *(Ainda empolgado)* – Está! Está! Está com febre, dor no corpo, tosse, disenteria... É um estouro! Vou levá-lo pra fazer uns exames no laboratório.

NEGRA TOMÁSIA – E o que é que ele tem?

DR. PASTEL – É gripe. *(Tirando o pano que cobre o porquinho. Ele está com uma máscara no focinho)* Gripe suína.

CENA 7

Negra Tomásia, Cortiço, Povo, Bota-Abaixo e Favela.
Entram o Cortiço, de muletas e esparadrapos, e o Povo. Ambos protestam.

CORTIÇO – Mas isso é injustiça! Injustiça!

POVO – Que absurdo! Só porque eu sou pobre!

Começa-se a ouvir barulhos de obras.

NEGRA TOMÁSIA – Mas qui é qui tá aconteceno, Cortiço?

CORTIÇO – Tem um homem lá metendo a picareta em tudo.

NEGRA TOMÁSIA – Meteno a picareta? Qui diabo de hómi é esse?

CORTIÇO – É um tal de Bota-Abaixo. Diz que foi o prefeito que mandou. Que a cidade não tem ventilação, que eu sou um tipo de moradia ultrapassada e que não vai sobrar pedra sobre pedra. *(Mostra as chagas)* Olha aí o estado que eu tô.

NEGRA TOMÁSIA – Minha Nossa Senhora! E cadê minha casa, Cortiço? Cadê as criança? Cadê o povo?

POVO – O povo sou eu. *(Reação dos outros dois)* Eu sou vítima do poder do capital! Urra, urra, urra, abaixo a ditadura!

NEGRA TOMÁSIA – Mas eles num falaro que a situação ia miorá? É ruim, hein! Só miora pro lado deles! Tá tudo piorano, gente!

POVO – Inha, inha, inha, o prefeito é almofadinha!

Bota-Abaixo entra com um picareta na mão, metendo medo em todos.

BOTA-ABAIXO *(Fala como se estivesse dando um comício)* – Vambora, gentalha!

NEGRA TOMÁSIA – Quem tu tá pensano que é?

CORTIÇO – Mas é uma injustiça! Uma injustiça!

BOTA-ABAIXO – Injustiça uma pinoia! Eu sou o Bota-Abaixo e vou acabar de te demolir! Quem mandou ficar com essa confiança toda? Eu não quero mais saber de você empesteando a cidade. Já chega!

POVO – O povo, unido, jamais será vencido! O povo, unido, jamais será vencido!

BOTA-ABAIXO *(Rindo)* – Você já foi vencido! Você nasceu vencido!

POVO – Ão, ão, ão, somos contra a remoção!

NEGRA TOMÁSIA – Ô, seu Bota-Abaixo, acode a Nega Tomásia! *(Abraçando-se aos outros dois)* Eu sou do povo e moro no cortiço... Faz isso com a Nega Tomásia, não!

BOTA-ABAIXO – Não quero nem saber! Esta Sebastianópolis vai ganhar um choque de ordem!

O excelentíssimo senhor nosso prefeito quer que isso aqui vire *boulevard* de gente chique! Vamos transformar essa porcaria toda em uma verdadeira Paris tropical! Gentalha tá fora!

NEGRA TOMÁSIA – E pra onde é que nóis vai?

BOTA-ABAIXO – Vocês vão todos com aquela dona ali. *(Aponta para a Favela, do outro lado do palco)* Recebe esse pessoal aí, dona Favela. *(Sai)*

Como uma mãe generosa, a Favela acolhe os três.

FAVELA – Venham, meus filhos, venham. Vou abrigar todos vocês.

Os quatro cantam juntos a música *Clandestino (Manu Chao. Versão: Roman/Egypcio/Leo/Baia/ Pg)*. Durante a música há a transição para o próximo quadro.

> *Vou só com a minha pena da lei que me condena*
> *Correr é o meu destino para fugir da lei*
> *Perdido no coração dessa grande babilônia*
> *Me chamam clandestino sem nome no papel*
> *Do centro da cidade fui posto pra correr*
> *Me mandaram pra favela sem ter o que comer*

Vivendo à deriva, fantasma na cidade
Me chamam clandestino, sou um fora da lei
Brasileiro, clandestino
Favelado, clandestino
Preto, pobre, clandestino
Marijuana, ilegal
Vou só com a minha pena da lei que me condena
Correr é o meu destino para fugir da lei
Perdido no coração dessa grande babilônia
Me chamam clandestino sem nome no papel
Brasileiro, clandestino
Favelado, clandestino
Preto, pobre, clandestino
Marijuana, Manu Chao

Quadro 7

Rio, Paris tropical.

CENA 1

Teodoro, John, Henrique e Henriqueta.
John e Teodoro entram no *foyer* do Theatro Municipal, acompanhados de Henriqueta.

TEODORO *(Encantando-se com o ambiente)* – Mas este teatro é um espetáculo! Mármores da

Itália e do Egito, bronzes da França, vitrais da Alemanha... É fabuloso, é fabuloso!

JOHN *(Puxando Teodoro para um canto)* – Mr. Teodoro?

TEODORO – O que foi?

JOHN – Esta empresariô estar querer colocar Henriquieta no meio de artistas, uma lugar muite peligrosa para uma senhorita. *And what's more,* ser um home da França. Eu não estar confia.

TEODORO – Ora, Mr. John, deixe-se de ciúmes.

Henrique entra, disfarçado de empresário francês.

HENRIQUE – Voilá! Já estão todos aqui. Hoje é dia do aniversário da Revolução Francesa, e dia de inauguração do nosso teatro. É ou não é realmente ma-ravilhoso?

TEODORO – Ah, senhor empresariô, um instante, por favor. Gostaria de apresentar-lhe minha filha, Henriqueta.

Henriqueta e Henrique olham-se com cumplicidade. Ela finge não demonstrar interesse pelo empresário.

TEODORO – Cumprimente este senhor, Henriqueta.

HENRIQUETA – Como tem passado, senhor?

HENRIQUE – Muito bem, senhorita. Espero que se divirta em minha nova casa. *(Teodoro fica exultante, e John aborrece-se com a intimidade entre Henriqueta e Henrique. Para ela)* Você está linda! *(Disfarçando novamente o sotaque)* Vamos tomar nossos assentos "nas plasteias"?

TEODORO – Sim, sim, perfeitamente. Mas antes, eu gostaria de visitar as instalações. Quero eu mesmo conferir os mármores de *escarrara*! Com licença. *(Sai)*

HENRIQUE – Quer dizer enton que a senhorrita também aprecia as artes cênicas?

HENRIQUETA – Sim. Sou uma admiradora profunda de tudo que é bom.

HENRIQUE – Isso me deixa mais tranquilo.

JOHN *(Pigarreia)* – Hmm... Hmm...

HENRIQUE – E qual generô lhe apetece mais? *Shakespeare* ou *Molière*?

JOHN *(Pigarreia novamente)* – Hmm... Hmm...

HENRIQUETA – O gênero com finais felizes...

JOHN *(Pigarreia com mais força)* – Hmm... Hmm... Mim estar ouve el primeiro sinal. *(Toca o primeiro sinal. John oferece o braço a Henriqueta)* Por favor, Henriquieta.

HENRIQUETA – Pois não, senhor John. *(Saem John e Henriqueta)*

HENRIQUE – Sim, perfectemente. *(Henrique "se engasga" com o francês. Repete as lições de francês)* "Arrr... arrr..." *(Engasgando-se)* Ô diabo de língua pra arranhar a garganta! Chega a dar faringite! *(Para a plateia)* Eu vou aproveitar que eu estou *solezinho* e vou repassar umas *leçons. Qu'est-ce que tu as?* O que você tem? *Pourquoi tu pleures?* Por que você chora? *J'ai perdu ma mama....* Ô, que *micón*! Vou voltar para a Alliance Française!

CENA 2

Torre Eiffel e São Sebastião.

A Torre Eiffel e São Sebastião entram pelo mesmo lado em que entraram Henriqueta, John, Teodoro e Henrique. A Torre Eiffel está com uma prancheta na mão.

TORRE EIFFEL *(Entrando animadíssima. Canta)* – *Tem francesinha no salão / Tem francesinha no cordão....* Ai, que delícia! Tião, eu estou que nem pinto no lixo! Esse Municipal é tu-do!

SÃO SEBASTIÃO – É! E, pelo visto, as coisas estão indo conforme o planejado. O Henrique está se saindo muito bem. Um francês quase perfeito!

TORRE EIFFEL – Menos, Sebastião, menos... A professora é boa, mas pra ficar perfeito ainda falta muito! Enfim, para alguém que até outro dia, não sabia nem onde ficava a França, já está ma-ravilhoso!

SÃO SEBASTIÃO – Só falta agora tirar esse inglês da parada.

TORRE EIFFEL – Hmm... ô, povinho desenxavido! Sempre tão irônicos...

SÃO SEBASTIÃO – Vocês não se bicam, né?

TORRE EIFFEL – Ah, nem um pouco. Nós já dominamos aquela ilhota, Sebastião. Depois eles derrotaram o Napoleão... ficou essa situação aí.

SÃO SEBASTIÃO – Eu sei, a Joana me falou.

TORRE EIFFEL – A Joana? Você tem visto a Joana? Como é que ela está?

SÃO SEBASTIÃO – Tá meio *dark*, mas tá bem. Ela se queimou, né? Pôs um *piercing* no nariz! São Pedro ficou uma arara... Mas tá lá no céu, fazendo o trabalho dela.

TORRE EIFFEL – Aliás, falando em trabalho, Sebastião... Você não acha melhor bater um tambor, não?

SÃO SEBASTIÃO – É... é melhor a gente garantir por todos os lados, né? Bom, acho que eu não ficar pro espetáculo, então. Vou aproveitar e vou dar um pulo lá encruzilhada pra abrir os caminhos desses dois.

TORRE EIFFEL – Isso, vai lá. Okê, okê, Oxóssi. Okê, okê. *(Ele sai)*

CENA 3

Torre Eiffel.

TORRE EIFFEL – Boa noite. Eu gostaria de agradecer imensamente a presença de todos e dizer que é ma-ravilhoso ter a oportunidade de inaugurar esse belíssimo teatro, que é a réplica do nosso Opéra de Paris. E com esta inauguração, a cidade deixa de ser conhecida a Cidade da Morte para finalmente ser conhecida como a Cidade Ma-ravilhosa. Aliás, este apelido carinhoso foi dado pela querida amiga e grande poetisa, Jane Catulle-Mendes, que vocês, com certeza, não conhecem, nem nunca ouviram falar. E, com vocês, no palco do Teatro Municipal do Rio de Janeiro, os Três Tenores in Concert.

A Torre Eiffel sai.

CENA 4

Três tenores pagodeiros do Rio.

Votre toast: je peux vous le rendre *(Georges Bizet)*

Toreador, en garde, Toreador, Toreador!
Et songe bien, oui, songe en combattant
Qu'un oeil noir te regarde,
Et que l'amour t'attend,
Toreador, l'amour, l'amour t'attend!

Os três pagodeiros do Rio *(Wilsinho Saravá/Dicró)*

Não tem Pavarotti, José Carreras nem Placido Domingo
Eu sou mais o Bezerra, Moreira da Silva, Dicró rei do bingo (2x)

Um malandro em Paris *(Denis Brean/Blota Junior)*

Quem nesse mundo
Não quer la vie en rose
La vie en rose
Sombra, água fresca, quelque chose
Uma casinha bem pertinho de la mèr
Moleza assim como essa quem não quer?
Ter um chatô num boulevard lá em Paris
Como é charmant tudo isso é très jolies
Comer a balda só marron glacê
Comer lá em Pigalle uma renard-argentée!
Perfume de Bazin
Automóvel Citröen
Moda Molineux
Vestidos de soirée
Muito champanhe, Cordon Rouge e caviar
Com a Bardot me chamando de mon coeur
Um promenade toda a tarde no bois
Moleza assim como essa, quem não quer?

Menina fricote *(Marília Batista/Henrique Batista)*

Não sei que doença deu na Risoleta
Que agora só gosta de ouvir opereta
Cheia de prosa, cheia de orgulho
Cheia de chiquê
E faz fricote como o quê
Não canta mais samba

Só quer imitar Lucienne Boyer
Parle moi d'amour
Só quer l'argent, l'argent toujours
Ela não sabe nem ler
E já quer gastar o francês
E diz que despreza
Quem só fala português

Essa Risoleta está muito mudada
Está cheia de pose
Pra ser elegante
Ela diz que o bastante
É usar bois de rose
Quelque chose bois de rose?

Ela diz pra mim
Que quando está gripada
Não faz atchim não
Porque não fica bem
Em vez de atchim, ela faz acthem
Diz que o au-au é le chien

CENA 5

Negra Tomásia.
Hall do teatro.

NEGRA TOMÁSIA *(Entra pela plateia, vestida de baleira)* – Bala, bombom, tictac, chiiiiiii-crete!

Bala, bombom, tictac, chiiiiiii-crete! E aí, minha senhora... quer o quê? Mindoim? Tem não. Se eu não falei que não tem mindoim é porque não tem mindoim. Acompanha comigo, ó: "bala, bombom, tictac, chiiiiiii-crete". Qual o nome da senhora, hein? Ah... pois é, dona *(fala o nome da espectadora)*, o mundo dá vorta, né? Eu tô com muita emoção dentro do meu interiô. Como diz aquele ditado, né? *Há o tempo di prantá e há o tempo de coiê*. Ó o meu caso: fui despejada, os hómi na cachaça, fiquei com uma mão na frente e outra pra trás, mas hoje tô aqui: baleira do Municipal. Deus que alumie. Tô até com tiquét restaurante, minina. E ó... (*mostrando as mãos*) tô pintano as unha francesinha, que é moda, né? Quer dizer, me botaro pra baixo, mas hoje eu tô por cima! Bala, bombom, tictac, chiiiiiii-crete! *(Sobe no palco e sai pela coxia)*

CENA 6

Henrique, Henriqueta, John, Teodoro e, depois, Torre Eiffel.

HENRIQUE *(Entrando)* – Vem, Henriqueta, vem.

HENRIQUETA – O que vais fazer?

HENRIQUE – Uma declaração de amor. À francesa.

HENRIQUETA – Mas pra que isso?

HENRIQUE – Não dou um minuto para este inglês aparecer aqui e nos surpreender.

JOHN *(Dentro)* – Mim já volta; só um instanta.

HENRIQUE – Aí vem ele! *(Põe as barbas)* Je vous adore, *mademoiselle! (Ajoelha-se aos pés de Henriqueta e beija-lhe as mãos)* Oh, je vaus aime! *(Henriqueta procura esquivar-se)*

JOHN *(Entrando)* – *Desafôra!*

HENRIQUE – *Qu'est-ce que que c'est que c'est que tu tem com isse?*

JOHN – O que eu tem com issa?... Eu vai já te ensina. *(Forma um soco)*

HENRIQUE – Xô, chuá! Cada macaco no seu galho! *(John vai dar um soco, Henrique sai correndo. À parte)* Esta é legítima brasileira. *(Henrique dá-lhe uma cabeçada que o lança ao chão)* Zidane!

HENRIQUETA – Meus senhores, por piedade!

JOHN – Deixa mim ensina francês. *(Dá um outro soco que é correspondido com outra cabeçada)*

HENRIQUE – Zidane!

HENRIQUETA – Meu pai! Meu pai!

TEODORO *(Entrando)* – O que é isto, senhores?!

JOHN – Mim encontra este francês aos pés de filha de voucê, mim vai dar-lhe um soco, e ele mete cabeçada em mim. Zidane!

HENRIQUE – Eu repele l'aggression, que senhor me faz; mais je suis um français de bone famille, eu desafia senhor para uma duelo.

JOHN – Mim aceita duelo. Anarriê.

HENRIQUE – Alavantú.

TEODORO – Muito bem; procedem com a dignidade de estrangeiros ofendidos. Infelizmente não temos essas práticas. Mr. John, eu serei seu padrinho.

HENRIQUETA *(À parte)* – Meu Deus!

JOHN – Mas mim ainda não sabe sua nome!

TEODORO – É verdade, o seu nome?

HENRIQUE – Ernesto Guillaume, *membre de la societé higienique des parfumistes de Paris, president de l'Association du Cosmetique Bleu, sócio honoraire de la Societé Cheval de Bronze, condecorado com a Orde de la Fleur du Cordon du Boitatá.* E comme-ci, comme-ça, abrram alas que eu quero passar. Saravá, papá! Saravá, papá!

JOHN *(Sobressaltado)* – Ernesto Guillaume? Voucê estar mora em Pariz?!

HENRIQUE *(À parte)* – O meu nome sobressalta o inglês! Aqui há mistério. *(Para John)* Eu esperra o senhor para um duelo na praça Paris. Oxalá, Babalorixá! (Sai)

JOHN – Mim precisa tirar isso a limpo! Mr. Guillaume! Mr. Guillaume! *(Sai, atrás de Henrique)*

HENRIQUETA – Senhores! Senhores!

TORRE EIFFEL *(Interrompendo-a)* – Onde você pensa que vai? Este é o momento mais importante da noite. A soprano Josephine Aimée, o rouxinol da Côte d'Azur, vai se apresentar. Menina mimada!

CENA 7

Mademoiselle Josephine Aimée.
Canta *Je suis la femme (Mister Sam)*, inicialmente

com a voz e os trejeitos de uma cantora lírica. No refrão, assume a postura de Gretchen.

Je suis la femme, ô, ô, ô,
Je suis la femme, ô, ô, ô,
Je suis la femme, ô, ô, ô,
Oh, mon amour!

Piripiripiripipiripi, Piripiripiripipiripi, Piripiripiripipiripi, pi! Aii!
Piripiripiripipiripi, Piripiripiripipiripi, Piripiripiripipiripi, pi!
Oh, hum, ah!

Oh, mon chérie! Chic, chic, chic!
C'est très jolie! Très jolie!
Je suis la femme! Femme, femme, femme!
Apres toi, moi! Moi, moi moi!
Merci Beaucoup! Coup, coup, coup
Oh, mon amour! Mon amour!
Rendez toi là! La, la, la!
Le chapeau noir!

Quadro 8

Praça Paris.

CENA 1

Torre Eiffel e São Sebastião.

TORRE EIFFEL – Ah... Essa Praça Paris me dá uma nostalgia... Que saudades de minha casa. *(Cantarolando) Douce France / Cher pays de mon enfance / Douce France / Bercée de tendre insouciance / Je t'ai gardée dans mon coeur.* Acho que está se aproximando o momento de partir, Sebastião.

SÃO SEBASTIÃO – Segura as pontas aí, Eiffel. Não gostei nada nada deste papo de duelo. Que ideia de jerico! Apesar de jovem, o Henrique tem um comportamento tão ultrapassado!

Ouve-se um barulho de motor de avião.

TORRE EIFFEL – Mas o que é isto? Será um pássaro?

SÃO SEBASTIÃO – Um avião?

TORRE EIFFEL – O Super-homem?

SÃO SEBASTIÃO – Não! *(O avião aparece, cruzando o palco)* É Santos Dumont!

TORRE EIFFEL *(Acenando para o aviãozinho)* – Dumont! Dumont! Criatura adorável! Ah, jamais esqueci os voos que ele fez ao meu redor, aquelas cócegas, aquele envolvimento!... Você sabia que ele arrastava a asa pra mim?

SÃO SEBASTIÃO – Com todo o respeito, não vou te enganar, não, mas esse avião é pipa!

CENA 2

Os mesmos, mais Cristo Redentor "repaginado". Cristo Redentor entra.

TORRE EIFFEL – *Voilá!* Quem é vivo sempre aparece!

SÃO SEBASTIÃO – Jesus Cristo!

CRISTO REDENTOR – Eu estou aqui!

SÃO SEBASTIÃO – Mas o que houve com o senhor?

CRISTO REDENTOR – Com a proximidade da etapa final do concurso, aproveitei para ajustar a cabeça que estava bamba, troquei a iluminação, pus escadas rolantes, bondinho 0 km e um pouco de Botox, para manter a eternidade.

TORRE EIFFEL – Agora mesmo é que eu estou ferrada! Além de Filho de Deus, ainda está um pancadão!

CRISTO REDENTOR – Eu sei que estes detalhes vão sumir na longa estrada, mas, afinal, é preciso saber viver. Eiffel, o Tião foi um bom anfitrião?

TORRE EIFFEL – Ah... Sebastião é um santo encantador, e a cidade é, realmente, ma-ravilhosa. Fiquei surpresa com nossa constante influência nos hábitos e costumes dos cariocas. E ainda, de quebra, estou dando uma de cupido. Ah, *l'amour, toujours l'amour*!

CRISTO REDENTOR – E estes enfeites, Tião? São para comemorar minhas reformas?

SÃO SEBASTIÃO – Infelizmente, não, Redentor. São para os festejos de São João.

CRISTO REDENTOR – Êta, santo animado! Adora um fole, uma zabumba, um quadrilha!

TORRE EIFFEL – Quadrilha? Mas até isso veio para cá?

SÃO SEBASTIÃO – Oui, oui, a França é aqui! Dos salões da corte francesa para o arraial! *(Ri. Ouvem-se vozes)*

TORRE EIFFEL – Estão vindo os rivais para o duelo.

CRISTO REDENTOR – Hosana nas alturas!

SÃO SEBASTIÃO – Vamos ver como essa história vai acabar *(Saem os três)*

CENA 3

Todos.
Todos os atores montam e desmontam seus personagens na frente do público, revezando a quadrilha com o desfecho da história. Cantam *O Baião em Paris (Humberto Teixeira)*.

Allons nous tous à Montmartre
O baião tá em Paris
Vamos todos a Pigalle
Aprender o que ele diz
Lá no Brás, em Hollywood
Ele fez o que ele quis
O baião da Paraíba, oh la la, tá em Paris

John e Henrique se destacam do coletivo. Depois, Teodoro.

JOHN *(Sobressaltado)* – Erneste Guillaume? Mim precisa fala sozinha com senhor. Urgentemente.

HENRIQUE – Oui, monsieur.

JOHN – Voucê estar mora em Paris? Na rua de S. Honoré?

HENRIQUE *(À parte)* – Aqui há mistério. *(Alto, para John)* Isso mesmo.

JOHN – Número vinte?

HENRIQUE – Número vinte. *(À parte)* Ah! Meu São Sebastião!

JOHN *(Desesperado)* – Número vinte?

HENRIQUE – Eu já disse ô senhor que sim. *(À parte)* Vou já saber de tudo. *(Alto)* Eu conhece o senhor perfeitamente, senhor não me embace.

JOHN *(Baixo)* – Cala sua boca, não me compromete.

HENRIQUE *(À parte)* – Bravo!

JOHN – Vamos estar falando a sós num cantinho.

TEODORO *(À parte)* – Aqui há grande mistério.

Todos voltam a cantar o baião, com os "comandos" típicos de festas juninas.

Olha a chuva!
É mentira!

Allons nous tous à Montmartre
O baião tá em Paris
Vamos todos a Pigalle
Aprender o que ele diz
Lá no Brás, em Hollywood
Ele fez o que ele quis
O baião da Paraíba, oh la la, tá em Paris

Béjart, Zidane,
Carla Bruni,
Edith Piaf,
Miterrand e Sarkozy
Jacques Prévert, Jacques Costeau,
Marcel Marceau, Fatumbi fotografou.

Anarriê!

Henrique, John e Teodoro destacam-se do coletivo.

HENRIQUE *(Alto)* – Eu conhece ô senhor muito bem.

JOHN – Não fala alta.

HENRIQUE *(Alto)* – Eu já disse que conhece o senhor perfeitamente.

JOHN – Mim deve, senhor, mim não nega este grande dívida; mas mim paga.

HENRIQUE *(À parte)* – Oh, agora compreendo tudo! Por acaso, falei o nome de uma casa comercial em Paris para a qual este patife deve muito dinheiro. *(Alto)* Eu vim ao Brésil por cobrar este dívida. Eu não sai daqui, sem dinheiro contade.

JOHN – Fala baixo. Escuta. Mim estar casa com este menina, ela traz muite dinheira de dote, eu arranja inda dinheira de brasileira com minha permissão e paga tudo a voucê.

TEODORO *(À parte)* – Que ouço! É impossível que eu não esteja sonhando.

JOHN – Que quer que eu faz?...

HENRIQUE – Escreve no papel isso que senhor diz, e eu esperro.

JOHN – Non, mim não escreve nada.

HENRIQUE – Então bote pra cá dinheirro.

TEODORO *(Vindo à cena)* – Não é necessário escrever, eu ouvi tudo.

JOHN – Oh! *Shame!*

HENRIQUE – Valeu, Sebá!

Mesmo jogo anterior.

Olha a cobra!
É mentira!

Allons nous tous à Montmartre
O baião tá em Paris

Vamos todos a Pigalle
Aprender o que ele diz
Lá no Brás, em Hollywood
Ele fez o que ele quis
O baião da Paraíba, oh la la, tá em Paris

Irmãos Lumière,
Truffaut, Renoir
Deneuve, Binoche,
Depardieu, Godard
Fanny Ardant,
Alain Resnais, Alain Delon
Tout le monde no baion!

Balancê!

Henrique, John e Teodoro destacam-se do coletivo.

TEODORO – Saia já daqui, senhor.

JOHN – Voucê me dar mão de sua filha, eu casa com ela. Mim estar home de bem.

TEODORO – Homem de bem! Você é um grandessíssimo patife!

JOHN – Espera uma pouca, eu quer fala.

TEODORO – Saia, já lhe disse.

JOHN – Arranja ao menos minha negocia.

TEODORO – O que eu vou arranjar é um cacete para dar nessa tua cara de pau.

JOHN – *Help! I need somebody! Help!*

Mesmo jogo anterior.

Olha a poça!
É mentira!

Allons nous tous à Montmartre
O baião tá em Paris
Vamos todos a Pigalle
Aprender o que ele diz
Lá no Brás, em Hollywood
Ele fez o que ele quis
O baião da Paraíba, oh la la, tá em Paris

Marron glacé,
Croque monsieur,
Vinho rosé
Champanhe, paté
Rocquefort, gruyére,
Brie, camembert
Emmenthal, cottage,
Cai de boca no frommage!

Regina tipo lanche!

Ihhhhh!! É mentira!!

E o "Frère Jacques"?

Frère Jacques
Frère Jacques
Dormez-vous?
Dormez-vous?
Sonnez les matines
Sonnez les matines
Ding, Ding, Dong
Ding, Ding, Dong

TEODORO – O que eu vou arranjar é um cacete para dar nessa tua cara de pau.

JOHN *(Fugindo) – Help! I need somebody! Help! (Sai)*

TEODORO *(Para Henrique)* – E você também o que faz ainda aqui?

HENRIQUE – Mr. Theodore Passion, eu vem pedir a mon de mademoiselle Henriette.

TEODORO – O quê? Vá-se embora, senhor. Nenhum de vocês me engana mais.

HENRIQUE – Socorrô, mademoiselle! Mademoiselle Henriette, socorrô!

CENA 4

Henriqueta e Henrique.

HENRIQUETA *(Entrando)* – O que está havendo, meu Deus?

HENRIQUE – Eu pede sua mão a su pá, mas ele não qué dá, entonce, eu precisá de seu consentimente, senhorrita.

HENRIQUETA – Se for do gosto de meu pai, casar-me-ei com o senhor.

TEODORO – Nunca! Não vou tolerar mais tratante algum. Consinto no teu casamento com o Senhor Henrique. Quanto ao senhor, suma-se.

HENRIQUE *(Tirando a peruca e com voz natural)* – Muito obrigado, Senhor Teodoro Paixão.

TEODORO – Mas era o senhor o tempo todo?!

HENRIQUE – É verdade; um brasileiro, ainda quando nenhum préstimo tenha, serve ao menos para desmascarar um tratante. Receba calado esta lição, e aprenda a respeitar a terra das bananas e palmeiras, onde canta o sabiá. Dê-nos a sua bênção.

TEODORO *(Abençoando-os)* – Deus os abençoe.

HENRIQUE – *Merci, Mr. Theodore Passion.*

Henrique e Henriqueta cantam *Hymne à l'amour/Hino ao amor (Marguerite Monot/Edith Piaf. Versão: Odair Marzano).*

HENRIQUETA – *Se o azul do céu escurecer*
E a alegria na terra fenecer,
Não importa, querido,
Viverei do nosso amor!

HENRIQUE – *Tant qu'l'amour inond'ra mes matins*
Tant que mon corps frémira sous tes mains
Peu m'importe les problèmes
Mon amour puisque tu m'aimes

HENRIQUETA – *Um punhado de estrelas*
no infinito irei buscar
E a teus pés esparramar,
Não importa os amigos,
risos, crenças e castigos,
Quero apenas te adorar!

HENRIQUE – *Je renierais ma patrie*
Je renierais mes amis
Si tu me le demandais
On peut bien rire de moi
Je ferais n'importe quoi
Si tu me le demandais

HENRIQUETA – *Se o destino, então, nos separar,*
Se distante a morte te encontrar,
Não importa, querido,
Porque eu morrerei também!

HENRIQUE – *Quando, enfim, a vida terminar*

HENRIQUETA – *E dos sonhos nada mais restar,*

JUNTOS – *Num milagre supremo,*
Deus fará no céu te encontrar!

Quadro 9

Apoteose final

CENA 1

São Sebastião e Torre Eiffel.

SÃO SEBASTIÃO – E assim, Henrique e Henriqueta viveram felizes para sempre!

TORRE EIFFEL – Ah! *L'amour, toujours l'amour*! Bem, agora que o casal de pombinhos já se acertou, eu preciso voltar a Paris.

SÃO SEBASTIÃO – Só mais um instante. Eu gostaria de revelar o destino dos nossos personagens...

Por exemplo, aquele pirata que vocês viram, o Le Clérc Lecompte Safadô, naufragou no Atlântico, junto com o último carregamento de pau-brasil. E os índios tamoios vivem hoje na reserva do Mico Leão Dourado, em Cabo Frio.

TORRE EIFFEL – Já os pintores Taunay e Debret podem ser encontrados em forma de livros maravilhosos nas melhores casas do ramo.

SÃO SEBASTIÃO – O Sr. Teodoro leciona português para jovens carentes no morro Dona Marta.

TEODORO *(Entrando)* – E o vovô, viu a uva? Ah, viu... *(Sai)*

Entra a Negra Tomásia.

NEGRA TOMÁSIA – Ô, dona Torre, larga do meu homi! Que desaforo!

TORRE EIFFEL – Mas o que é isso, Sebastião?!

SÃO SEBASTIÃO – Sebastião não está mais aqui entre nós... *(Coloca algum adereço de Mr. John).*

NEGRA TOMÁSIA – Vambora pras Oropa!!

JOHN – *Help! I need somebody!! Help!*

Negra Tomásia e John saem.

TORRE EIFFEL – Mas e o Cristo?! Que fim levou...
(Entra o Cristo Redentor)

CENA 2

A Torre Eiffel e o Cristo Redentor cantam *Joujoux e Balangandãs (Lamartine Babo).*

CRISTO REDONTOR – Eiffel, Eiffel?

TORRE EIFFEL – Que é Cristo Redentor?

JUNTOS – *Aqui estou eu, aí estás tu*
Minha joujoux, meu balagandã
Nós dois depois
O sol do amor que manhãs
De braços dados, dois namorados
Já sei, Joujoux Balagandãs

Seja em Paris ou nos Brasis
Mesmo distantes, somos constantes
Tudo nos une
Que coisa rara
No amor nada nos separa

Apoteose Final

Todo o elenco.

La Marseillaise *(Claude Joseph Rouget de Lisle)*

Aux armes, citoyens,
Formez vos bataillons!
Marchons, marchons!
Qu'un sang impur
Abreuve nos sillons!

Cidade maravilhosa *(André Filho)*

Cidade maravilhosa, cheia de encantos mil!
Cidade maravilhosa, coração do meu Brasil!

La-la-la, la-la-la...

Cidade maravilhosa, cheia de encantos mil!
Cidade maravilhosa, coração do meu Brasil!

São Sebastião, em carne e osso (ou em imagem), encerra a peça. No lugar das flechas, ele acena duas bandeiras, uma da França e outra do Brasil.

FIM

Índice

No Passado Está a História do Futuro – Alberto Goldman 5

Coleção Aplauso – Hubert Alquéres 7

Introdução – Uma Cena de muitas Histórias – Tania Brandão 11

Otelo da Mangueira 41

Histórico 43

Apresentação – Gustavo Gasparani 45

Opereta Carioca 179

Histórico 181

Apresentação – Gustavo Gasparani 183

É Samba na Veia, É Candeia 253

Histórico 255

Apresentação – Eduardo Rieche 257

Oui, Oui... A França É Aqui! – A Revista do Ano 383

Histórico 385

Apresentação – Gustavo Gasparani e Eduardo Rieche 387

Crédito das Fotografias

Chico Lima 42, 386, 390

Cláudia Ribeiro 254, 267, 268, 307

Dalton Valério 384, 392, 402, 462

Emi Hoshi 389, 397

Guga Melgar 44, 47, 48, 55, 60, 180, 182, 186, 190, 193, 214, 215, 385, 399

Levi Ricardo 272

Thiago Strauffer 256, 260, 270

A despeito dos esforços de pesquisa empreendidos pela Editora para identificar a autoria das fotos expostas nesta obra, parte delas não é de autoria conhecida de seus organizadores.
Agradecemos o envio ou comunicação de toda informação relativa à autoria e/ou a outros dados que porventura estejam incompletos, para que sejam devidamente creditados.

Coleção Aplauso

Série Cinema Brasil

Alain Fresnot – Um Cineasta sem Alma
Alain Fresnot

Agostinho Martins Pereira – Um Idealista
Máximo Barro

Alfredo Sternheim – Um Insólito Destino
Alfredo Sternheim

O Ano em Que Meus Pais Saíram de Férias
Roteiro de Cláudio Galperin, Bráulio Mantovani, Anna Muylaert e Cao Hamburger

Anselmo Duarte – O Homem da Palma de Ouro
Luiz Carlos Merten

Antonio Carlos da Fontoura – Espelho da Alma
Rodrigo Murat

Ary Fernandes – Sua Fascinante História
Antônio Leão da Silva Neto

O Bandido da Luz Vermelha
Roteiro de Rogério Sganzerla

Batismo de Sangue
Roteiro de Dani Patarra e Helvécio Ratton

Bens Confiscados
Roteiro comentado pelos seus autores Daniel Chaia e Carlos Reichenbach

Braz Chediak – Fragmentos de uma Vida
Sérgio Rodrigo Reis

Cabra-Cega
Roteiro de Di Moretti, comentado por Toni Venturi e Ricardo Kauffman

O Caçador de Diamantes
Roteiro de Vittorio Capellaro, comentado por Máximo Barro

Carlos Coimbra – Um Homem Raro
Luiz Carlos Merten

Carlos Reichenbach – O Cinema Como Razão de Viver
Marcelo Lyra

A Cartomante
Roteiro comentado por seu autor Wagner de Assis

Casa de Meninas
Romance original e roteiro de Inácio Araújo

O Caso dos Irmãos Naves
Roteiro de Jean-Claude Bernardet e Luis Sérgio Person

O Céu de Suely
Roteiro de Karim Aïnouz, Felipe Bragança e Maurício Zacharias

Chega de Saudade
Roteiro de Luiz Bolognesi

Cidade dos Homens
Roteiro de Elena Soárez

Como Fazer um Filme de Amor
Roteiro escrito e comentado por Luiz Moura e José Roberto Torero

O Contador de Histórias
Roteiro de Luiz Villaça, Mariana Veríssimo, Maurício Arruda e José Roberto Torero

Críticas de B.J. Duarte – Paixão, Polêmica e Generosidade
Luiz Antonio Souza Lima de Macedo

Críticas de Edmar Pereira – Razão e Sensibilidade
Org. Luiz Carlos Merten

Críticas de Jairo Ferreira – Críticas de invenção: Os Anos do São Paulo Shimbun
Org. Alessandro Gamo

Críticas de Luiz Geraldo de Miranda Leão – Analisando Cinema: Críticas de LG
Org. Aurora Miranda Leão

Críticas de Ruben Biáfora – A Coragem de Ser
Org. Carlos M. Motta e José Júlio Spiewak

De Passagem
Roteiro de Cláudio Yosida e Direção de Ricardo Elias

Desmundo
Roteiro de Alain Fresnot, Anna Muylaert e Sabina Anzuategui

Djalma Limongi Batista – Livre Pensador
Marcel Nadale

Dogma Feijoada: O Cinema Negro Brasileiro
Jeferson De

Dois Córregos
Roteiro de Carlos Reichenbach

A Dona da História
Roteiro de João Falcão, João Emanuel Carneiro e Daniel Filho

Os 12 Trabalhos
Roteiro de Cláudio Yosida e Ricardo Elias

Estômago
Roteiro de Lusa Silvestre, Marcos Jorge e Cláudia da Natividade

Feliz Natal
Roteiro de Selton Mello e Marcelo Vindicatto

Fernando Meirelles – Biografia Prematura
Maria do Rosário Caetano

Fim da Linha
Roteiro de Gustavo Steinberg e Guilherme Werneck; Storyboards de Fábio Moon e Gabriel Bá

Fome de Bola – Cinema e Futebol no Brasil
Luiz Zanin Oricchio

Francisco Ramalho Jr. – Éramos Apenas Paulistas
Celso Sabadin

Geraldo Moraes – O Cineasta do Interior
Klecius Henrique

Guilherme de Almeida Prado – Um Cineasta Cinéfilo
Luiz Zanin Oricchio

Helvécio Ratton – O Cinema Além das Montanhas
Pablo Villaça

O Homem que Virou Suco
Roteiro de João Batista de Andrade, organização de Ariane Abdallah e Newton Cannito

Ivan Cardoso – O Mestre do Terrir
Remier

João Batista de Andrade – Alguma Solidão e Muitas Histórias
Maria do Rosário Caetano

Jorge Bodanzky – O Homem com a Câmera
Carlos Alberto Mattos

José Antonio Garcia – Em Busca da Alma Feminina
Marcel Nadale

José Carlos Burle – Drama na Chanchada
Máximo Barro

Liberdade de Imprensa – O Cinema de Intervenção
Renata Fortes e João Batista de Andrade

Luiz Carlos Lacerda – Prazer & Cinema
Alfredo Sternheim

Maurice Capovilla – A Imagem Crítica
Carlos Alberto Mattos

Mauro Alice – Um Operário do Filme
Sheila Schvarzman

Máximo Barro – Talento e Altruísmo
Alfredo Sternheim

Miguel Borges – Um Lobisomem Sai da Sombra
Antônio Leão da Silva Neto

Não por Acaso
Roteiro de Philippe Barcinski, Fabiana Werneck Barcinski e Eugênio Puppo

Narradores de Javé
Roteiro de Eliane Caffé e Luís Alberto de Abreu

Olhos Azuis
Argumento de José Joffily e Jorge Duran
Roteiro de Jorge Duran e Melanie Dimantas

Onde Andará Dulce Veiga
Roteiro de Guilherme de Almeida Prado

Orlando Senna – O Homem da Montanha
Hermes Leal

Pedro Jorge de Castro – O Calor da Tela
Rogério Menezes

Quanto Vale ou É por Quilo
Roteiro de Eduardo Benaim, Newton Cannito e Sergio Bianchi

Ricardo Pinto e Silva – Rir ou Chorar
Rodrigo Capella

Rodolfo Nanni – Um Realizador Persistente
Neusa Barbosa

Salve Geral
Roteiro de Sergio Rezende e Patrícia Andrade

O Signo da Cidade
Roteiro de Bruna Lombardi

Ugo Giorgetti – O Sonho Intacto
Rosane Pavam

Viva-Voz
Roteiro de Márcio Alemão

Vladimir Carvalho – Pedras na Lua e Pelejas no Planalto
Carlos Alberto Mattos

Vlado – 30 Anos Depois
Roteiro de João Batista de Andrade

Zuzu Angel
Roteiro de Marcos Bernstein e Sergio Rezende

Série Cinema

Bastidores – Um Outro Lado do Cinema
Elaine Guerini

Série Ciência & Tecnologia

Cinema Digital – Um Novo Começo?
Luiz Gonzaga Assis de Luca

A Hora do Cinema Digital – Democratização e Globalização do Audiovisual
Luiz Gonzaga Assis De Luca

Série Crônicas

Crônicas de Maria Lúcia Dahl – O Quebra-cabeças
Maria Lúcia Dahl

Série Dança

Rodrigo Pederneiras e o Grupo Corpo – Dança Universal
Sérgio Rodrigo Reis

Série Música

Maestro Diogo Pacheco – Um Maestro para Todos
Alfredo Sternheim

Rogério Duprat – Ecletismo Musical
Máximo Barro

Sérgio Ricardo – Canto Vadio
Eliana Pace

Wagner Tiso – Som, Imagem, Ação
Beatriz Coelho Silva

Série Teatro Brasil

Alcides Nogueira – Alma de Cetim
Tuna Dwek

Antenor Pimenta – Circo e Poesia
Danielle Pimenta

Cia de Teatro Os Satyros – Um Palco Visceral
Alberto Guzik

Críticas de Clóvis Garcia – A Crítica Como Ofício
Org. Carmelinda Guimarães

Críticas de Maria Lucia Candeias – Duas Tábuas e Uma Paixão
Org. José Simões de Almeida Júnior

Federico Garcia Lorca – Pequeno Poema Infinito
Antonio Gilberto e José Mauro Brant

Ilo Krugli – Poesia Rasgada
Ieda de Abreu

João Bethencourt – O Locatário da Comédia
Rodrigo Murat

José Renato – Energia Eterna
Hersch Basbaum

Leilah Assumpção – A Consciência da Mulher
Eliana Pace

Luís Alberto de Abreu – Até a Última Sílaba
Adélia Nicolete

Maurice Vaneau – Artista Múltiplo
Leila Corrêa

Renata Palottini – Cumprimenta e Pede Passagem
Rita Ribeiro Guimarães

Teatro Brasileiro de Comédia – Eu Vivi o TBC
Nydia Licia

O Teatro de Abílio Pereira de Almeida
Abílio Pereira de Almeida

O Teatro de Aimar Labaki
Aimar Labaki

O Teatro de Alberto Guzik
Alberto Guzik

O Teatro de Antonio Rocco
Antonio Rocco

O Teatro de Cordel de Chico de Assis
Chico de Assis

O Teatro de Emílio Boechat
Emílio Boechat

O Teatro de Germano Pereira – Reescrevendo Clássicos
Germano Pereira

O Teatro de José Saffioti Filho
José Saffioti Filho

O Teatro de Alcides Nogueira – Trilogia: Ópera Joyce – Gertrude Stein, Alice Toklas & Pablo Picasso – Pólvora e Poesia
Alcides Nogueira

O Teatro de Ivam Cabral – Quatro textos para um teatro veloz: Faz de Conta que tem Sol lá Fora – Os Cantos de Maldoror – De Profundis – A Herança do Teatro
Ivam Cabral

O Teatro de Noemi Marinho: Fulaninha e Dona Coisa, Homeless, Cor de Chá, Plantonista Vilma
Noemi Marinho

Teatro de Revista em São Paulo – De Pernas para o Ar
Neyde Veneziano

O Teatro de Samir Yazbek: A Entrevista – O Fingidor – A Terra Prometida
Samir Yazbek

O Teatro de Sérgio Roveri
Sérgio Roveri

Teresa Aguiar e o Grupo Rotunda – Quatro Décadas em Cena
Ariane Porto

Série Perfil

Analy Alvarez – De Corpo e Alma
Nicolau Radamés Creti

Aracy Balabanian – Nunca Fui Anjo
Tania Carvalho

Arllete Montenegro – Fé, Amor e Emoção
Alfredo Sternheim

Ary Fontoura – Entre Rios e Janeiros
Rogério Menezes

Berta Zemel – A Alma das Pedras
Rodrigo Antunes Corrêa

Bete Mendes – O Cão e a Rosa
Rogério Menezes

Betty Faria – Rebelde por Natureza
Tania Carvalho

Carla Camurati – Luz Natural
Carlos Alberto Mattos

Cecil Thiré – Mestre do seu Ofício
Tania Carvalho

Celso Nunes – Sem Amarras
Eliana Rocha

Cleyde Yaconis – Dama Discreta
Vilmar Ledesma

David Cardoso – Persistência e Paixão
Alfredo Sternheim

Débora Duarte – Filha da Televisão
Laura Malin

Denise Del Vecchio – Memórias da Lua
Tuna Dwek

Elisabeth Hartmann – A Sarah dos Pampas
Reinaldo Braga

Emiliano Queiroz – Na Sobremesa da Vida
Maria Leticia

Emilio Di Biasi – O Tempo e a Vida de um Aprendiz
Erika Riedel

Etty Fraser – Virada Pra Lua
Vilmar Ledesma

Ewerton de Castro – Minha Vida na Arte: Memória e Poética
Reni Cardoso

Fernanda Montenegro – A Defesa do Mistério
Neusa Barbosa

Fernando Peixoto – Em Cena Aberta
Marília Balbi

Geórgia Gomide – Uma Atriz Brasileira
Eliana Pace

Gianfrancesco Guarnieri – Um Grito Solto no Ar
Sérgio Roveri

Glauco Mirko Laurelli – Um Artesão do Cinema
Maria Angela de Jesus

Ilka Soares – A Bela da Tela
Wagner de Assis

Irene Ravache – Caçadora de Emoções
Tania Carvalho

Irene Stefania – Arte e Psicoterapia
Germano Pereira

Isabel Ribeiro – Iluminada
Luis Sergio Lima e Silva

Isolda Cresta – Zozô Vulcão
Luis Sérgio Lima e Silva

Joana Fomm – Momento de Decisão
Vilmar Ledesma

John Herbert – Um Gentleman no Palco e na Vida
Neusa Barbosa

Jonas Bloch – O Ofício de uma Paixão
Nilu Lebert

Jorge Loredo – O Perigote do Brasil
Cláudio Fragata

José Dumont – Do Cordel às Telas
Klecius Henrique

Leonardo Villar – Garra e Paixão
Nydia Licia

Lília Cabral – Descobrindo Lília Cabral
Analu Ribeiro

Lolita Rodrigues – De Carne e Osso
Eliana Castro

Louise Cardoso – A Mulher do Barbosa
Vilmar Ledesma

Marcos Caruso – Um Obstinado
Eliana Rocha

Maria Adelaide Amaral – A Emoção Libertária
Tuna Dwek

Marisa Prado – A Estrela, O Mistério
Luiz Carlos Lisboa

Mauro Mendonça – Em Busca da Perfeição
Renato Sérgio

Miriam Mehler – Sensibilidade e Paixão
Vilmar Ledesma

Naum Alves de Souza: Imagem, Cena, Palavra
Alberto Guzik

Nicette Bruno e Paulo Goulart – Tudo em Família
Elaine Guerrini

Nívea Maria – Uma Atriz Real
Mauro Alencar e Eliana Pace

Niza de Castro Tank – Niza, Apesar das Outras
Sara Lopes

Paulo Betti – Na Carreira de um Sonhador
Teté Ribeiro

Paulo José – Memórias Substantivas
Tania Carvalho

Paulo Hesse – A Vida Fez de Mim um Livro e Eu Não Sei Ler
Eliana Pace

Pedro Paulo Rangel – O Samba e o Fado
Tania Carvalho

Regina Braga – Talento é um Aprendizado
Marta Góes

Reginaldo Faria – O Solo de Um Inquieto
Wagner de Assis

Renata Fronzi – Chorar de Rir
Wagner de Assis

Renato Borghi – Borghi em Revista
Élcio Nogueira Seixas

Renato Consorte – Contestador por Índole
Eliana Pace

Rolando Boldrin – Palco Brasil
Ieda de Abreu

Rosamaria Murtinho – Simples Magia
Tania Carvalho

Rubens de Falco – Um Internacional Ator Brasileiro
Nydia Licia

Ruth de Souza – Estrela Negra
Maria Ângela de Jesus

Sérgio Hingst – Um Ator de Cinema
Máximo Barro

Sérgio Viotti – O Cavalheiro das Artes
Nilu Lebert

Silnei Siqueira – A Palavra em Cena
Ieda de Abreu

Silvio de Abreu – Um Homem de Sorte
Vilmar Ledesma

Sônia Guedes – Chá das Cinco
Adélia Nicolete

Sonia Maria Dorce – A Queridinha do meu Bairro
Sonia Maria Dorce Armonia

Sonia Oiticica – Uma Atriz Rodriguiana?
Maria Thereza Vargas

Stênio Garcia – Força da Natureza
Wagner Assis

Suely Franco – A Alegria de Representar
Alfredo Sternheim

Tatiana Belinky – ... E Quem Quiser Que Conte Outra
Sérgio Roveri

Theresa Amayo – Ficção e Realidade
Theresa Amayo

Tony Ramos – No Tempo da Delicadeza
Tania Carvalho

Umberto Magnani – Um Rio de Memórias
Adélia Nicolete

Vera Holtz – O Gosto da Vera
Analu Ribeiro

Vera Nunes – Raro Talento
Eliana Pace

Walderez de Barros – Voz e Silêncios
Rogério Menezes

Walter George Durst – Doce Guerreiro
Nilu Lebert

Zezé Motta – Muito Prazer
Rodrigo Murat

Especial

Agildo Ribeiro – O Capitão do Riso
Wagner de Assis

Av. Paulista, 900 – a História da TV Gazeta
Elmo Francfort

Beatriz Segall – Além das Aparências
Nilu Lebert

Carlos Zara – Paixão em Quatro Atos
Tania Carvalho

Célia Helena – Uma Atriz Visceral
Nydia Licia

Charles Möeller e Claudio Botelho – Os Reis dos Musicais
Tania Carvalho

Cinema da Boca – Dicionário de Diretores
Alfredo Sternheim

Dina Sfat – Retratos de uma Guerreira
Antonio Gilberto

Eva Todor – O Teatro de Minha Vida
Maria Angela de Jesus

Eva Wilma – Arte e Vida
Edla van Steen

Gloria in Excelsior – Ascensão, Apogeu e Queda do Maior Sucesso da Televisão Brasileira
Álvaro Moya

Lembranças de Hollywood
Dulce Damasceno de Britto, organizado por Alfredo Sternheim

Maria Della Costa – Seu Teatro, Sua Vida
Warde Marx

Mazzaropi – Uma Antologia de Risos
Paulo Duarte

Ney Latorraca – Uma Celebração
Tania Carvalho

Odorico Paraguaçu: O Bem-amado de Dias Gomes – História de um Personagem Larapista e Maquiavelento
José Dias

Raul Cortez – Sem Medo de se Expor
Nydia Licia

Rede Manchete – Aconteceu, Virou História
Elmo Francfort

Sérgio Cardoso – Imagens de Sua Arte
Nydia Licia

Tônia Carrero – Movida pela Paixão
Tania Carvalho

TV Tupi – Uma Linda História de Amor
Vida Alves

Victor Berbara – O Homem das Mil Faces
Tania Carvalho

Walmor Chagas – Ensaio Aberto para Um Homem Indignado
Djalma Limongi Batista

Dados Internacionais de Catalogação na Publicação
Biblioteca da Imprensa Oficial do Estado de São Paulo

Rieche, Eduardo
Em busca de um teatro musical carioca / Eduardo Rieche e Gustavo Gasparani – São Paulo : Imprensa Oficial do Estado de São Paulo , 2010.
544p. – (Coleção aplauso. Série teatro / coordenador geral Rubens Ewald Filho).

ISBN 978-85-7060-915-1

1. Musicais – Rio de Janeiro – História e crítica 2. Teatro musical – Rio de Janeiro – História e crítica I. Gasparani, Gustavo II.Ewald Filho, Rubens. III.Título. IV. Série.

CDD 792.6098153

Índices para catálogo sistemático:
1. Brasil : Teatro musical : História e crítica 792.609 81

Foi feito o depósito legal
Lei nº 10.994, de 14/12/2004

Impresso no Brasil / 2010

Imprensa Oficial do Estado de São Paulo
Rua da Mooca, 1921 Mooca
03103-902 São Paulo SP
www.imprensaoficial.com.br/livraria
livros@imprensaoficial.com.br
SAC 0800 01234 01
sac@imprensaoficial.com.br

Coleção Aplauso Teatro Brasil

Coordenador Geral	Rubens Ewald Filho
Coordenador Operacional e Pesquisa Iconográfica	Marcelo Pestana
Projeto Gráfico	Carlos Cirne
Editor Assistente	Claudio Erlichman
Assistente	Charles Bandeira
Editoração	Ana Lúcia Charnyai
	Aline Navarro
Tratamento de Imagens	José Carlos da Silva
Revisão	Maria das Graças Leocadio

Formato: 12 x 18 cm

Tipologia: Frutiger

Papel miolo: Offset LD 90 g/m²

Papel capa: Triplex 250 g/m²

Número de páginas: 544

Editoração, CTP, impressão e acabamento:
Imprensa Oficial do Estado de São Paulo

Nesta edição, respeitou-se o novo
Acordo Ortográfico da Língua Portuguesa